ANDREAS BÄR LÄSKER

NO NEED FOR MEAT

Andreas Läsker: Stuttgarter DJ-Legende, seit 1989 Manager der „Fantastischen Vier", ehemaliger Juror bei DSDS, begeisterter Fotograf mit wechselnden Ausstellungen in Stuttgart – und vielen schlicht bekannt als „der Bär". Dieser Name begleitet ihn seit gut 20 Jahren und kam damals nicht von ungefähr: mit seinen 1,93 Metern brachte er über 160 kg auf die Waage. Durch viel Sport und eine konsequente Umstellung auf vegane Ernährung hat er es geschafft, gut 60 Kilo abzuspecken – und auch „die letzten 10 Kilo" hat er fest im Visier. Seine spannende und ereignisreiche Lebensgeschichte, den Weg zur veganen Ernährung und die besten Rezepte aus seiner veganen Küche teilt er nun in

DER AUTOR UND DER FOTOGRAF

diesem „teilautobiographischen Ernährungsumstellungs-Inspirationsratgeber mit illustriertem Kochbuchanteil".

Was wäre ein Kochbuch ohne Rezeptbilder? Diese sowie die Portraitbilder vom Bär stammen von **Charalambos Triantafillidis**. Mit 12 Jahren kaufte er vom zusammengesparten Taschengeld seine erste Kamera und seit 1998 arbeitet er auch hauptberuflich als Fotograf. Mit Andreas Läsker ist er seit vielen Jahren eng befreundet – er war es auch, der ihm vor zwei Jahren den Impuls gab, seine Ernährung umzustellen: „Das hat meine Lebensqualität enorm gesteigert und so entstand auch die intensive Zusammenarbeit an diesem Buchprojekt."

ANDREAS
BÄR
LÄSKER

NO NEED FOR MEAT

ODER:
VEGAN IST, WENN MAN
TROTZDEM LACHT

INHALT

6	PROLOG
10	UND SIE KONNTEN ALLES AUSSER HOCHDEUTSCH....
16	DIE GRUNDAUSBILDUNG
30	DAS KAUM-ZEIT-KONTINUUM
50	DIE MAUER MUSS WEG!
72	DIE DROGE GEWOHNHEIT
90	DEM WÜRZEN IST EIN KRAUT GEWACHSEN
110	UNTERWEGS GIBT'S AUF DIE NUSS....
130	SALAT KOMMA PFLANZLICH
148	KILL TO GRILL?
162	BACK TO THE ROOTS....ODER: WURZEL²
174	ODE AN DIE KARTOFFEL
188	OCH, WIE SÜÜÜÜÜSS!
204	MEINE QUELLEN UND MEINE INSPIRATION
210	THE END

PROLOG

MEIN NAME IST ANDREAS „BÄR" LÄSKER.

KAUM JEMAND NENNT MICH ANDREAS, genau genommen drehe ich mich selten einmal um, wenn mir jemand meinen richtigen Vornamen hinterherruft. Alle nennen mich Bär. Ich habe überhaupt nichts gegen meinen richtigen Namen, aber tatsächlich hat außer meinen Eltern und meinen Schwestern diesen Namen die letzten 30 Jahre so gut wie niemand im Kontext mit mir benutzt. In letzter Zeit allerdings, ganz besonders seit ich 50 geworden bin, meinen immer mehr Leute, es sei irgendwie unseriös, mich weiterhin Bär zu nennen, und quatschen mich mit Andreas an oder….mein absoluter Horror….mit „Andi". Hilfe. Ich bitte Euch alle inständig….nicht Andi. Ich bin einfach kein Andi. Ich habe nichts gegen Andis, ich bin einfach nur keiner. Ich bin vielleicht manchmal ein Andreas, wenn es unbedingt sein muss, aber eigentlich bin ich seit 1983 der Bär, und der möchte ich auch sehr gerne bleiben. Danke, schön, dass wir darüber kurz sprechen konnten. Als Gegenleistung für dieses Entgegenkommen, dass Ihr mich alle nie wieder Andi nennt und den Andreas nach Möglichkeit den Ämtern, Banken oder sonstigen offiziellen Institutionen überlasst, erzähle ich Euch jetzt auch allen zusammen endgültig und ein für alle Mal, wie es zu dem Spitznamen „Bär" kam.

Es war 1983, ich war im dritten Jahr professioneller Discjockey und arbeitete in einem ziemlich zwielichtigen, mehr als typischen Achtziger-Schuppen namens „Ritz". Der Inhaber und seine tagtäglich anwesenden, Backgammon oder Würfel spielenden Zuhälterkumpels mit langer blonder Dauerwelle, Cowboystiefeln und rosa Jogginganzug (die geilste Kombi ever….unschlagbar peinlich) nebst Cartier-Panther um den Hals brachten es zusammengerechnet auf locker 120 Jahre Knast (davon acht abgesessen, 112 noch vor sich).

Zu dieser Zeit gab es in Deutschland noch kein Musikfernsehen, aber es gab in manchen Läden schon diese ersten Videobeamer mit den gekrümmten Parabolleinwänden. Und es gab eine Firma „MuVi – Music Show on Video". Das war eine komische Klitsche, die Musikvideos zusammen mit Werbeclips auf VHS-Cassetten zusammenstellte und an Discotheken, Bistros oder sonstige, nach merkwürdigen Kriterien ausgesuchte sogenannte „Zielgruppentreffpunkte" verschickte. Es war damals tatsächlich eine Art Privileg, im „MuVi-Verteiler" zu sein. Man musste die Tapes binnen sechs Wochen un-be-dingt wieder zurückschicken, durfte sie natürlich nicht kopieren und bei Verlust wurde eine Gebühr von 500 oder 600 Mark fällig. So gesehen war das das frühe Off-Air-MTV, wenn man so will. Jedenfalls hatte diese Firma die totaal großartige Werbeidee, mit kleinen Aufklebern in Form von Wolken und irgendwelchen ziemlich dum-

men Billo-Sprüchen darin Werbung für ihre tollen VHS-Programme zu machen. Und….wie konnte es auch anders sein, die meisten dieser Aufkleber landeten natürlich auf der obligatorischen, ca. 25 cm hohen Plexiglas-Bande rund um den Arbeitsplatz des DJ's, die dazu diente, nicht durch eventuelle Missgeschicke mit klebrigen Getränken seitens der geschätzten, aber volltrunkenen Gäste, die sauteure Soundanlage in die damals von Prince im Vorspann von „Let's go crazy" besungene „Afterworld" zu befördern. Auf einem der Aufkleber, natürlich ausgerechnet auf dem genau links neben mir am Eingang zur DJ-Kanzel, stand sinnigerweise „Hier steppt der Bär". And the rest is history….der Inhaber des Ladens kam nach oben, sah den Aufkleber, sah mich an und sagte: „Tja….,dann bist du ja wohl der Bär".

Hmpf. Ehrlich….ich habe eigentlich nur ganz kurz versucht, mich dagegen zu wehren, denn mein vorhergehender Spitzname „Putzi" passte aufgrund stark veränderter optischer Parameter sowieso nicht mehr so richtig zu mir. Erstens trug ich schon lange nicht mehr diese vollkommen unförmige Brille mit den Gläsern, die aus Böden von alten Colaflaschen gemacht zu sein schienen, selbige aufgrund ihres unfassbaren Gewichts die Brille ständig Richtung Nasenspitze rutschen ließen, was mich jahrelang – ohne es zu bemerken – dazu veranlasste, die Brille durch ein starkes Rümpfen der Nase wieder in die richtige Position zu befördern. Dabei sah ich – nach der Meinung meines schulischen Nebensitzers Manne Erhardt – aus wie sein mümmelndes Meerschweinchen, und das hieß leider „Putzi". Und zweitens war ich mit 1,93 m Körpergröße und knappen 160 kg Gewicht auch nicht

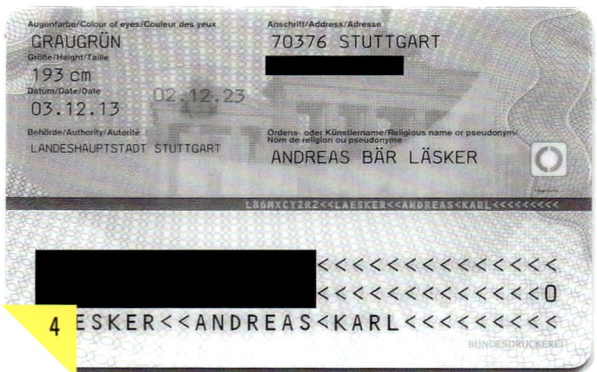

1 Haarige Zeiten mit 16
2 Alter Mitstreiter im Musikgeschäft: Hartwig Masuch
3 Der Bär und die Fanta4 = 4ever
4 Mein Perso macht es offiziell: Ich bin der Bär!

mehr soooo wirklich putzig, sondern schon ziemlich bärig. Da sich der neue Spitzname „Bär" in ungefähr 72 Stunden in der ganzen Stuttgarter Discoszene herumgesprochen hatte, akzeptierte ich ihn schnell als meine neue Marke in meiner neuen Heimatstadt Stuttgart. Hier war ich also….kaum 20 Jahre alt, von Beruf Discjockey, endlich dem Ludwigsburger Kleinstadtmief entkommen und bereit, die Welt zu erobern. Ich war der Bär.

Tja….,und der bin ich heute immer noch, habe vor über 20 Jahren das australische Känguru-Warnschild ein wenig grafisch umstylen lassen und trage seither dieses Bärentattoo auf meinem linken Oberarm, das sich auch im Layout dieses Buches wiederfindet.

Und ich habe diesen Spitznamen schon vor Ewigkeiten als sogenannten „Ordens- oder Künstlernamen" in meinen Personalausweis eintragen lassen. Also, für alle, die es meines Alters wegen oder sonst einer komischen, gesellschaftlichen Konvention folgend als unseriös

oder unzeitgemäß betrachten, mich Bär zu nennen….,entspannt Euch. Es ist und bleibt amtlich.

Ich bin übrigens weder Schriftsteller noch bilde ich mir das ein. Ich bin auch kein ausgebildeter Koch, kein Wissenschaftler und auch kein gelernter Ernährungsexperte. Ich bin Musikmanager, Fotograf und manche Leute nennen mich Marketingtalent, manche Visionär und manche einfach nur irre. Ich habe keine Berufsausbildung, kein Studium und kein Diplom. Ich bin lediglich durch über 50

Jahre eines beruflich immer selbstständigen, bislang durchaus bewegten und extrem interessanten Lebens gegangen und habe unglaublich viel erlebt, hunderte von Jobs gemacht und sowohl mit anderen Menschen gedealt als auch mit mir selbst und mit meinem Körper. Und einige dieser Erfahrungen möchte ich in diesem Buch gerne wiedergeben, weitergeben, mitteilen, Schlüsse aus ihnen ziehen oder von Ihnen, liebe Leser, ziehen lassen.

Ich esse seit vier Jahren kein Fleisch mehr und bin seit nun knapp zwei Jahren das, was man als einen „Veganer" bezeichnet. Und ich weiß nicht, ob ich mich jemals an diese Vokabel gewöhnen werde, aber dazu später mehr.

Jetzt wünsche ich Ihnen aber erstmal allen viel Spaß beim Schmökern, beim Lachen, Kochen, Nachdenken, beim Sich-selbst-Wiederentdecken, beim Staunen, beim Einkaufen und alles in allem dabei, sich eventuell auf eine neue, spannende Erfahrung einzulassen.

UND SIE KONNTEN ALLES AUSSER HOCH- DEUTSCH....

ODER DER MIT DER SPRACHE TANZT (AUTOBIOGRAFISCH)

ICH WURDE IM SEPTEMBER 1963 in Ludwigsburg am Neckar geboren. John F. Kennedy behauptete kurz davor, er sei ein Berliner und wurde kurze Zeit später erschossen. Ein Liter Normalbenzin kostete 65 Pfennig und eine Schachtel Zigaretten kaum zwei Mark. Mein Vater war Baujahr 1916 und meine Mutter 1925. Somit war meine Geburt wohl gleichzeitig mein Erstkontakt mit dem Satz „Scheiße, es funktioniert!" (....noch?), den ich heute noch gerne ab und an, zugegebenermaßen in einem komplett anderen Kontext, benutze. Schließlich kann es durchaus auch sehr unangenehm sein, wenn man vom Erfolg vollkommen überrascht wird.

Meine Eltern hätten sicherlich mit allem gerechnet, aber nicht damit, noch mal Nachwuchs zu bekommen. Schon gar nicht männlichen Nachwuchs von initialen neun Pfund Lebendgewicht. Das Gejammer, wie anstrengend und schmerzhaft diese Geburt war, musste ich mir über Jahrzehnte anhören, gerade so, als hätte ich im Mutterleib absichtlich zu viel gegessen.

Zur Info: Meine Eltern kamen beide aus Thüringen („mior haddn ja nüschd") aus dem wunderschönen kleinen vogtländischen Luftkurörtchen Ziegenrück an der Saale, und waren direkt 1945 aus der noch taufrischen „Ostzone" rüberjemacht, allerdings zunächst nur bis nach Oberfranken. Ihre extreme Abneigung gegenüber Fernreisen war offensichtlich auch damals schon in Ansätzen vorhanden. In Oberfranken kamen dann auch meine beiden Schwestern zur Welt, die in meinen ersten Lebensjahren oft mehr zu meiner Sozialisierung im Schwabenland beigetragen haben als meine Erzeuger, die sich bis zu ihrem Tod nicht wirklich in Baden-Württemberg eingelebt haben, weder geografisch noch sprachlich.

Als mein Vater einen Job bei der legendären GdF Wüstenrot (für Nicht-Bausparer: „Gemeinschaft der Freunde") angeboten bekam, nahm er ihn an, wohl eher nicht ahnend, sein restliches Leben im Ländle zu verbringen. Als er dann meine Mutter und meine Schwestern irgendwann nachgeholt hatte, kam dann ich zur Welt. Meine große Schwester (damals 17 Jahre) war aus irgendeinem Grund wahnsinnig stolz darauf, ihren kleinen Bruder im Third-Hand-Kinderwagen durchs triste Ludwigsburg der 60er Jahre zu schieben, meine kleine Schwester war damals eher im früheren Teenager-Alter und durfte dann mit mir ihr Kinderzimmer teilen, was in der extrem „geräumigen" 63-qm-Neubauwohnung nun mal nicht anders möglich war. Inwieweit sie das gut fand, lässt sich heute nicht mehr so richtig verifizieren. Ihr jeden Abend abgespieltes Tonband auf einem Gerät der Firma Grundig hat jedenfalls meine musikalische Prägung nicht unmaßgeblich beeinflusst, und dafür bin ich ihr durchaus dankbar.... zumindest im Nachhinein.

So viel zu meinen wirklichen „Roots"....obwohl, bleibt noch eines zu sagen: Ein Dialekt ist eben ein Dialekt. Und meine Eltern sprachen, ja, wie mag man es nennen....sicherlich würde heute jeder „sächsisch" dazu sagen. Ich als Kind zweier Thüringer bzw. Vogtländer habe dazu natürlich eine etwas dezidiertere Meinung, aber ja....es ist am Ende schon so was in der Art oder klingt zumindest sehr, sehr ähnlich.

Das Problem war, dass man als Kind ja auch irgendwann auf die Straße rausgeht zum Spielen, und dort wurde selbstverständlich breitestes Schwäbisch gesprochen. Ich verstand schlichtweg genau nichts. Begriffe wie „a Guck" (eine Tüte) waren mir vollkommen fremd, und ich assoziierte freestylemäßig natürlich vollkommen andere Dinge mit den mir entgegengerufenen Begriffen, was mich in gewisser Weise zu so 'ner Art Fremden machte. Ich teilte also in gewisser Hinsicht ein klitzekleines bisschen das sprachliche Schicksal der ersten in Deutschland geborenen Gastarbeiterkinder, die in der Schule oft hart mit der Sprachbarriere zu kämpfen hatten. Ich hatte den Vorteil, mich schneller an die hochdeutsche Sprache, quasi als notwendige Flucht aus dem elterlichen, nicht sonderlich beliebten Dialekt, gewöhnen zu müssen, die Gastarbeiterkinder hatten dagegen den Vorteil, parallel noch die griechische, spanische oder türkische Schule besuchen zu können.

Als Konsequenz habe ich mich, sobald ich des Lesens mächtig war, auf für mein Alter passende Literatur aller Art gestürzt und monatelang das Haus nur noch unter Zwang verlassen. Alles von „Lederstrumpf" bis „Winnetou" wurde verschlungen, und über Enid Blyton und Astrid Lindgren landete ich irgendwann bei Sachbüchern und Technikstories. Und bald darauf konnte ich dann auch Schwäbisch, aber das hat bis zur annähernden Perfektion echt gedauert. Ich lerne heute noch manchmal von meinem Freund Uwe Sontheimer Worte, die er immer

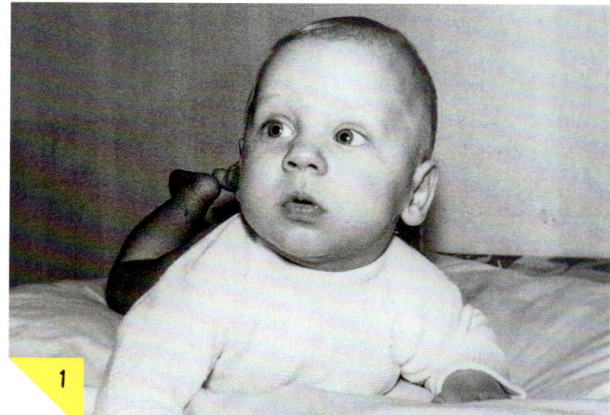

1 Bauchlage mit 1 Jahr
2 Im 70er-Nicki am DDR-Grenzpfahl
3 Ein Bild aus dicken Jamaika-Tagen

von seiner Oma oder seiner Mutter anschleppt....„die ich noch nie gehört habe und die ich auch nicht ohne Erklärung verstehen würde.

Als ich dann mit acht oder neun Jahren irgendwann stolz wie Bolle mit meinem Straßen-Schwäbisch zuhause angeben wollte, stand meine Mutter sofort ermahnend vor mir und hat mir mit dem „glasklaren" Satz „Abor hiar schbrischsd du mior nisch so....hior wird nisch rumgeschwäbld" sofort die Anwendung meiner neu erworbenen Sprach-Skills verboten. Na super. Gefangen in der Twilight-Zone zwischen Sächsisch und Schwäbisch. Fast schon ein Fall für Amnesty International.

Aus dieser Zeit stammt meine Angewohnheit, die ich heute fast schon eher als Talent ansehe, nämlich dass ich mit jedem Menschen instinktiv so zu sprechen versuche, wie er es tut. Ich wechsle in Diskussionen wie eine Art Sprachchamäleon die Dialekte, die Stimmfarbe oder sogar das Vokabular, ganz automatisch. Das klappt manchmal, manchmal ist es eher peinlich und ganz selten fühlen sich die Leute direkt verarscht. Trotzdem....danke, Mutti. Wenn wir uns irgendwann da oben wiedersehen, „bring isch dior ooch widor n Schbrudl ausn Gellor mid höch."

Ich war also sozusagen ein Deutscher mit innerdeutschem Migrationshintergrund.

Irgendwann, Anfang der 80er Jahre, zog es mich dann endgültig nach draußen. Ich konnte die Enge der elterlichen Wohnung schon längst nicht mehr ertragen, ich wollte schon mit 15 das erste Mal ausziehen, was meine Eltern mir glücklicherweise verboten haben, denn ich wäre an diesem Projekt wohl ziemlich kläglich gescheitert. Trotzdem....es

hatte Gründe, warum ich raus wollte und warum ich auch schon sehr früh mehr Zeit auf der Straße, auf meinem geliebten Fahrrad (Staiger Trento, Torpedo Dreigang) und vor allem bei Freunden verbracht habe, als zuhause.

Ich hatte einfach sehr, sehr alte Eltern, und das nicht nur biologisch oder auf dem Papier, sondern auch von ihrer gesamten Art her. Sie lebten das Leben von alten Menschen, von sehr altmodischen Menschen, verschlossen sich fast allem Neuen ganz unwillkürlich, waren kein bisschen mutig, alles wurde ewig lange überlegt, hin- und hergewälzt, um es am Ende doch nicht zu tun oder zu einem Zeitpunkt, der oft keine Relevanz mehr hatte. Ich erinnere mich an Urlaubsreisen, die mir fast den letzten Nerv geraubt haben, und das, obwohl ich erst zehn Jahre alt war, ein Alter, in dem man eigentlich seine Eltern noch bedingungslos toll findet und ihnen hinterherläuft wie ein kleines Hündchen.

Wenn ich mir überlege, was es für eine Sensation für mich war, mit ihnen nach Gran Canaria zu fliegen, zwei Premieren auf einen Streich, das erste Mal

GEFANGEN IN DER TWILIGHT-ZONE ZWISCHEN SÄCHSISCH UND SCHWÄBISCH.

fliegen, und das erste Mal das Meer sehen....Wahnsinn! Der Flug war schon der Horror, irgendeine Seelenverkäufer-Chartermaschine der „Spantax".... Der Pilot hatte sich gefühlt einen Sport daraus gemacht, möglichst viele Luftlöcher zu finden....„aber damit nicht genug....kaum angekommen, bezogen wir ein viel zu kleines Billig-Appartement zu dritt, ich neben den Eltern in einer Art Klappbett....egal....Hauptsache jetzt sofort ans Meer! Aber nein, wir mussten uns jetzt erst mal „akklimatisieren" und uns „orientieren", was bedeutete, dass wir auf Geheiß meines Vaters ohne Sinn und Plan durch dieses Retorten-Urlaubsörtchen „San Agustin" latschen mussten, obwohl wir das Meer vom Balkon aus schon sehen konnten, es lag 100 Meter weg vom Hotel, aber ich durfte einfach nicht hin. Erst am nächsten Morgen durfte ich dann netterweise mal an den Strand, um den für mich vollkommen enttäuschenden, dunklen und festen Sand dieses Strandes in Augenschein zu nehmen. Erst später, an anderen Stellen dieser Insel, kam ich dann in den Genuss von der Art von Sandstrand, wie ich ihn aus Magazinen und Filmen kannte.

Die Freizeit, die meine Eltern miteinander und mit mir gemeinsam verbrachten, war für mich immer relativ absurd, unverständlich und zugegebenermaßen ziemlich....unangenehm. Das für mich als Junge vollkommen sinnlose Herumhängen bei Tante Traudel oder bei Familie Brändle war insofern turboätzend, weil ich ja quasi ein Einzelkind war, bedingt durch meine späte Geburt. Meine Schwestern haben, zumindest fühlte sich das für mich so an, in Lichtgeschwindigkeit die elterliche 63-qm-Wohnung verlassen und sofort geheiratet....und ich war dann eben dazu verdammt, mit meinen in jeder Hinsicht alten Eltern ihre ebenso alten Freunde und Bekannten zu besuchen, von denen es außerdem nicht mal allzu viele gab. Von Abwechslung konnte da auch nicht die Rede sein. Und von ein paar extrem spießigen, kriegsgeprägten, aber trotzdem politisch ziemlich weit rechts der Mitte wählenden Ehepaaren und Pseudo-Tanten betüddelt zu werden und „Was bist du schon wieder groß geworden"-Sprüche zu hören, hat mich als Kind schon nicht sonderlich beeindruckt. Naja, die Geschichte des zweiten Weltkriegs hatte ich zumindest schon vor dem Gymnasium super drauf.

Mir war mit ihnen allen im Grunde fast immer sterbenslangweilig. Und das ist aus heutiger Sicht vielleicht ein Grund für viele Dinge, die jetzt in meinem Leben vollkommen anders sind. Ich kenne heute keine Langeweile mehr. Ich habe sie vollkommen aus meinem Leben vertrieben, ganz und gar....Ich empfinde maximal etwas wie absichtliche Muße, und die genieße ich dann auch. Aber Langeweile habe ich vollkommen aus meinem Leben eliminiert, vermutlich weil ich sie auf fast traumatische Art und Weise so lange und intensiv ertragen musste. Vielleicht bin ich deswegen schon immer gerne viel unterwegs gewesen, habe mein halbes Leben lang gerne als Discjockey gearbeitet, bin Fotograf geworden, habe mich ins Entertainmentgeschäft reingefuchst und habe immer mindestens drei bis zehn heiße Projekte auf dem Entwicklungsherd.

Viele Leute, die mich kennenlernen, fragen mich, woher ich so viel über dies oder jenes weiß, oder sagen wir, warum dass ich zu so gut wie jedem Thema irgendwie meinen Senf abgebe oder abgeben kann. Gut, das liegt einerseits daran, dass ich meine große Klappe sel-

ten halten kann und lieber mal zu viel als zu wenig erzähle. Aber es liegt auch daran, dass ich sehr gerne neue Dinge erfahre, dazulerne und in mich aufsauge. Das war schon immer so....mir hat selbst der Latein-Unterricht irgendwie Spaß gemacht, im Gegensatz zu Mathematik in der Mittelstufe bei Dr. Schumm.

Ich bin, das nur nebenbei, Herrn Sperber für seinen Latein-Unterricht im Friedrich-Schiller-Gymnasium in Ludwigsburg im Nachhinein sehr dankbar dafür, dass er mir jedes Mal ein Stück Kreide an den Kopf geworfen hat, wenn ich angefangen habe zu plappern anstatt aufzupassen. Bei meiner dicken Brille konnte ja eh nichts passieren, denn er hat wirklich scharf geschossen, aber wahrscheinlich wusste er das....er wusste sowieso irgendwie alles. Und er war ein unglaublich autoritärer Arsch, aber irgendwie mochte ich ihn. Ich hab ihm jedenfalls große Teile meiner Fähigkeit zum logischen Denken zu verdanken, das man aus meiner Sicht im Gymnasium nur auf zwei Arten lernen kann, entweder durch Mathematik oder Latein. Beide Fächer trainieren die Logik hervorragend.

Da ich mit Mathe aber nie etwas anfangen konnte (mir reicht heute noch

LOGIK WURDE MEIN PERSÖN-LICHER PUNK.

der Satz des Pythagoras, um beim Berechnen irgendwelcher Fotohintergründe nicht zu viel oder zu wenig Stoff oder Teppich zu kaufen, mehr hab ich eh nie verstanden oder sagen wir....verstehen wollen), und weil mir die reine Theorie einfach keinen Spaß macht, habe ich mich glücklicherweise ab der siebten Klasse für Latein und erst danach on top noch für Französisch entschieden und somit den naturwissenschaftlichen Zug rechtzeitig verlassen. Insofern eine gute Entscheidung, weil mein sprachliches Talent mein mathematisches Verständnis um Längen schlägt und weil sich Latein als Logiktrainer mindestens genauso gut eignet, aber a.) mehr Spaß macht und b.) vielseitigere Anwendungsgebiete für mich auftat. Außerdem hat mich an Latein immer fasziniert, dass es für fast jedes Wort entweder einen Bezug in die Gegenwart gibt oder einen geschichtlichen Bezug auf die ollen Römer in der Vergangenheit. Aber es bleibt so gut wie nichts unbegründet, was mir sehr entgegenkommt, denn ich hasse es, auf die Frage „Warum...." keine oder keine mir ausreichende Antwort zu bekommen. Ich war auch, soweit ich mich erinnern kann, ein ganz furchtbares „Warum-Kind" und habe meine arme Mutter mit meiner permanenten Fragerei wohl regelmäßig zur Weißglut gebracht. Sie nannte mich schon sehr früh immer „Pedant", ein Wort das ursprünglich positiver gemeint war, als es meine Mutter mir gegenüber anwendete. Na ja, sie hat es sicher nicht so gemeint.

Und ich war immer ein dickes Kind. Aus den neun Pfund Geburtsgewicht wurden schnell mehr. Sehr viel mehr. Ich war die fleischgewordene Klischee-Übererfüllung des anfangs pummeligen, später dicken, unsportlichen Typen mit der hässlichen Brille und den komischen Klamotten. Wenn ich mich heute durch amerikanische Teeniefilme zappe....es gibt in jedem von diesen Filmen einen wie mich damals.

Und wenn ich mich ganz stark konzentriere und mich erinnere, ist Ernährung seit meinen frühesten Tagen eigentlich immer ein....nein das bestimmende Thema meines Lebens gewesen. Iss dies nicht, iss jenes nicht....das macht dick. Meine Eltern hatten keine Ahnung von gesunder Ernährung, aber wirklich keinen blassesten Schimmer. Sie versuchten trotzdem auf ihre Art immer, mir immer wieder klarzumachen, dass ich mich gesund ernähren sollte. Nicht ganz so einfach für einen 8–16-Jährigen in einem winzigen Haushalt, mit einer Mutter, die weder besonders gern noch besonders gut kochte. Ich habe sehr früh angefangen, mir mein Essen irgendwie selbst zu besorgen, zu kochen, zu backen oder sonst wie an die Mahlzeiten zu kommen, die mir schmeckten und die ich für richtig hielt.

Ich habe immer schon gerne gebacken, es hat mich irgendwie fasziniert, wie man ein paar Sachen zusammenrührt und daraus in weniger als einer Stunde ein Kuchen oder ein Tortenboden wird. Eines Tages, meine Mutter war außer Haus wegen ihres Halbtags-Jobs, beschloss ich, eine doppelstöckige Crèmetorte in Angriff zu nehmen. Dazu brauchte ich natürlich sämtliche im Haus vorrätigen Eier, so an die zwölf Stück. Die beiden Bisquit-Tortenböden wurden sensationell gut, fluffig und locker, wie ein Bisquit eben sein muss. Die Crème hat auch irgendwie funktioniert, also es hat alles in allem geklappt. Als meine Mutter nach Hause kam und das Schlachtfeld sah, das mal ihre Küche

war, gab's erst mal ziemlichen Ärger. Als sie die Torte sah, war sie allerdings stark beeindruckt. Als sie ein Stück probierte, war sie komplett geflasht von meinen Bisquit: „Wie hast du den denn so locker und leicht hinbekommen?" Ich zeigte auf das Rezept, das ich in ihrem eigenen, in Altdeutscher Schrift handgeschriebenen Rezeptbuch gelesen hatte (ich konnte dieses altdeutsch ganz gut entziffern, weil meine Oma, Baujahr 1896, nur so schrieb) und verwies darauf, den Teig genau nach dieser Anweisung gemacht zu haben. Antwort: „Ja bist du denn wahnsinnig? Du kannst doch nicht für zwei Tortenböden zwölf Eier verschwenden?" Öhm....doch? Es steht so im Rezept und außerdem wäre die Torte sonst nicht so gut geworden....und außerdem, häh? Zwölf Eier? Ein Ei kostete damals vielleicht acht Pfennig oder so. Na ja.... das mit den Torten hatte sich dann irgendwie schnell erledigt, meine Leidenschaft fürs Backen wich irgendwann der fürs Kochen und meine Mutter erzählte noch jahrelang allen davon, was ich für einen tollen Bisquitteig machen kann, allerdings eben mit sehr viel Eiern....und dann sei das ja andererseits auch wieder keine Kunst. Aha. Vielleicht merken Sie gerade, warum mir, direkt nach der Verbannung jeglicher Langeweile, Logik sehr wichtig wurde in meinem Leben. Logik

war einfach das Gegenteil von meiner Mutter. Logik wurde mein persönlicher Punk.

Mein Vater konnte nicht kochen. Er konnte, glaube ich, nicht mal den Herd anmachen. Ich bin der festen Meinung, mein Vater wäre lieber einen heldenhaften Hungertod gestorben, als sich mal selbst eine Stulle zu schmieren oder einen Salat zu machen.

Dies führte irgendwann zu meinen ersten Kochversuchen, ich muss so um die neun oder zehn Jahre alt gewesen sein. Meine Mutter war wegen einer ihrer Kropfoperationen für zwei Wochen im Krankenhaus, und ich war mit meinem Vater allein. Da mein Vater sich aus unerfindlichen Gründen strikt weigerte, in der Betriebskantine zu essen (ich vermute, er wollte das Geld sparen), kam er trotzdem jeden Mittag nach Hause. Aber da war ja nur ich. Und aus Mitleid mit meinem offensichtlich hungernden Vater begann ich zu kochen. Das reduzierte sich zwar auf Spiegeleier mit Brot, mal so, mal so gewürzt und ab und zu so was Ähnliches wie einen Salat, aber er aß es. Und ich war stolz wie Oskar, dass ich mit meinen überirdischen Kochkünsten (so kam es mir jedenfalls vor) in der Lage war, meinen kurz vor der Rente befindlichen Vater vor dem sicheren Hungertod zu bewahren. Die Story, wie heldenhaft ich meinen Vater bei seinem harten Schicksal, zwei Wochen lang Strohwitwer zu sein, unterstützt hatte, machte in meiner todlangweiligen Verwandtschaft und dem sonstigen „Damals im Krieg"-Haufen schnell die Runde und ich bekam tatsächlich Respekt. Für zwei Wochen Spiegeleier mit Paprikapulver, Toastbrot und grünem Salat.

Ich war ein Held. Dick, unsportlich, hässlich, aber ein Held. Wahnsinn.

DIE GRUND- AUS- BILDUNG

IST DAS TOTE FLEISCH
VERSCHWUNDEN, KOMMT
LEBEN IN DIE KÜCHE!

IN DER TÄGLICHEN KÜCHEN-PRAXIS unterscheidet sich vegane Ernährung auf den ersten Blick nicht von irgendeiner anderen Ernährungsform, würde man zunächst meinen. Das stimmt aus meiner Sicht aber nur bedingt. Essen ist nicht gleich Essen. In meiner Küche hat sich unglaublich viel getan, seit ich mich vegan ernähre. In allererster Linie hat man es natürlich mit weniger schnell verderblichen Lebensmitteln zu tun und es wird irgendwie deutlich ruhiger und interessanter in der Küche.

Man muss nicht heute noch das restliche Hackfleisch verbrauchen, die Steaks von gestern müssen nicht noch dringend weggegrillt werden, und die Wurst wird nicht schmierig oder schimmelt. Natürlich verdirbt auch Pflanzenkost irgendwann, aber längst nicht so schnell und spektakulär und vor allem nicht begleitet von solch immensen Gefahren, wie das bei tierischen Produkten der Fall ist. Wer einmal eine Fischvergiftung gehabt hat oder gar Salmonellen bei der Ausübung ihres lebensgefährlichen „Handwerks" erleben durfte, weiß, wovon ich spreche. Meine erste und zum Glück letzte Fischvergiftung hatte echt bleibenden Eindruck bei mir hinterlassen, also…. Muskelkater vom Kotzen hatte ich zuvor noch nie. Und dass man nicht mal mehr Wasser bei sich behalten kann, war auch 'ne Erfahrung, die ich jetzt nicht zwingend wiederholen muss. Aus meiner heutigen Sicht fühlt sich der Umgang mit Fleisch, Wurst, Käse, Milch und Eiern ein bisschen an wie unter nicht ganz ungefährlichen Laborbedingungen, im Grunde fehlte an dem Kühlschrank meiner Fleisch-Zeit nur noch der Aufkleber „Biohazard".

Diese neue „Ruhe" im Kühlschrank breitet sich nach und nach in der Küche aus, ein ganz herrliches Phänomen. Überall stehen kleine Töpfchen, Schalen oder Gläser mit getrockneten Kräutern, Gewürzen, Nüssen, Getreide, verschiedenen Reissorten, Haferflocken, Trockenfrüchten, Bohnen oder Mehl aller Art und anderen Leckereien herum. Da alle diese Sachen nicht zwingend in den Kühlschrank müssen, beruhigen sie denselben ungemein.…wohingegen sie die restliche Küche auf eine sehr angenehme und inspirierende Art beleben und optisch positiv aufwerten. Die Küche sieht wieder aus wie eine Küche und nicht wie eine aufpolierte Möbelausstellung.

Es kommt im absolut wahrsten Sinne des Wortes Leben in die Küche, wenn das tote Fleisch verschwunden ist. Meine Gäste sind immer sehr angetan von der schlichten Fülle und der Atmosphäre, die meine Küche ausstrahlt.

Mein erster Tipp zum Thema Ausstattung ist daher das gute, alte Weckglas. Weckgläser gibt es seit Ende des 19.Jahrhunderts, alleine in Deutschland werden pro Jahr fast eine Milliarde Gläser zur Konservierung von Früchten, Gemüse oder auch fertigen Gerichten verwendet.

Es gibt diese extrem praktischen Gläser heute in zig verschiedenen Formen und Größen, vom klassischen Einmachglas bis hin zu den sehr dekorativen kleinen Bowls, die sowohl im Regal gut aussehen als auch, befüllt mit einem selbstgemachten Pesto oder Relish, ein gerne angenommenes Mitbringsel abgeben.

Ich habe mich mit Weckgläsern in jeder Form und Größe eingedeckt, teilweise mit Kunststoffdeckeln, weil das den schnellen Zugriff, beispielsweise bei Gewürzen, einfacher macht als bei dem klassischen Verschluss mit dem roten Gummiring und den beiden Metallklammern. Es gibt aber inzwischen auch welche mit einer Art Schnappverschluss. Jedenfalls ist das Weckglas für mich die Waffe der Wahl, außer bei lichtempfindlichen Nahrungsmitteln wie beispielsweise Olivenöl.

Das Beste an den Weckgläsern ist ihre Größenvielfalt, ihre Langlebigkeit, ihre Hitzebeständigkeit und last but not least sind die Dinger wirklich billig. Zwölf durchschnittlich große Gläser bekommt man meistens für unter 15 Euro. Aber natürlich kann man auch, je nach dem persönlichen ästhetischen Anspruch an seine Küche, leere Senf-, Apfelmus oder Marmeladengläser nehmen. Mir persönlich ist das optisch zu wirr und zu unaufgeräumt, ich bin Sternzeichen Jungfrau, wenn Sie verstehen.….;-)

In meiner Küche stehen inzwischen an die 120 solcher Gläser, und alle meine Freunde bekommen solche Gläser von mir mit, wenn sie sich an meinem Hummus, meiner Olivenpaste oder meinem Pesto „bedienen".…da fällt mir ein.…bringt mal wieder ein paar zurück, Ihr Pfeifen, sonst gibt's keinen Hummus mehr!!!

Das nächste Ding in meiner Küche, das ich nicht mehr missen möchte, und zwar auf gar keinen Fall, ist ein Gerät, das ich zunächst beim Durchzappen im Fernsehen gesehen habe, und zwar tatsächlich bei einer dieser unsäglichen Home-Shopping-Sendungen.…später ist es mir dann nochmal auf dem Stuttgarter Weihnachtsmarkt aufgefallen und auf diversen Haushalts-, SlowFood- oder sonstigen Messen.

Ich kaufte also tatsächlich einen „Nicer Dicer". Für diejenigen unter Ihnen, die den Namen doof finden.…es heißt tatsächlich nicht mehr als „netterer Würfler". Und jetzt mal ganz, ganz ehrlich: Das Ding ist der O-ber-ham-mer. Es ist für mich das praktischste Küchengerät nach dem Messer. Als Veganer ist man ja im Grunde jeden Tag dabei, irgendetwas kleinzuschnippeln, zumindest, wenn man es wie ich ablehnt, irgendwelches Fertigfutter zu essen. Sei es der obligatorische Knoblauch, die Zwiebeln oder die Möhren, die Rote Bete oder der Salat, alles will ja gewürfelt, geschnitzelt oder sonst wie verarbeitet werden.

Aufgrund der verschiedenen Einsätze ist der Nicer Dicer tatsächlich geeignet, so ziemlich alles kleinzukriegen, was geschnippelt werden muss. Und mit wenigen Handgriffen hat man nicht nur Tomaten geviertelt, Zwiebeln groß oder klein gewürfelt, Kartoffeln zu Stäbchen verarbeitet, sondern hat sogar noch eine Aufbewahrungsmöglichkeit, weil das Teil mit Deckel geliefert wird. Und: Es gibt noch eine ganz kleine Variante vom Nicer Dicer, die aus meiner Sicht nur für eine Sache taugt, aber dafür in Perfektion: Knoblauch in winzige Würfel zu zerteilen. Man schneidet von der Knoblauchzehe etwa 1 mm breite Scheibchen ab und legt diese in den Nicer Dicer und zack…. hat man winzige Würfelchen. Eine bessere Methode, Knoblauch zu verarbeiten und zum Kochen oder für Salate zu benutzen, kenne ich nicht.

Sicherlich verwende ich ab und zu auch mal eine Knoblauchpresse, aber erstens bleibt in der Knoblauchpresse das Beste hängen, nämlich die Schale, und zweitens ist das Reinigen von Knoblauchpressen echt extrem nervig. Der Nicer Dicer ist, wenn man den Preis, die universelle Einsetzbarkeit und die immense Zeitersparnis beim oft lästigen Schnippeln zusammennimmt, wohl mein effizientestes, billigstes und bestes Küchengerät. Es braucht noch nicht mal

Strom, und ich schneide damit Zucchini, Gurken, Kartoffeln, Tomaten, Zwiebeln, Knoblauch, Pilze….wirklich fast alles. Aus meinem fast täglichen Herbst-Winter-Eintopf-Prozedere ist der Nicer Dicer nicht wegzudenken.

Ich habe das Gerät zweifach zuhause, zigfach an Freunde verschenkt und bin zu 1000 Prozent überzeugt von dem Teil. Hört sich an wie Werbung? Isses in gewisser Weise auch, aber gut ist eben gut. Das muss gesagt werden dürfen. Nicer Dicer, mein persönlicher Küchen-Held. Ich glaube, ich lasse mir jetzt mal ein T-Shirt drucken mit der Aufschrift „I ♥ Nicer Dicer!"

Ein weiteres unverzichtbares, täglich gebrauchtes Gerät in meiner Küche ist eine Art Häcksler, Zerkleinerer, Mixer, nennen Sie es, wie Sie wollen. Die meisten dieser Geräte haben ein sich drehendes 4-fach-Messer am Boden. Ich nenne das jetzt mal Zerkleinerer, und der beste, den ich kenne, ist die Moulinex „Multi Moulinette AT712G". Sie kostet im Normalfall deutlich unter 50 Euro und hat einen ganz entscheidenden Vorteil gegenüber fast allen anderen Geräten, die

ich kenne: Sie hat ein doppeltes, übereinander angeordnetes Messer, das heißt, man kann damit hervorragend Dinge zerkleinern, die bei anderen Geräten nur unten zerhackt werden, dafür aber oben mehr oder weniger unbeeindruckt liegen bleiben. Außerdem ist sie superschnell auseinanderzunehmen, hält 'ne Menge aus und ist einfach zu reinigen. Ich mahle damit Cashewnüsse oder Haferflocken, mache Relishes, Pestos oder hacke mittlere bis größere Mengen Kräuter, zerkleinere Spinat für meine Küchlein oder mache ein Kilo Tomaten zu Püree.

Ich bin so überzeugt von dem Gerät, dass ich immer ein oder zwei davon als Reserve in der Speisekammer stehen habe, falls doch mal eines den Geist aufgeben sollte. Bei meinem Standard-Frühstück kommen Walnüsse, Cashewnüsse, zwei Paranüsse und eine Handvoll getrocknete Maulbeeren in den Zerkleinerer. Danach kommt das Ganze in die Schüssel mit Sojajoghurt, eine Banane oder ein paar Blaubeeren dazu….fertig. Ohne meine kleine Moulinette undenkbar.

Und nun kommen wir zu einer Zweckentfremdung: Die Kaffeemühle, die im heutigen, modernen Haushalt ja doch eher seltener bis gar nicht benutzt wird – und oftmals auch gar nicht mehr vorhanden ist –, kommt bei mir zu neuen Ehren. Ich habe mir zwei Stück über Ebay besorgt, die alten Teile aus den 70ern in Orange (meistens von Braun oder Krupps), meiner Lieblingsfarbe. Aber es gibt sie auch neu. Diese ganz einfachen, kleinen Teile, in die man normalerweise ein paar Kaffeebohnen reinwirft und eine knappe Minute auf das Knöpfchen drückt, um eine sensationell pulverige Konsistenz zu erreichen. Genau diese Dinger benutze ich fast täglich, um

NICER DICER, MEIN PERSÖNLICHER KÜCHEN-HELD.

Als Veganer ist man ja im Grunde jeden Tag dabei, irgendetwas kleinzuschnippeln.

Leinsamen zu mahlen, ein Grundnahrungsmittel in meiner Küche, oder um grobe, getrocknete Gewürze wie Cumin (Kreuzkümmel), Rosmarin, Thymian, Kardamom oder Nelken zu mahlen.

Der Vorteil frisch gemahlener Gewürze ist a.) der bessere und intensivere Geschmack und b.) die bessere Dosiermöglichkeit, denn wenn man beispielsweise Kardamom in ganzen Stücken verwendet, kann es sein, dass sich der Geschmack erst sehr, sehr langsam entfaltet, was zu einer üblen „Überwürzung" führt. Wenn man das Gewürz als frisches, feingemahlenes Pulver verwendet, ist das Abschmecken um einiges einfacher. Natürlich benutze ich auch sehr gerne Mörser, es gibt aber Gewürze, da führt das Mörsern eher zum Zerquetschen und endet dann in einer breiartigen Konsistenz. Das Gute an den kleinen Kaffeemühlen ist obendrein ihr sehr kleiner Behälter, das ermöglicht das Mahlen sehr geringer Mengen, also perfekt für Gewürze oder Zutaten, die nur in Messerspitzen oder teelöffelweise zugegeben werden.

Natürlich brauchen Sie in der veganen Küche jetzt nicht vollkommen anderes Werkzeug als vorher. Ich empfehle Ihnen hier lediglich Dinge, mit denen ich täglich arbeite und die mir über die Jahre als sehr nützlich ans Herz gewachsen und extrem praktisch sind.

Ich verwende beispielsweise sehr gerne Keramikmesser, im Speziellen die der Firma Victorinox (für Nicht-Pfadfinder: Das ist die Firma, die die roten Schweizer Taschenmesser mit den acht bis 800 Funktionen machen). Diese Messer sind leicht, werden in der Spülmaschine nicht stumpf, sind sehr lange scharf und nehmen keinerlei Gerüche anderer Lebensmittel an. Hinzu kommt,

dass sie härter sind als Stahlmesser und einen sehr geringen Reibungswiderstand haben. Das bedeutet sehr saubere Schnitte. Außerdem sind sie im Vergleich zu hochwertigen Stahlmessern sehr günstig.

Auch ein absolutes Muss in der Küche ist für mich der Pürierstab, für alles, von Suppen und Saucen, über Crèmes bis hin zu meinem geliebten Hummus, ist dieses Gerät unerlässlich. Welchen Sie hier bevorzugen, ist eigentlich egal. Er sollte solide sein, leistungsstark, und aus möglichst wenig Kunststoff bestehen. Mein Pürierstab muss beim Hummus ordentlich ran, wenn so an die vier Kilo gekochte Kichererbsen zu Püree verarbeitet werden sollen, ist schon mal 30 Minuten Dauerbetrieb angesagt. Da wird das Ding heiß, und das sollte er auch abkönnen. Zu empfehlen sind, wie bei allen Küchengeräten, Edelstahl-Varianten, aber das ist alles eine Geschmacks- und Geldbeutelfrage.

Und last, but nicht mal ansatzweise least:

Mein Thermomix. Ich kann kochen, und viele werden sagen, wer kochen kann, braucht keinen Thermomix. Hm.... ganz ehrlich? Dann gilt aber auch: Wer laufen kann, braucht kein Fahrrad, und wer ein Fahrrad hat, braucht kein Auto.

Der Thermomix ist das am besten durchdachte und am solidesten gebaute Küchengerät seit der Erfindung des offenen Feuers. Bämm. Jetzt übertreibt er aber. Nein, wirklich! Was ich, und das gilt aus meiner Sicht nicht auch, sondern ganz besonders für die vegane Küche, meinem Thermomix für Aufgaben übertragen kann, während ich mich anderen Dingen in der Küche widme, ist schlichtweg sensationell.

Das Teil macht mal nebenher in ein paar Minuten einen Brotteig, eine Gemüsesuppe oder einen Brotaufstrich,

mahlt mir in Sekunden Nüsse zu Mehl oder zaubert mir ein perfektes Risotto. Ja, ein Risotto. Das nervigste Gericht aller Zeiten, weil man quasi ununterbrochen umrühren muss, um sowohl die richtige Konsistenz zu gewährleisten und vor allem um zu verhindern, dass der Reis am Boden anbrennt. Das macht der Thermomix alles in der exakt richtigen Temperatur und mit der richtigen Rührgeschwindigkeit ganz alleine. Und wenn das Risotto fertig ist, gibt er Laut, weil es jetzt Zeit zum Essen ist. Ich kann Ihnen den Thermomix uneingeschränkt empfehlen, ohne rot zu werden. Aber wer wie ich jeden Tag die Füße hochheben musste, weil der Vorwerk Kobold mit Getöse die Krümel wegsaugen wollte, der hat es zum Thermomix und seiner Qualität mental nicht sooo weit ;-).

Und das war es auch schon mit meinen Empfehlungen. Natürlich brauchen Sie auch alles andere, was Sie in Ihrer Küche haben, weiterhin. Töpfe, Pfannen, Siebe, Schüsseln, Schneidbretter, Topflappen und die anderen 1000 kleinen Dinge, die das Arbeiten in der Küche erleichtern, den Spaßfaktor erhöhen, die einfach nur gut aussehen, mit denen man super vor Freunden oder konkurrierenden Hobbyköchen angeben kann, oder die man irgendwann unweigerlich sowieso geschenkt bekommt.

Meine Küche ist wohl der Raum in meiner Wohnung, der sich am dynamischsten verändert, der optisch und praxisorientiert immer wieder kleine Umgestaltungen erlebt, und das empfinde ich als sehr schön. Im Moment plane ich die Anschaffung eines großen Induktionsherdes, da mein alter Ceran-Herd nach 15 Jahren so langsam die Grätsche macht und nicht mehr so will wie ich. Aber die Küche sieht auch je nach Jahreszeit anders aus, die Farben ändern sich nicht nur durch das einfallende Licht, sondern auch durch die je nach Saison wechselnden Zutaten und Gewürze.

Kommen wir zum Schluss dieses kleinen Praxis-Kapitels noch zu der essbaren Grundausstattung.

Niemand kann immer alles, was sich in den ganzen leckeren Rezepten, die die vegane Welt für uns bereithält, verbirgt, zuhause vorrätig haben. Da ich Ihnen aber mit Nachdruck nahelegen will, wann immer es geht, frisch zubereitete Speisen zu sich zu nehmen, und somit regelmäßiges Einkaufen zu Ihrem hoffentlich demnächst beginnenden neuen Leben gehört, hier vorab mal ein paar Must-Haves aus meiner Küche, selbstverständlich alles in Bio-Qualität:

▶ Himalayasalz (das reinste und leckerste Salz)
▶ schwarzer Pfeffer aus der Mühle (ich liebe Tellicherry Pfeffer....einer der besten Pfeffer der Welt)
▶ Petersilie (einer der besten natürlichen Geschmacksverstärker)
▶ Knoblauch (wann immer es geht, den jungen, frischen Knofel kaufen)
▶ Zwiebeln (Gemüsezwiebeln, Schalotten, rote Zwiebeln, Frühlingszwiebeln, normale weiße Zwiebeln)
▶ Kartoffeln (auch hier ruhig ein paar Sorten ans Lager legen)
▶ getrocknete Kichererbsen (ich habe davon immer an die 5–20 kg in der Speisekammer)
▶ getrocknete Bohnen (allerlei Sorten)
▶ Linsen (von grün bis gelb)
▶ Reis (ich benutze ausschließlich ungeschälten Vollkornreis, er schmeckt deutlich intensiver und ist gesünder)
▶ Räuchertofu (gibt es in verschiedenen Ausführungen, ich benutze meistens den von Taifun)

▶ Seidentofu
▶ Räucherpaprika (ergibt bei vielen Speisen den letzten Schliff, leichtes Rauch- und Röstaroma)
▶ Cumin (Kreuzkümmel)
▶ Ingwer
▶ Olivenöl (ich habe immer mehrere Flaschen auserlesenes Öl, zusätzlich einen großen Kanister meiner Lieblingssorte aus Kreta)
▶ Sesamöl (normal und geröstet)
▶ Kürbiskernöl
▶ Cashewnüsse (gerne auch Cashew-Bruch, ist billiger und schmeckt genauso gut)
▶ Walnüsse (die aus Chile sind die besten, die französischen sind eher bitter)
▶ Haselnüsse (auch gerne geröstete, wahnsinnig lecker)
▶ Vollkornmehl (Dinkel, Einkorn, Buchweizen, ich verwende kaum normales Weizenmehl)
▶ Sojamehl
▶ Quinoa (alle Farben, der rote und der schwarze Quinoa sind am besten)
▶ Sojabohnen, getrocknet
▶ Essig (mein Haupt-Essig ist Weinessig, Altmeister oder Kressi, dazu gerne verschiedene Balsamicos und sehr gerne auch die verschiedenen Balsamico-Crèmes)
▶ Senf (einen günstigen, mittelscharfen Senf und dazu gerne ein paar Spezial-Senf-Sorten)
▶ Tomatenmark
▶ Tomaten in Dosen
▶ Nudeln (gerne auch ohne Weizen, also Dinkelnudeln, Maisnudeln oder sonstige Vollkornnudeln)
▶ Gemüsebrühe (als Pulver oder als Paste, von Wela oder ähnliches, natürlich glutamatfrei)
▶ Sojajoghurt (Sojade oder Provamel)

▶ Polenta (die feine, schnellkochende mag ich am liebsten)
▶ Sojamilch (die beste ist definitiv die vom Hofgut Storzeln am Bodensee)
▶ Sojasahne, Hafersahne, Dinkel-Cuisine oder ähnliche pflanzliche Varianten der Crème fraîche bzw. Sahne
▶ Mais-Semmelbrösel
▶ Vollkornbrösel
▶ Maulbeeren, getrocknete Aprikosen, Rosinen und Ähnliches (fürs gesunde, vegane Frühstück)
▶ brauner Roh-Rohrzucker
▶ Reissirup
▶ Soja-Margarine
▶ schwach entölter Kakao
▶ Natron und Backpulver

Auch hier sind der Vielfalt und der Kreativität wohl nur durch die Größe der Küche oder der Lagermöglichkeiten Grenzen gesetzt. Das Schöne an Nahrungsmitteln wie Kichererbsen, Getreide, Trockenfrüchten, Nudeln und Ähnlichem ist die fast unbegrenzte Haltbarkeit, aber auch Sojamilch, Hafermilch oder andere pflanzliche Drinks halten sich ungeöffnet sehr, sehr lange, auch außerhalb des Kühlschranks. Das heißt, dass man den Preisvorteil des Großeinkaufs nutzen und sich ordentliche Mengen von Grundnahrungsmitteln ans Lager packen kann, was sich auch positiv auf den Zeitfaktor auswirkt, der ja bei vielen von Ihnen auch eine große Rolle spielen wird. Gerade bei Sojamilch ist das eine wirkliche Erleichterung gegenüber der Kuhmilch, die nach wenigen Tagen oder zwei Wochen verdorben ist, Sojamilch hält sich gut ein Jahr oder länger.

Ich wünsche Ihnen viel Spaß beim Einkaufen und beim Anlegen und Organisieren ihrer veganen Grundausstattung!

Es gibt wohl kein anderes grünes Blattgemüse, über das so viele Mythen kursieren. Tatsächlich ist Spinat ein kalorieneffizientes und nährstoffintensives Superfood. Die enthaltenen sekundären Pflanzenstoffe schützen vor Herz-Kreislauf-Erkrankungen und Krebs. Spinat liefert zudem relevante Mengen Eisen, Kalzium, Magnesium, Kalium, Beta-Carotin, Vitamin C und Folsäure.

SPINATSAUCE

DIE ZUTATEN
FÜR 4 PERSONEN

500 g frischer Blattspinat

2 Knoblauchzehen,
klein gehackt

3 EL Olivenöl

Saft einer halben Zitrone

200 ml Wasser

½ TL Salz

250 ml Sojasahne

1 TL Muskat

1 gehäufter TL Zitronenpfeffer

DIE ZUBEREITUNG
25 MINUTEN

Spinat und Knoblauch in einem Topf in Olivenöl dünsten. Die restlichen Zutaten dazugeben und kurz aufkochen. Vom Herd nehmen und im Topf zu einer Sauce pürieren.

Am besten kann man das im Spinat enthaltene Eisen in Kombination mit zusätzlichem Vitamin C resorbieren. Deshalb bietet es sich an, Spinatgerichte mit Zitronensaft zu kombinieren oder mit anderen Vitamin-C-haltigen Gemüsearten. Das gilt generell für alle pflanzlichen Eisenlieferanten. Diese Sauce eignet sich als supergesunde Saucenbeilage zu vielen Gerichten.

AUBERGINENCRÈME
SPICY

DIE ZUTATEN
FÜR 3 PERSONEN

3 Auberginen

2 Knoblauchzehen,
klein gehackt

1 TL Salz

1 EL Tomatenmark

1 EL mittelscharfer Senf

2 EL Olivenöl

1 gestrichener TL scharfes
Paprikapulver

1 EL Blattpetersilie,
klein gehackt

DIE ZUBEREITUNG
20 MINUTEN

Die Auberginen klein würfeln und in Salzwasser kochen. Den Knoblauch zu den Auberginen in den Topf geben und ca. 15 Min. lang kochen, bis die Auberginen weich sind. Das Wasser abgießen und den Topfinhalt pürieren.

Alle restlichen Zutaten außer der Blattpetersilie in die pürierte Masse geben und gut durchrühren. Mit Blattpetersilie als Topping anrichten.

Durch die Zubereitungsweise dieses leckeren Dips kommt die hervorragende Kalorieneffizienz der Aubergine voll zur Geltung. In der mediterranen Küche gehört das kalorienarme Gemüse zur Basisausstattung. Die Eierfrucht ist vor allem reich an Kalzium und Magnesium. Aber auch Makronährstoffe wie Eiweiß und Ballaststoffe sind enthalten. An Vitaminen sind besonders A und C zu nennen. Die Aubergine eignet sich durch ihren nicht dominanten Eigengeschmack hervorragend dazu, mit starken Aromen bespielt zu werden, wie z. B. Chili, Pfeffer, Olivenöl oder Knoblauch.

HUMMUS

DIE ZUTATEN
FÜR 4 BIS 6 PORTIONEN

500 g eingeweichte Kichererbsen

4 Knoblauchzehen

Saft von 2 Limetten

2 EL Salz

1 gehäufter TL Cumin

½ TL Cayennepfeffer

3 EL Sesampaste

6 EL Olivenöl

400 bis 500 ml Wasser
zum Pürieren

DIE ZUBEREITUNG
150 MINUTEN +
12 STD. VORBEREITUNGSZEIT FÜR DAS
EINWEICHEN DER KICHERERBSEN

Die über Nacht eingeweichten Kicher-erbsen abgießen und in frischem Wasser ca. 2 Stunden lang kochen, bis sie weich sind. Erneut abgießen und zusammen mit den restlichen Zutaten in eine Küchenmaschine geben und pü-rieren. Dabei stetig Wasser hinzugeben, damit die Konsistenz cremig wird.

Hummus ist sehr gesund. Er enthält Folsäure, Vitamin C, B1 und B2. Außerdem Magnesium, Zink und Eisen. Vor allem aber liefern Kichererbsen eine große Menge Eiweiß sowie Ballaststoffe. Hummus ist besonders im Nahen Osten weit verbreitet. Mit Gemüse schmeckt er z. B. sehr gut im Fladenbrot. Auch auf getoastetem Vollkorn-brot ergibt sich ein toller Snack oder eine leckere Vorspeise.

SELBSTGEMACHTE MAULTASCHEN

DIE ZUTATEN
FÜR 4 PERSONEN

Maultaschenteig:

400 g Hartweizengrieß

1 Prise Salz

1 EL Olivenöl

180 ml lauwarmes Wasser

Maultaschenfüllung:

130 g Schnellkoch-Polenta

100 g Kartoffelmehl

40 g Maisstärke

1 kleine Zwiebel,
klein gehackt

2 Knoblauchzehen,
klein gehackt

4 TL (12 g) Backpulver

15 g gepuffter Amaranth
(entspricht 6–8 Esslöffeln)

2 TL Würz-Hefeflocken
(Melasse)

1½ gehäufte EL frische Petersilie,
fein gehackt

1 TL Gemüsebrühe

1½ TL Himalayasalz

1 TL schwarzer Pfeffer

3 TL getrocknete Kräuter der Provence

150 g frischer Spinat,
im Mixer zerhäckselt

1½ EL Olivenöl

1 TL gemahlener Liebstöckel

Olivenöl zum Braten

170 ml Wasser mit Kohlensäure

100 ml Wasser ohne Kohlensäure

DIE ZUBEREITUNG
50 MINUTEN

Alle Zutaten für den Teig zusammenmischen und zu einem Teig kneten. Den Teig zugedeckt 30 Min. ruhen lassen.

Zwiebeln und Knoblauch in einer Pfanne in Olivenöl gut anbraten. Währenddessen die restlichen Zutaten für die Maultaschenfüllung in einer Schüssel zusammenmischen. Knoblauch und Zwiebeln zur Masse dazugeben, sobald sie fertig gebraten sind, und alles gut verrühren.

Wer keinen Spinat mag, kann je nach Geschmack anderes Blattgemüse verwenden. Dabei muss lediglich beachtet werden, dass die ganze Mischung nicht zu flüssig wird!

Den Teig, nachdem er geruht hat, in einer Nudelmaschine oder mit einem Nudelholz dünn ausrollen und in rechteckige Streifen schneiden. Nun kann man nach Belieben Maultaschen formen. Entweder 16 cm lange und 6 cm breite Streifen nehmen und mit der Füllung dünn bestreichen und dann zu einer Maultaschenrolle der Länge nach zusammenrollen, oder einen rechteckigen Teigstreifen in der Mitte teilen. 1 bis 2 EL Füllung in die Mitte der einen Teigstreifenhälfte packen und den zweiten Teigstreifenteil drauflegen und dann die Ränder zusammenpressen, damit die klassische, eckige Maultaschenform entsteht.

Die Maultaschen je nach Stärke des Nudelteigs 8 bis 10 Min. lang in Gemüsebrühe kochen. Nun kann man sie mit frisch gemahlenem schwarzem Pfeffer garnieren und mit Gemüsebrühe und Röstzwiebeln servieren.

Eine weitere Variante ist, die gekochten Maultaschen in Olivenöl anzubraten.

KALAMATA-OLIVEN-CRÈME

**DIE ZUTATEN
FÜR 4 PERSONEN**

250 g Pistazien

400 g Kalamata-Oliven

2 Zehen geräucherter Knoblauch

3 EL Olivenöl

Saft von einer Limette

**DIE ZUBEREITUNG
15 MINUTEN**

Die Oliven entkernen und zusammen mit den restlichen Zutaten in einer Küchenmaschine, wie z. B. einer Moulinette, zu einer feinen Crème verarbeiten.

Oliven sind echte Nährstoffbomben. Sie senken den Cholesterinspiegel und schützen vor Arteriosklerose. Weil sie den Blutdruck senken, schützen sie das Herz. Die sekundären Pflanzenstoffe in Oliven schützen effektiv vor Krebs. Oliven gehören zu den Grundnahrungsmitteln der sehr gesunden mediterranen Ernährung.

Wir lieben diese Crème.
Auf getoastetem Vollkorn-
brot ist sie ein Gedicht.

DAS KAUM-ZEIT-KONTI-NUUM

UND WARUM GEIZ NICHT GEIL IST

DIE ZWEI SCHLIMMSTEN STATEMENTS zum Thema Ernährung sind wohl: „Ich habe keine Zeit zum Kochen" und „Eine Ernährung mit frischen, biologischen Zutaten ist zu teuer für mich."

Fangen wir beim Thema Zeit an. Ja, wir leben in einer vergleichsweise schnellen Zeit. Es passiert unfassbar viel, es muss oder will immer mehr bewältigt werden. Es stürzt immer mehr und mehr auf uns ein, viel mehr, als das früher einmal der Fall war. Früher haben wir einen Brief geschrieben, und geduldig den Antwortbrief abgewartet. Es vergingen Tage oder sogar Wochen. Danach kam das Fax, das in einem Bruchteil der Zeit 80-seitige Verträge oder Angebote von A nach B schicken konnte. Dann kam die E-Mail, und wenn wir die heute verschicken, und nicht nach spätestens zwei Stunden eine Antwort bekommen, schreiben wir schon mal 'ne SMS an den Empfänger, ob er denn die E-Mail nicht bekommen habe?

Ja, heute ist schneller als gestern, das steht fest (bzw. ....es steht auch nicht fest, sondern rast auch an uns vorbei). Es ist so, und vorerst wird es auch so bleiben oder sogar noch ein kleines bisschen schneller werden. Aber irgendwie müssen wir uns ja wohl daran gewöhnen, damit zu leben, es für uns gangbar zu machen. Es nützt nicht viel, den ganzen Tag deswegen zu jammern oder sich dem Stress, den das alles verursachen kann, ungebremst auszusetzen. Niemand wird irgendwann oder gar jemals das Internet abstellen und.... schnipp....ist wieder alles so, wie es früher mal war. Die Art, wie wir damit umgehen, ist der für uns kriegsentscheidende Faktor. Hier kommt das folgende kleine Zwischenkapitel ins Spiel: SELEKTION macht ruhig und stark.

Hinterfragen ist weder unhöflich noch peinlich. Hinterfragen ist in unserer Welt zwar unbequem, aber nur, weil wir so unfassbar bequemlichkeitssüchtig geworden sind. Ich bin sicherlich niemand, der die dummen Thesen der „Früher-war-alles-besser"-Bewegung und deren ewig gestrige Ansichten vertritt. Aber nur, weil wir uns in einer schneller getakteten Zeit befinden, dürfen wir nicht alles, was zu hinterfragen ist, aus Zeitgründen ignorieren. Das Hinterfragen erzeugt aber zugegebenermaßen noch mehr Infos, als wir ohnehin schon bewusst oder unbewusst, empfangen.

Und eben gerade, weil uns an jeder Ecke Informationen entgegenströmen und wir förmlich unter der Last der auf uns niederprasselnden Nachrichten, der angeblich wichtigen Fakten und Erkenntnisse, mental fast zu ersticken drohen, müssen wir umso mehr darauf achten, was uns wie und von wem erzählt wird. Das ist nicht möglich? Stimmt. Es ist in dieser Quantität tatsächlich nicht möglich. Uns steht das sogenannte Menschheitswissen an jeder beliebigen Ecke, am Computer, auf dem Tablet oder sogar am Handy zur Verfügung. Und ein einzelner Mensch kann das bis jetzt aus der gesamten Menschheit und ihrer Geschichte bis

zu eben dieser Sekunde entstandene und auch noch ständig neu dazukommende Wissen nicht mal eben andauernd kurz erfassen und verarbeiten. Das kann niemand. Und deswegen muss sich auch niemand grämen, sich schlecht, minderwertig oder sogar dumm fühlen.

Es muss nur zunächst ein ganz entscheidender Schritt erfolgen. Die Selektion. Sozusagen die interne Gehirn-Redaktion muss automatisiert tagen oder einfach eine prinzipiell simple Redaktionssitzung abhalten und klare Entscheidungen treffen. Wir müssen selektieren, wofür wir uns interessieren und was uns nicht wichtig ist. Ich habe das in einer Art simplen Formel oder Metapher für mich selbst zusammengebaut: Ich stelle mir vor, ich kann nur 20 Interessen haben, die ich halbwegs sinnvoll und ohne in den vollkommenen Overload zu geraten, redaktionell verarbeiten kann. Also stelle ich mir entweder schriftlich oder im Kopf eine Liste meiner Topics zusammen. Diese Liste ist natürlich im ständigen Wandel, aber sie sollte auf jeden Fall alle Hobbies und Sammelleidenschaften, Sportarten und starke, wirklich für Ihr Leben signifikante Highlights beinhalten.

Die Zahl 20 ist jetzt in meinem Fall die, die ich gewählt habe, bei Ihnen sind es vielleicht 30 oder nur 15. Immer, wenn Sie ab jetzt merken, dass Sie ihre Höchstzahl von signifikanten Topics zu überschreiten drohen, sollten Sie sich hinterfragen, ob Sie dafür nicht etwas anderes löschen oder zumindest für längere Zeit ins Abseits stellen können. Also, wenn Sie spontan beschließen, ab jetzt Golf zu spielen, sollten Sie sich über den Zeitaufwand im Klaren sein und dafür unter Umständen für ein paar Monate oder Jahre oder sogar für immer aufhören, Hinterhofbasketball zu spie-

SELEKTION MACHT RUHIG UND STARK.

len. Sie sollten aber keinesfalls beides machen wollen, denn das bedeutet über kurz oder lang, dass Sie sich selbst sagen hören: „Oh Mann, seit ich Golf spiele, komme ich gar nicht mehr zum Basketballspielen (....und auf dem Flohmarkt war ich auch schon ewig nicht mehr, ich hab irgendwie für gar nichts mehr Zeit.)"

Denn genau hier liegt der Fehler im System. Sie kommen mit Ihrer Zeit (24 Stunden) gefühlt nicht mehr klar, weil Sie nicht vernünftig und in Ruhe selektieren. Das verursacht Stress, und Stress macht krank. Und wenn wir schon dabei sind, noch ein klitzekleiner Tipp von mir: Vermeiden Sie schon das Wort „Stress". Ich verwende dieses Wort eigentlich nie, außer wenn es wirklich mal zutrifft. Aber das Wort wird seit Jahren höchst inflationär als Synonym für „viel Arbeit" oder „viel zu tun" missbraucht.

Viel Arbeit bedeutet aber nicht automatisch Stress, viel Arbeit bedeutet zunächst einmal nicht mehr und nicht weniger als „viel Arbeit". Erst wenn Sie die viele Arbeit aus irgendwelchen Gründen (zu viel gegolft oder auf dem Flohmarkt rumgehangen zum Beispiel ;-)) nicht mehr innerhalb der Ihnen dafür zur Verfügung stehenden Zeit bewältigt bekommen, geraten Sie in eine Situation, die man Stress nennen kann. Und aus der kommen Sie nur durch das Setzen von Prioritäten wieder heraus.

Ich stelle immer öfter fest, dass sehr viele Leute nicht mehr mit dem Informations-Overload klarkommen, mit zwei oder gar drei Handys durch die Welt rennen und dies auch von anderen Menschen erwarten. Geduld scheint für viele Menschen nur noch eine leere Vokabel zu sein. Das, und die immer mehr zunehmende Unfähigkeit zur Selektion, zum gnadenlosen Aussortieren des

Zustroms von Informationen und der Nicht-Einhaltung der selbst aufgestellten, dafür eigens geschaffenen Regeln, führt unweigerlich zu einem Kollaps der eigenen Zufriedenheit.

Seit wir mit dem Internet umgehen, also seit ca. 1993, ist un-fucking-fassbar (Hello Rea, my friend) viel passiert. Am Anfang war es ein ziemlich belächeltes Medium. Ein paar Computernerds haben sinnbefreite Chatrooms besucht und angefangen, sich international auszutauschen. In irrwitziger Geschwindigkeit wurde aus dem Internet das alles bestimmende Ding, mit allen Vorzügen und Nachteilen eines gigantischen Massenphänomens. Heute hat alleine Facebook weit über 1 Milliarde User, das ist über ein Siebtel der Weltbevölkerung. Das Internet bestimmt in jeder Hinsicht unser Leben, stürzt Regierungen, schafft ein neues Bewusstsein oder generiert über Nacht einen total sinnlosen Hype. Und selbst die Computer- und Smartphone-Verweigerer spüren die Auswirkungen der Existenz des World Wide Web, Tag für Tag. Das Internet ist da, und es geht nicht irgendwann weg wie eine Erkältung, so viel steht fest. Und wie so oft in unserer Geschichte können wir das Rad nur weiterdrehen, aber nicht zurück.

Wir sollten also dringend lernen (und lehren!) zu selektieren. Ich erinnere mich zu gerne an die „Steckbriefe" in den alten Jugendzeitschriften wie der Bravo, in denen Mädchen und Jungen sich beschrieben haben: „Ich bin Thomas, 14 Jahre alt, gehe auf das Hölderlin-Gymnasium. Ich fahre gerne Fahrrad, spiele Klavier und interessiere mich für Autos, Basketball und Schwimmen." Ende der Durchsage.

Sicherlich wäre ein solcher Steckbrief heute auch nicht wesentlich länger, nur

würde sich hinter jedem „Hobby" ein ganzes Universum verstecken, denn wenn man nur Klavier gegen Playstation und Fahrrad gegen Facebook austauscht, hat man aufgrund der schaumungebremsten Verzweigung hinter jeder dieser Interessen, hinter der ein ganzer Berg weiterer Informationen lauert, denjenigen schon für täglich mehrere Stunden an den Rechner gefesselt und mit Informationen zugeballert, die der 14-Jährige aus dem Jahr 1979 in einem ganzen Monat oder gar einem Quartal nicht gesammelt hätte. Ich sage jetzt nicht, dass der Mensch nicht grundsätzlich dazu in der Lage ist, mit seinem Gehirn deutlich mehr anzustellen, als das noch 1979 der Fall war. Inwiefern wir das allerdings als gut, gesund oder angenehm empfinden, wissen wir vielleicht erst in 100 oder 200 Jahren.

Das Problem ist: Niemand hat uns das beigebracht. Niemand hat uns erklärt, wie man selektiert, wie man Wichtiges von Unwichtigem trennt, geschweige denn, dass es per se überhaupt erfolgen muss.

Ironischerweise kommen damit die Älteren unter uns meistens (nicht immer) besser klar, weil sie sich noch an die Zeit vor dem Internet erinnern können und sich zumindest einbilden, ohne das Internet überleben zu können. Das heißt, sie selektieren offensichtlich halbautomatisch aus ihrer Erinnerung und Erfahrung heraus. Vielleicht auch deswegen, weil wir das früher aus dem Bauch heraus getan haben, denn es gab ja nur das erste, das zweite und irgendwann das dritte Fernseh-Programm. Kein Grund, sich groß 'nen Kopf zu machen, aber auch kein Grund einen Medienberater einzustellen. Wir haben das einfach entschieden, und mit zunehmendem

> **Wir müssen selektieren, wofür wir uns interessieren und was uns nicht wichtig ist.**

Alter hatten wir dann wohl irgendwann gelernt, wie man Entscheidungen trifft. Aber für einen jungen Menschen, der 1993 oder 2002 geboren wurde, ist das Internet so normal wie der Wasserhahn, die Klospülung oder der Fernseher. Und er ist vollkommen allein gelassen mit der totalen Überfrachtung durch den Angebots-Tsunami, der jede Minute, jede Stunde und vor allem Tag und Nacht auf ihn einstürzt.

Machen wir ein Beispiel: Stellen Sie ein Kind vor die Wahl, ob es eine neue Puppe, einen neuen Baukasten oder ein neues Spielzeugauto haben will. Es wird sich irgendwann entscheiden, und wird zwar kurz clevererweise versuchen, Ihnen noch ein zweites Geschenk abzuluchsen, aber schnell akzeptieren, dass das nicht der Deal war, und sich dann über sein neues Spielzeug freuen.

Jetzt stellen Sie das Kind in einen riesigen, mehrstöckigen Spielzeugladen und sagen Sie ihm, dass es sich ein einziges Spielzeug aussuchen darf. Das wird ein Fiasko. Das Kind wird stundenlang vollkommen überfordert durch den Laden torkeln, sich permanent umentscheiden, Sie immer und immer wieder, vermutlich längst unter Tränen, fragen, ob es nicht doch drei oder wenigstens zwei Sachen haben könne. Und am Ende des längsten und anstrengendsten Nachmittags seines Lebens wird es mit nur einem Spielzeug in der Hand in einen verdienten, unglücklichen Schlaf fallen, weil es so viel nicht bekommen hat.

Deswegen treffen gute Eltern zumindest eine Vorauswahl für ihre Kinder, bis die das selbst können. Selektion ist nicht einfach, aber je früher wir sie lernen, desto besser ist es. Dummerweise gibt es kein Schulfach in dieser Richtung. Ich bin fest der Meinung, dass ein, zugegebe-

nermaßen relativ abstraktes, Schulfach „Selektion und Kritik" mehr als überfällig ist.

Denn die maßlose Überfrachtung mit Informationen, von denen viele vollkommen sinnlos oder ungefiltert sogar irreführend bis hin zu gefährlich für den Einzelnen sind, führt nicht nur zu Stress, zu Fehlinformation, sondern auch zu schleichender Ignoranz, zu Resignation, zum Burnout und zu Hyperaktivitätsproblemen. Kinder, Jugendliche und Erwachsene pumpen sich tagtäglich mit Unmengen von Energy-Drinks, Kaffee, Zuckerlösung und grünem Tee oder sonstigen in den entsprechenden Mengen stark künstlich aufputschenden Mitteln voll, um ihrem eigenen, unbewussten Leistungsanspruch näherzukommen.

Eine gezielte Selektion, also eine klare Entscheidung für oder gegen ein Thema, stärkt aber langfristig das Selbstbewusstsein. Sich bewusst für oder gegen etwas entschieden zu haben, gibt das Gefühl von Stärke, gelebter Disziplin und grenzt positiv ab von sinnlosen, die eigene Psyche überfrachtenden Inhalten. Kurz und gut: Selektion macht stark. Selektion beruhigt. Wer von uns wünscht sich nicht mehr Ruhe und Stärke?

Und was hat das alles mit Ernährung zu tun?

Nun....ich würde sagen, es ist die Grundlage einer wirklich gesunden, vielfältigen Ernährung. Denn am Anfang des

Weges in eine bewusste Ernährungsstrategie steht eine Entscheidung. Nämlich, es zu tun. Und wenn dieser Schritt getan ist, folgt zunächst eine Disziplinierungsphase, die bei jedem individuell lang sein kann und darf. Wenn man davon ausgeht, dass man sich sein ganzes Leben lang immer, ohne groß nachzudenken, von dem ernährt hat, was einem vorgesetzt wurde, oder dass man gegessen hat, was alle anderen auch gegessen haben oder was es eben gerade so gab, eben dort, wo man sich gerade befindet, im Moment gibt, dann stehen doch eine Menge neuer Selektionen bevor.

Die sind allerdings weitaus umfassender und erzeugen einen viel, viel größeren Einfluss auf das tägliche Leben, als ein Wechsel des Hobbys oder des Sportvereins. Die Entscheidung, wirklich bewusst zu essen, ist eine weitreichendere Erfahrung, als man zunächst denkt. Es bedeutet nämlich nicht „nur" nachzudenken, zu hinterfragen, auszuprobieren, nachzulesen, zu lernen und zu praktizieren….es bedeutet in erster Linie zu lernen, NEIN zu sagen.

Nein zu schlecht. Ja zu gut.

Soviel dazu.

Kommen wir zurück zur Erforschung des Kaum-Zeit-Kontinuums:

Aus irgendeinem Grund nehmen wir uns für unfassbar viele Dinge Zeit. Wir gehen in Urlaub, wir frönen Hobbies, sind im Sportverein, gehen ins Kino, auf Konzerte, spielen Golf, Tennis, Fußball, sitzen stundenlang vor dem Fernseher oder lesen Bücher. Wir investieren Zeit in soziale Kontakte, berufliche Fortbildung, Urlaub, Volkshochschulkurse, Seminare, Städtereisen oder in das Studieren von Betriebsanleitungen von komplexen technischen Geräten. Und wir sitzen stundenlang vor unseren Bildschirmen und pflegen unsere Facebook-/Twitter-/Xing-Accounts oder unsere YouTube-Kanäle, schauen Fernsehen bis in die Puppen.

Prinzipiell alles kein Problem. Sprechen wir aber von der Zeit, die man braucht, um sich wirklich gut und gesund zu ernähren, ist diese Zeit aus unerfindlichen Gründen einfach nicht da. Ganz wenige Menschen sind bereit, offiziell Zeit in die „saubere Ausführung" ihrer Ernährung zu investieren. Und da liegt der Hase im Pfeffer….(ja, auch Veganer dürfen solche Metaphern bemühen, das In-den-Pfeffer-legen des Hasens geschieht ja nur verbal….;-)). Es führt einfach kein Weg daran vorbei, sich diese Zeit zu nehmen. Es gibt hunderte, ach….tausende von Tätigkeiten, Hobbies oder Freizeitaktivitäten, die Sie einfach aus Ihrem Leben herauskürzen könnten, ohne sich dabei irgendwelche Probleme zu verursachen. Kürzen Sie jedoch die Zeit, die Sie nun mal benötigen, um sich gut und gesund zu ernähren, aus Ihrem Leben heraus, werden Sie über kurz oder lang darunter leiden. Sie werden die Folgen Ihrer schlechten Ernährung zu spüren bekommen und vermutlich werden Sie früher oder später krank werden, auf die eine oder andere Weise. Im worst Case sogar chronisch krank. Ich sage immer: „Keine Zeit zum Kochen? Viel Zeit im Wartezimmer."

Und nun kommt das „Kaum-Zeit-Kontinuum" ins Spiel.

Sie haben ein gefühlt hektisches Leben. Hektik ist übrigens etwas, das nur Sie selbst entwickeln. Geschwindigkeit hat zunächst einmal nichts mit Hektik zu tun. Schnell sein bedeutet nicht hektisch zu sein. Hektik ist etwas, das entsteht, wenn man spürt, mit der vorgegebenen oder selbst angesetzten Geschwindigkeit

nicht mehr klarzukommen. Wenn Sie hektisch werden, haben Sie schon ein Problem. Ein Problem, das Sie im Übrigen auch nicht durch die Zuhilfenahme von Unmengen von Kaffee oder Energydrinks gelöst bekommen, aber das nur am Rande.

Also….zurück zur Situation: Sie sind sehr beschäftigt, haben einen straffen Zeitplan, der Sie extrem auf Trab hält und der Sie sogar ab und zu hektisch werden lässt. Sie ernähren sich zwischen Tür und Angel von dem, was man Ihnen in der Kantine vorsetzt, ohne es zu hinterfragen. Sie kochen zuhause so gut wie nie oder nur in Ausnahmefällen. Sie essen Fertiggerichte oder bestellen irgendwelches Zeug beim Bringdienst Ihres kleinsten Misstrauens. Sie haben einen Kühlschrank voller in Folie verpackter Industrie-„Leckereien", ein paar Liter Milch, einige Becher Joghurt und Quark und ein oder zwei Laibe Brot, Wurst, Käse, Eier, einen Alibi-Salat und ein paar Äpfel. Und natürlich den obligatorischen Fruchtsaft als Vitamin-Heilsbringer. Sie investieren keine signifikante Zeit in Ihre Ernährung. Es muss schnell gehen, weil ja noch soooo viele andere Sachen zu erledigen sind. Nun stellen Sie sich vor, diese Ernährung hat Sie krank gemacht. Sie haben irgendein chronisches Leiden entwickelt, das auf Ihre Ernährung zurückzuführen ist….,und davon gibt es ja theoretisch wahrlich genügend.

Diese Erkrankung schränkt jetzt Ihren Zeitplan, zunächst eher unmerklich, aber doch durchaus signifikant noch weiter ein. Sie werden womöglich antriebslos, träge, müde, schlafen schlecht, zeigen deutliche Anzeichen von echtem Stress, sind tagsüber oft unkonzentriert, erleben Sekundenschlaf an der Ampel, sind mies gelaunt, unmotiviert und zei-

gen immer öfter melancholische oder sogar depressive Tendenzen.

Die erste Reaktion darauf ist meistens, sich durch „Belohnungen" wieder ins Gleichgewicht bringen zu wollen. Zu Ihrer, mit Verlaub, ohnehin schon katastrophalen Mangelernährung aufgrund Ihres angeblich chronischen Zeitmangels kommen jetzt noch Berge von Chips, Schokolade, Eiscrème, Flucht-Alkohol in rauen Mengen, immer noch ne Pizza und ein Fünfegradeseinlassen-Döner mehr obendrauf. Die Folge ist, dass Ihr körperlicher Zustand sich noch weiter verschlimmert und Sie sich sukzessive nur noch schlechter, miesgelaunter und fast schon gepeinigt fühlen.

Sie stehen jetzt mitten im Sog der Todesspirale. Das Kaum-Zeit-Kontinuum hält Sie gefangen.

Und das alles nur, weil Sie sich für alles Zeit nehmen, aber nicht für Ihre Ernährung.

Wie konnte das so weit kommen? Nun, darüber könnte man sicherlich mehrere dicke Bücher schreiben. Ich will das hier gar nicht weiter austreten, in Stichworten würde ich sagen, es liegt an der Manipulation durch Werbung, an gewissen Gruppenzwängen, an gewissem Suchtverhalten, an falsch verstandenen Freiheitsgedanken, an fehlender Information, an abhandengekommener Disziplin und daran, dass wir alle grundsätzlich immer denken, die Umstände per se oder irgendwelche anderen Leute, die Kollegen, der Ehepartner, der Chef oder der Vollmond sind schuld an unserem, wie auch immer gearteten Elend. Stimmt nicht. Sie sind selbst schuld. Aber: Sie können das auch selbst ändern. Ziemlich einfach sogar.

Ihre Ernährung MUSS die Nummer eins in Ihrem Leben sein. Nichts ist wichtiger als das, was Sie essen, trinken oder atmen. Auf die Gefahr hin, mich zu wiederholen: Das Wort, das wir in diesem Kontext benutzen, heißt LEBENSMITTEL.

Eigentlich müsste doch bei jedem klar denkenden Menschen mindestens einmal am Tag eine Lampe angehen, wenn er dieses Wort liest oder denkt. LEBENS-MITTEL. Ein Mittel zum Leben. Im Prinzip eine ganz klare Sache.

Ich weiß, in der Praxis gar nicht so einfach. Und irgendwie der Logik folgend doch. Sie müssen sich die Zeit, um gut und gesund einzukaufen, sich über Ernährung zu informieren und sich Ihr Essen in irgendeiner Form zuzubereiten, einfach nehmen. Es führt kein Weg daran vorbei. Und hier kommt jetzt die gute Nachricht: Es gibt nicht nur die abwärtsgerichtete Todesspirale, es gibt auch die aufwärtszeigende Lebensspirale.

Die Belohnung für die Zeit, die Sie sich nehmen, um Ihre Ernährung zu verbessern, zu reflektieren und schlussendlich diesen Plan in die Tat umzusetzen, macht Sie gesünder. Es macht Sie dynamischer, fitter, lockerer. Sie werden besser schlafen, Ihr Energiebedarf sinkt und Ihre Leistungsfähigkeit steigt immens an. Sie werden stressresistenter, überlegter, klarer im Kopf, ausgeglichener. Ihre Verdauung wird besser, Ihre Haut wird besser, Ihre Haare, Ihre Nägel….irgendwie alles. Und das Beste: Sie fühlen sich motiviert und sind stolz auf sich, dass Sie das selbst geschafft haben. Das verschafft Ihnen einen ungeheuren Schub an Selbstbewusstsein und Stärke. Sie sind besser organsiert, handeln entschlossener und haben….na….? Was glauben Sie? Richtig! Sie haben wieder mehr Zeit!

Sie haben das Kaum-Zeit-Kontinuum verlassen und sind wieder im guten, alten Raum-Zeit-Kontinuum angekommen.

Sie haben verstanden, dass Ernährung der entscheidende Faktor in unserem Leben ist und dass Lebensmittel nicht nach dem Laden benannt sind, aus dem Sie stammen, sondern tatsächlich Lebens-Mittel sind. Ich glaube, man sollte sowieso beantragen, dass dieses Wort mit Bindestrich geschrieben werden muss, nur so wird die Bedeutung tatsächlich klar, finden Sie nicht?

Kommen wir zum zweiten fatalen Fehler im Ernährungskontext. „Ich kann mir eine gesunde Ernährung gar nicht leisten."

Irgendwie verhält es sich mit diesem Satz sehr ähnlich wie mit dem Thema Zeit. Es ist nämlich auf wundersame Weise auch immer für alles Geld da, aber wenn es um die Ernährung geht, ist es plötzlich weg….beziehungsweise das Essen muss auf jeden Fall sehr, sehr billig sein.

Sollte für einen dringenden Wunsch einmal kein Geld da sein, wird auf Teufel komm raus gespart, es werden Zusatzjobs angenommen, da wird nachts

IHRE ERNÄH-RUNG MUSS DIE NUMMER EINS IN IHREM LEBEN SEIN.

geputzt und nach Feierabend auf dem Dachboden und danach auf Ebay gewütet, und wenn es hart auf hart kommt, wird sogar ein Kredit aufgenommen. Merkwürdigerweise habe ich noch nie erlebt, dass jemand einen Kredit aufgenommen hat, um sich ein paar Jahre gut und gesund zu ernähren. Das würde aber deutlich mehr Sinn machen, als sich einen sauteuren Urlaub zu leisten und dafür das ganze Jahr über nur entsetzlich minderwertiges bis nahezu giftiges Zeug zu sich zu nehmen, nur weil es so schön billig ist.

Das absurdeste (in dem Fall ist es sogar ein Paradoxon) Beispiel ist eigentlich die Tatsache, dass viele Leute echt eine stattliche Summe für die Einrichtung ihrer totaaaal superschicken Küche ausgeben, aber dann beim Essen entweder massiv sparen wollen oder nie wirklich in Erwägung ziehen, dort richtig zu kochen. Schon irgendwie merkwürdig, oder? Bulthaup-Küche mit Monsterkühlschrank, Inhalt: Fertigfraß vom Discounter.

Nun, warum muss Essen billig sein? Damit jeder sich welches leisten kann. Das ist ja in der Theorie erstmal gut und richtig so.

Räumen wir zuerst einmal mit dem Irrglauben auf, dass eine gute, gesunde Küche, im Speziellen eine pflanzliche Ernährung, teuer ist. Das ist schlichtweg falsch. Wenn wir uns nur von importierten, super-luxuriösen Früchten oder Gemüse aus aller Welt ernähren, dann mag das stimmen. Und vor allem, wenn wir jegliche Regionalität oder Saisonalität ignorieren. Wer kennt nicht das berühmte Körbchen „Erdbeeren aus Lutetia" aus Asterix? Wenn wir uns aber zunächst einmal drauf besinnen, wie nahrhaft Getreide, Gemüse, Obst, Nüsse,

Pilze und andere Lebensmittel aus unserem direkten Umfeld, unserer Region oder zumindest unserem Land oder Kontinent sind, können wir doch eine ganz andere Rechnung aufmachen.

In meiner Speisekammer, meiner Küche und meinem Keller befinden sich ziemlich ordentliche Mengen von sehr günstigen, aber sehr vielseitigen und nahrhaften Lebensmitteln. Ich habe sicherlich an die zehn Kilo Reis der verschiedensten Arten da, dazu kommen mindestens fünf Sorten Linsen, ebenso viele Sorten Bohnen, natürlich alles getrocknet. Weiter geht es beispielsweise mit einem 20-Kilo-Sack Kichererbsen in Bio-Qualität.

Ein schönes Beispiel für ein veganes Grundnahrungsmittel: Ein Kilo Kichererbsen bekommen Sie bei halbwegs geschickter Einkaufsstrategie für knapp unter vier Euro. Dabei ergibt ein Kilo getrocknete Kichererbsen eingeweicht die 2 bis 2,5-fache Menge. Sie könnten mit einem Kilo Kichererbsen also locker eine achtköpfige Familie satt bekommen, je nachdem ob Sie aus den Kichererbsen Falafel, Hummus oder Salat machen. Kichererbsen sind ein hochwertiger Lieferant von Protein, sie enthalten bis zu 20 % Eiweiß (die meisten Fleischsorten haben genauso viel oder sogar weniger), und sie sind extrem reich an Ballaststoffen, komplexen und damit nachhaltig sättigenden Kohlenhydraten und sind ebenso reich an Mineralstoffen wie Eisen, Magnesium und Zink. Nicht zu vergessen beinhalten sie reichlich ungesättigte Fettsäuren. Und sie sind billig. Und man kann sie im getrockneten Zustand ewig aufheben. Ein perfektes, immer verfügbares Nahrungsmittel, das Ihnen ein wirklich hervorragendes Preis-Leistungs-Verhältnis bietet.

Neben diesen Standards wie Reis, Nudeln, säckeweise Bohnen und Kichererbsen und anderen Hülsenfrüchten in getrockneter Form hat meine Küche und meine kleine Speisekammer natürlich noch weitere, gesunde und preiswerte Leckereien zu bieten. Da hätten wir Buchweizen, Quinoa, Haferflocken, Hirse, Polenta, Kartoffelmehl, Mais, Vollkornsemmelbrösel, Sojagranulat, Cashewnüsse und vieles mehr, was fast immer da ist und Verwendung findet.

Natürlich geht es dann weiter mit frischem Gemüse und Grundzutaten wie Zwiebeln (meistens drei Sorten, rote, normale weiße und entweder große Gemüsezwiebeln oder ganz frische Frühlings- oder Lauchzwiebeln, je nach Jahreszeit). Knoblauch gehört natürlich zum Standard-Repertoire, die wohl mit gesündeste Zutat in jedem herzhaften Essen, die positiven Eigenschaften, neben der natürlichen Geschmacksverstärkung dieser absoluten Wunderknolle sind ja schier endlos: stabilerer Blutdruck, Pflege der Blutgefäße, natürliches Antibiotikum, Krebs-Prävention, Darmreinigung und Stärkung der Leber sind nur einige davon.

Sie sollten übrigens keine Angst vor den Gerüchen, „Winden" oder Ausdünstungen haben, die Sie vom Knoblauch abhalten könnten. Frischer Knoblauch lässt Sie nicht sonderlich ausdünsten, und auch wenn er getrocknet ist, sollten Sie nicht davor zurückschrecken. Tatsächlich übel nach Knoblauch stinken Sie nur, wenn Sie Knoblauchgranulat verwenden oder Knoblauchpulver. Aber das riecht auch schon beim Verzehr eklig. Und, so leid es mir tut, die geruchstechnisch übelste Mischung ist Fleisch und Knoblauch, denn das Fleisch braucht ja viel länger durch den Darm, und das, was sich da zusammen mit dem Knoblauch an Abgasen zusammenbraut, ist echt eine zünftige Mischung. Im Übrigen riechen Veganer per se besser und unauffälliger….genau genommen sogar leckerer. Hört sich komisch an, ist aber die Wahrheit.

Ich will hier nicht zu Ihrem Investitionsberater mutieren, das läge mir fern. Aber eine gewisse Investition an Zeit und Geld in Ihre Ernährung ist unerlässlich. Wenn Sie die wichtigsten Parameter aus diesem Kapitel zusammensammeln…. dann machen Sie es doch einfach so: Selektieren Sie in Ruhe und mit etwas Geduld, und setzen Sie daraufhin Prioritäten. Zum Beispiel, ob Sie sich ein Jahr lang wirklich gesund und gut ernähren wollen oder ob Sie lieber einen neuen Fernseher kaufen wollen, vor dem Sie dann Zeit verschwenden, die Sie eigentlich nicht haben, und deswegen lieber Chips und Fertigpizza essen, die zwar billig sind, aber krank machen, und das kostet dann wieder Zeit….und der ganze Mist beginnt von vorn. Ich denke Sie haben mich verstanden, oder? Wenn nicht, macht das nichts. Lesen Sie das Kapitel einfach noch mal, denn in diesem Kapitel geht es selbst für Veganer um die Wurst.

Schnelles, leckeres, nährstoffintensives und kalorienarmes Abendessen gefällig? Mit diesem Rezept kein Problem! Blumenkohl verbessert den UV-Schutz unserer Haut und zählt aufgrund seines hohen Mineralien- und Vitamingehalts zusammen mit Brokkoli zu den nährstoffeffizientesten Gemüsesorten überhaupt und glänzt mit einigen weiteren positiven Effekten auf unsere Gesundheit.

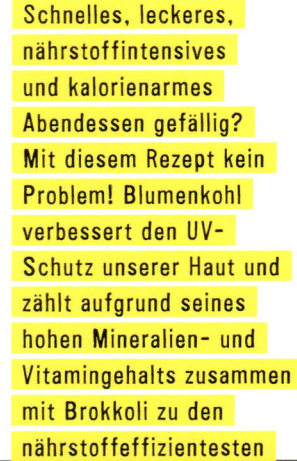

KURKUMA-BLUMENKOHL-
GRÖSTL MIT SPINAT

DIE ZUTATEN
FÜR 2 PERSONEN

1 Blumenkohl,
zerkleinert

500 g Blattspinat

1 TL Kurkuma

2 rote Zwiebeln,
klein gehackt

1 TL Salz

200 g Kräutertofu,
klein gewürfelt

2 Knoblauchzehen,
klein gehackt

Schwarzer Pfeffer,
nach Geschmack

Eine Prise Muskatnuss
oder Muskatblüte

Rapsöl zum Braten

Olivenöl zum Dünsten

DIE ZUBEREITUNG
20 MINUTEN

Den Blumenkohl 10 Min. lang kochen
und danach in einer Pfanne mit Rapsöl
anbraten. Kurkuma, Zwiebeln, Salz und
Kräutertofu hinzufügen und 10 Min.
lang bei hoher Hitze braten. Währenddessen den Knoblauch in einer weiteren Pfanne andünsten und den Spinat
dazugeben. Kurz anköcheln, salzen
und mit etwas Muskat geschmacklich
verfeinern. Mit schwarzem Pfeffer den
Tellerrand garnieren und servieren.

Ein weiterer Kracher aus meinem Repertoire leckerer Party Finger Foods: Vuggets sind einfach und schnell herzustellen und bieten mit ihrer perfekten Konsistenz einen idealen Geschmacksträger für viele verschiedene Saucen und Dips. Man kann sie mit wenig Aufwand geschmacklich variieren, indem man weitere Gewürze zur Teigmischung hinzugibt, und so z. B. asiatische oder mexikanische Geschmacksrichtungen erzeugen. Nachfolgend ein Grundrezept, das die perfekte Konsistenz garantiert.

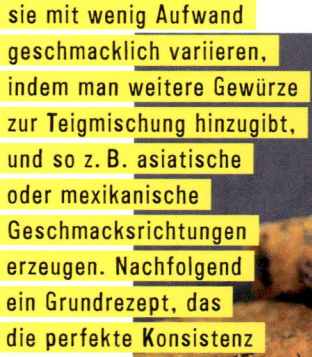

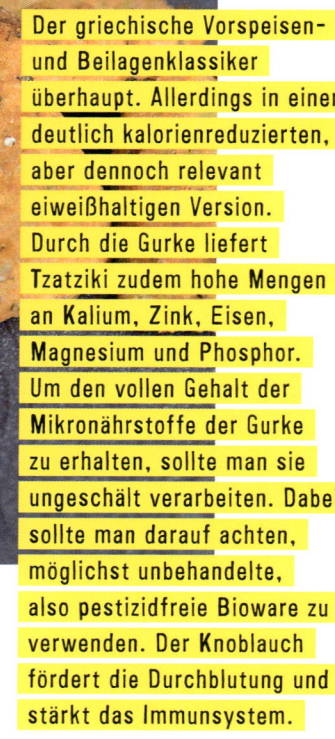

Der griechische Vorspeisen- und Beilagenklassiker überhaupt. Allerdings in einer deutlich kalorienreduzierten, aber dennoch relevant eiweißhaltigen Version. Durch die Gurke liefert Tzatziki zudem hohe Mengen an Kalium, Zink, Eisen, Magnesium und Phosphor. Um den vollen Gehalt der Mikronährstoffe der Gurke zu erhalten, sollte man sie ungeschält verarbeiten. Dabei sollte man darauf achten, möglichst unbehandelte, also pestizidfreie Bioware zu verwenden. Der Knoblauch fördert die Durchblutung und stärkt das Immunsystem.

VUGGETS

TZATZIKI

DIE ZUTATEN
FÜR 4 PERSONEN

1 kleine Gurke

400 g Sojade
(ungesüßter Sojajoghurt)

4 kleine Knoblauchzehen,
sehr fein gehackt oder durch
die Knoblauchpresse gedrückt

Schwarzer Pfeffer und Salz,
je nach Geschmack

1 EL Olivenöl

Optional frischer Dill,
fein gehackt

DIE ZUBEREITUNG
10 MINUTEN

Die Gurke in eine Schüssel raspeln und die restlichen Zutaten dazugeben und sehr gut verrühren. Mindestens eine Stunde (besser zwei) in den Kühlschrank stellen, damit die Geschmacksnoten sich verbinden können. Wer eine festere Konsistenz mag, presst vor der Zugabe der anderen Zutaten in einem Küchensieb aus den Gurkenraspeln so gut es geht die Flüssigkeit heraus.

DIE ZUTATEN
FÜR 2 BIS 4 PERSONEN

200 g Schnellkoch-
Polenta

150 g Kartoffelmehl

70 g Maisstärke

1 Päckchen (17 g)
Backpulver

20 g gepuffter Amaranth
(entspricht 6-8 EL)

1 EL Melasse-Würz-
hefeflocken

2 gehäufte EL frische
Petersilie,
fein gehackt

1 gehäufter TL Gemüse-
brühe

1 TL Himalayasalz

½ TL schwarzer Pfeffer

1 Zwiebel,
klein gewürfelt

2 Knoblauchzehen,
klein gewürfelt

250 ml Wasser mit
Kohlensäure

150 ml Wasser ohne
Kohlensäure

2 EL Olivenöl

Olivenöl zum Braten

DIE ZUBEREITUNG
30 MINUTEN

Zwiebeln und Knoblauchzehen in Olivenöl andünsten, bis sie Röstaromen annehmen und goldgelb bis hellbraun sind. Währenddessen alle restlichen Zutaten außer Wasser und Olivenöl in einer Schüssel zu einer Trockenmasse verrühren. Zwiebeln und Knoblauch aus der Pfanne dazugeben und gut einrühren. Nun das Olivenöl und vorsichtig und portionsweise auch das Wasser dazugeben und währenddessen ständig rühren. Nicht zu viel Wasser auf einmal hineingeben und kräftig genug rühren, damit keine Klumpen entstehen. Weitermachen, bis ein formbarer Teig entsteht. Den Teig zu einer oder mehreren dicken Rollen rollen. Der Durchmesser hängt davon ab, wie groß man die Vuggets am Ende haben möchte. Die Rolle danach in 1 cm dicke Scheiben schneiden und die so entstandenen Vuggets in einer Pfanne mit Olivenöl goldgelb und knusprig ausbraten.

VYROS

200 g Räuchertofu

½ Fladenbrot

Tzatziki
*(ein veganes Rezept dafür wird
auf Seite 41 beschrieben)*

Peperoni

Zwiebeln

Salat

Tomaten

Gurken

Oliven

Petersilie

Salz

Schwarzer Pfeffer

getrocknetes Chili

Olivenöl zum Braten

Alle Gemüsezutaten wie auf den Fotos
klein schneiden und in Schüsseln be-
reitstellen. Tofu in sehr dünne Scheiben
schneiden, in reichlich Olivenöl kross
braten und danach abtropfen lassen.
Den gebratenen Tofu auf einem Teller
anrichten. Das Fladenbrot rösten und
aufschneiden. Die Zutaten nach Geschmack in das Brot geben, würzen und
Tzatziki dazugeben.

Meine vegane Version des griechischen Fast-Food-Klassikers. Tofu ist eine gute pflanzliche Proteinquelle. Zusammen mit dem Gemüse, das man dazu isst, entsteht ein gesundes, einfach und schnell zuzubereitetes Gericht. Konkrete Mengenangaben gibt es außer für den Tofu und das Brot nicht, da man von den Gemüsebeilagen so viel dazupacken kann, wie man möchte. Für mehrere Personen einfach die entsprechende Menge Tofu und Fladenbrot multiplizieren und für ausreichend Beilagen sorgen.

VEGANES **RÜHREI**

DIE ZUTATEN
FÜR 4 PERSONEN

1 Zwiebel,
klein gehackt

3 Knoblauchzehen,
fein gehackt

Eine Handvoll Petersilie,
klein gehackt

400 g Seidentofu

16 gehäufte EL gepoppter Amaranth

1 gestrichener TL Salz

Schwarzer Pfeffer
nach Geschmack

½ TL Agar Agar

1 gehäufter EL Maisstärke

Olivenöl zum Braten

DIE ZUBEREITUNG
20 MINUTEN

Zwiebeln und Knoblauch in Olivenöl goldgelb anbraten und in eine Schüssel zu Seidentofu, Amaranth und Petersilie dazugeben. Gut durchrühren und mit Pfeffer und Salz würzen. Agar Agar und Maisstärke hinzufügen und alles sehr gut durchrühren. Die Masse in eine Pfanne geben und in Olivenöl anbraten, bis sie goldgelb ist und Röstaromen annimmt.

Amaranth zählt zu den Fuchsschwanzgewächsen und ist eines der bekanntesten Pseudogetreide. Ein echtes Powerkorn, das überall wachsen kann. Sein Nährstoffmix macht es zu kalorieneffizienter Powernahrung. Es liefert wichtiges Lecithin und essentielle Fettsäuren. Es weist einen sehr hohen, qualitativ hochwertigen Eiweißgehalt auf. Amaranth sorgt zudem für gesunde Haut und starke Knochen. An Mineralstoffen, die Amaranth beinhaltet, sind vor allem Magnesium, Kalzium und Eisen zu nennen. In Kombination mit dem Seidentofu liefert es in diesem veganen Rührei eine gesunde und hochwertige Riesenportion Eiweiß.

FALAFEL

DIE ZUTATEN
FÜR 12 PORTIONEN /
CA. 50 STÜCK

1½ kg eingeweichte
Kichererbsen
*(in trockenem Zustand
vor dem Einweichen ent-
spricht das ca. 800 g)*

50 g Ingwer,
*sehr klein gehackt oder
durch die Knoblauch-
presse gedrückt*

4 Knoblauchzehen,
*klein gehackt oder durch
die Knoblauchpresse
gedrückt*

2 Bund glatte Petersilie,
*klein gehackt oder durch
die Küchenmaschine
gehäckselt*

3 EL gemahlener Cumin
(Kreuzkümmel)

1 TL Cayennepfeffer

50 g Sojamehl

2 EL Salz

½ Gemüsezwiebel,
*klein gehackt oder durch
die Küchenmaschine
gehäckselt*

DIE ZUBEREITUNG 60 MINUTEN +
12 STD. VORBEREITUNGSZEIT
FÜR DAS EINWEICHEN DER KICHERERBSEN

Die Zutaten wie in der Zutatenliste beschrieben vorbereiten und gut miteinander vermischen und zu einer teigähnlichen Masse formen. Eine Menge des Falafelteigs, die ca. einer halben Handvoll entspricht, zwischen beide Hände nehmen und durch kreisende und formende Bewegungen zu einem Bällchen formen. Wer die Falafel-Bällchen exakt gleich groß haben will, der stellt am besten die Küchenwaage bereit und wiegt vor dem Formen die jeweilige Teigmenge ab. Selbstverständlich können auch flachere Bulettenformen damit hergestellt werden.

Die fertig geformten Falafelteiglinge in eine Fritteuse geben und frittieren. Wer keine Fritteuse hat, sollte eher die flachere Bulettenform bevorzugen und in einer hohen Pfanne mit reichlich Öl gleichmäßig von beiden Seiten braten. Man kann auch in einen Kochtopf eine große Menge Öl hineingeben, die hoch genug steht, damit man die Falafelbällchen darin frittieren kann.

Wichtig ist, dass die Falafel nicht zu lange gebraten oder frittiert wird, da sie innen noch schön grünlich frisch bleiben sollte, während sie außen kross und braun ist. Wenn man die Falafel vollständig durchbrät, wird sie relativ trocken. Das ist sicher ein Stück weit Geschmackssache. Ich empfehle, den Kern nicht durchzubraten. Nach dem Frittieren/Braten am besten auf einem Küchenpapier auslegen, damit überschüssiges Fett ablaufen kann.

Für die Verarbeitung der Kichererbsen und Petersilie bietet sich eine Küchenmaschine an. Wer keine hat, zerstampft die Kichererbsen mit einem Kartoffelstampfer und hackt die Petersilie möglichst klein.

Wie man an der Portionsmenge sieht, stelle ich Falafel immer gleich für mehrere Male her, da sie sich auch fertig zubereitet und frittiert gut einfrieren lässt. Dieses Gericht ist im arabischen Raum ein Klassiker und entstand wie viele kernig-würzige und stark eiweißhaltige, pflanzliche Fleischalternativen in der Fastenzeit. Meistens wird sie mit Salat und verschiedenen Saucen im Pitabrot gegessen. Eine klassische Sauce dazu ist Hummus. Man kann die Falafel selbstverständlich auch auf einem Teller mit anderen Beilagen und Salat anrichten.

FRITTIERTE SCHALOTTEN AN BALSAMICO

DIE ZUTATEN
FÜR 3 BIS 4 PERSONEN

DIE ZUBEREITUNG
20 MINUTEN

600 g Schalotten

Balsamico-Essig

Schalotten schälen und in Pflanzenöl frittieren. Mit Balsamico überträufeln und mit schwarzem Pfeffer abschmecken. Mit Rosmarin garnieren.

Eine genial einfache und super schmackhafte Beilage oder Vorspeise.

PIMIENTOS

500 g Pimientos

Meersalz

2 bis 3 EL Olivenöl

Die Pimientos in eine Schüssel geben und das Olivenöl darüberträufeln. Gut durchmischen, sodass das Olivenöl die Pimientos überall benetzt. Dann auf einem mit Backpapier ausgelegten Backblech legen und in den auf 180 Grad vorgeheizten Ofen geben, bis sie goldbraun sind. Kräftig salzen und auf dem Teller anrichten. Man könnte jetzt auch nochmal Olivenöl oder Balsamicoessig dazugeben. Oder Knoblauch, und eine Art Salat daraus machen. In Griechenland kombiniert man die gegrillten Pimientos häufig noch mit einer knoblauchschwangeren Tomatensauce.

Ich liebe supereinfache Gerichte. Gerade Gemüse eignet sich bestens, um es mit leckerem Olivenöl stressfrei im Backofen zuzubereiten. Ein mediterraner Klassiker. Meine Rezeptur ist schlank und stressfrei zuzubereiten. Vor allem kann man nach dieser Methode sehr viele verschiedene Gemüse im Backofen grillen.

DIE MAUER MUSS WEG!

....ODER PER GEMÜSE AD ASTRA

DA IST SIE SCHON WIEDER, die Frage.... es ist die Frage aller Fragen, die, am Anfang normal – weil menschlich, später dann lästig und irgendwann unerträglich wird:

„Vegan? Ja, was kannst du denn dann überhaupt noch essen?"

Sie werden diese Frage selbst schon anderen gestellt haben, oder vielleicht stellen Sie sie sich gerade in diesem Moment selbst. In erster Linie bekommen Sie diese Frage aber eigentlich ununterbrochen gestellt, sobald Sie von sich behaupten, sich vegan zu ernähren. Daher empfiehlt es sich durchaus, diesen Beschluss so lange für sich zu behalten, bis man argumentativ etwas sattelfester ist und genügend Erfahrung mit veganem Essen gesammelt hat, um die Antworten mehr oder weniger automatisiert geben zu können. Ich habe diese Frage vor Jahren auch gestellt....ich habe sie sogar als Behauptung formuliert, um mich vor dem Entschluss, vegan zu werden, lautstark zu „schützen". „Vegan? Pff.... so 'n Quatsch, da kann man ja überhaupt nichts mehr essen." Und auch ich habe alle daraufhin vorgebrachten Argumente versucht wegzubügeln, oder sie zumindest hartnäckig zu ignorieren. Aber.... wie man sieht und liest: Man(n) lernt nie aus!

Ok, auf den ersten Blick kommt es uns, so wie die meisten von uns erzogen wurden, vor, als würde man uns, oder wir uns selbst, alles Liebgewonnene und Gewohnte wegnehmen, und das „nur", um uns in eine karge, ungewisse, öde, asketische und anstrengende neo-hippie-mäßige Ernährungszukunft zu entlassen, die so verlockend klingt wie eine 10-jährige Reise zum Mars in einer doofen, langweiligen und superkleinen Kapsel, mit 200 Kilo Trockenfutter und fünf

Groschenromanen als Unterhaltung an Bord. Und natürlich ist diese Frage oder diese Behauptung gleichzeitig die perfekte Ausrede, sich nicht vegan ernähren zu wollen, zu können oder es auch nur zu versuchen. Vegan essen hat den Nimbus von Langeweile, Extremismus, Komplexität, Anstrengung, Verbissenheit, Spaßfreiheit und sozialer Ausgrenzung.

Nichts davon ist wahr.

Das ist alles ein ganz, ganz furchtbarer, unfassbar gigantischer, Wahnsinns-Mega-Irrtum!!!

Im Vergleich zu dem, was Sie hinter dieser riesigen Mauer aus Fleisch, Wurst und Käse erwartet, vor der Sie jetzt vielleicht noch stehen, ist das, was Sie jetzt haben, nur ein armseliger, kleiner Bruchteil dessen, was man als – bleiben wir ruhig mal kurz innerhalb der Weltraum-Metapher – Ernährungsuniversum betrachten kann. Als Fleischesser erreichen Sie nicht einmal den Orbit, als Veganer hingegen reisen Sie mit der Leichtigkeit des eigenen – nebenher erwähnt, extrem umweltfreundlichen – Antriebs durch eine intergalaktische, neue, interessante und unfassbar vielfältige Welt der Ernährung, die nicht nur um vieles größer ist als die der anderen Seite, sondern sich über Jahre hinweg selbst immer weiter vergrößert und erweitert, ich würde fast sagen, potenziert.

Hört sich übertrieben an? Isses – aaaaaber – nich.

Ich verspreche Ihnen, dass Sie exakt das erleben werden. Wirklich.

Es ist wohl tatsächlich mit einer Reise ins Weltall zu vergleichen. Der Anfang ist natürlich schwer. Sie müssen das planen, Beschlüsse fassen, Ängste überwinden, sich auf soziale Veränderungen vorbereiten, gegebenenfalls Ihre Familie überzeugen, dass es nicht gefährlich ist und dass es ja jemand tun muss, das Raumschiff muss gebaut, auf die Rampe geschoben, betankt und die ganze Reise muss einfach sauber vorbereitet werden. Schließlich waren Sie vorher noch nie im All und das ist eine Ersterfahrung für Sie. Und dann kommt der Start.... ein Mords-Aufriss, es ist laut und brutal, es schüttelt und rappelt im Karton, die Nachbarn schauen zu, die Presse ist anwesend und stellt doofe Fragen (zum Beispiel: „Vegan? Ja, was kannst du denn dann überhaupt noch essen?"), es kostet Unmengen von Energie....und es dauert einige Zeit, bis man die Anziehungskraft der gewohnten Umgebung mit ihren Bratwürsten, Steaks und Käsesandwiches überwunden hat. Dann, wenn Sie den Orbit verlassen haben, torkeln Sie zu allem Überfluss auch noch eine Weile durch den luftleeren und kalten Raum, hinter sich die wunderschöne Erde, und vor sich nicht viel mehr als ein kaltes, schwarzes....Nichts. Aber dann....hinter der nächsten Biegung, kurz nach der „Dark Side of the Moon"....werden Sie es sehen. Das Universum der pflanzlichen Ernährung. Das riesige, galaktisch große Unbekannte, in all seinen verlockenden Farben, mit all seinen genialen Gerüchen und Verlockungen.

Schnipp. Sind Sie noch da?

Raus aus der Kapsel, der Weltraumsimulator ist schon wieder für die nächste Reisegruppe gebucht. Wir sollten uns jetzt wieder den wahrhaften, irdischen Genüssen widmen.

Wir alle wurden in dem Glauben erzogen oder von der Agrar-, Lebensmittel- und Werbeindustrie dahingehend konditioniert, dass unsere Mahlzeiten sozusagen um das Zentrum herum gebaut werden müssen, und das Zentrum ist nun mal ein Stück Fleisch. Das Schnitzel, der Braten, das Steak, die Bratwurst, die Frikadelle oder der Schaschlikspieß sind quasi das, worum sich der Rest der Ernährung zu drehen hat.

Alles andere sind mehr oder weniger notwendige bis lästige Übel, die man ja auch essen „sollte", die aber irgendwie nicht so richtig ins Raster passen, und deswegen gemeinhin gerade noch halbwegs wohlwollend mit dem Titel „Beilagen" durchgehen….oder manchmal sogar mit der noch abfälligeren Bezeichnung „Sättigungsbeilagen" daherkommen. Hier ist wirklich, und das meine ich vollkommen ernst, vermutlich der Nukleus des gesamten Themas versteckt.

Wir essen oder aßen unser Leben lang immer Fleisch mit irgendwas. Und das hat in den letzten Jahrzehnten auch noch Ausmaße angenommen, die vollkommen überzogen und unkontrolliert sind. Die etwas Älteren unter den Lesern werden sich noch erinnern, dass es früher einmal einen Sonntagsbraten gab. Auf gut Deutsch gab es nur sonntags Fleisch. Und sonst nicht. Ende der Durchsage. Es war schlichtweg zu teuer. Es gab montags grundsätzlich die Reste vom Sonntag, daher konnte es theoretisch sein, dass es am Montag einen Klecks Gulasch gab, den die Mutter aus den eventuell vorhandenen Resten des Sonntagsbratens gezaubert hatte, nebst den angebratenen restlichen Knödeln, Spätzle oder Kartoffeln, dazu einen grünen Kopfsalat für 'ne schmale Mark oder aus dem eigenen Garten, und fertig war die Laube. Aber ansonsten, Fleisch? Unter der Woche? Niemals. Es gab Pfannkuchen, Omelett, Reispfanne, Apfelküchle, Kartoffeln mit Quark oder Kartoffelpuffer, Suppen, Eintöpfe, Linsen, Bohnen oder mal 'ne Bratwurst. Aber sicherlich kein Fleisch. Und Fisch sowieso nicht, und wenn, dann als Fischstäbchen aus der Tiefkühltruhe.

Mit dem Entstehen von Fast-Food-Restaurants (sie wissen schon….;-) und dem immer weiter steigenden Wohlstand kam die ungebremste Massentierhaltung, und das teure, wertvolle Fleisch wurde billiger und billiger und immer noch billiger. Am Ende dieser expansiven Entwicklung, die in vielen Ländern, wie beispielsweise China, noch immer anhält, bei uns und in den USA ist sie inzwischen gestoppt und ganz ordentlich rückläufig, stand und steht ein kompletter Fleisch-Overkill. Ich kenne heute eine Menge Leute, die nicht mehr, wie früher, einmal die Woche Fleisch essen, sondern 21 Mal die Woche. Nämlich jeden Tag morgens Wurstbrot, am Mittag ein Schnitzel und abends noch ein totaaaaal gesundes Steak mit nem Alibi-Salat (auch wegen Low-Carb und so….auweia….). Das wäre, selbst wenn Fleisch gesund für uns wäre, was mitnichten der Fall ist, schon eine sehr einseitige und daher klassische Mangelernährung. Wenn wir uns aber die Tatsachen vor Augen führen, was diese Ernährung für Mengen an tierischen Proteinen, Fetten, Cholesterin und Hormonen, Antibiotika und Umweltgiften in sich trägt, dann ist das nicht mehr zu verharmlosen. Eine solche Ernährung ist, um es mal klipp und klar auf den Punkt zu bringen, schlichtweg lebensgefährlich.

Aber zurück zu unserer neuen Erfahrung. Denn das Zentrum unserer Ernährung ist jetzt eben nicht mehr das Schnitzel, um das herum irgendetwas drapiert wird.

Wir ernähren uns ab sofort sozusagen dezentral. Wir essen vegan. Und glauben Sie mir, sobald Sie damit angefangen haben und sich erst mal durch den ganzen beschissenen veganen Fertigfraß, der Ihnen in den ersten Tagen und Wochen mehr oder weniger aus Versehen in den Einkaufswagen stolpern wird, einmal quer durchgefuttert haben, werden Sie ganz automatisch anfangen, wirklich ernsthaft über Ihre Ernährung nachzudenken. Allein das ist schon der Bringer überhaupt und wirklich Gold wert, denn das haben Sie, wenn Sie ehrlich sind, bisher eher nicht oder nur am Rande getan.

Über Ihre Ernährung wirklich nachzudenken und sich somit tatsächlich aktiv damit zu beschäftigen, was Sie jetzt hier gerade essen, was Sie heute Abend essen, und was Sie vielleicht am Wochenende für Ihre Freunde kochen wollen, ist

> Das Zentrum unserer Ernährung ist jetzt nicht mehr das Schnitzel, um das herum irgendetwas drapiert wird.

eigentlich etwas vollkommen Normales. Leider tun das aber immer weniger Menschen. Die meisten stopfen vollkommen wahllos irgendwelches Zeug in sich hinein, gesteuert von Hektik, Ahnungslosigkeit, Ignoranz und der Lebensmittelindustrie nebst ihrer Werbung.

Wenn ich heute vor dem Fernseher sitze und mal keine Dokumentation oder eine TV-Serie on demand heruntergeladen habe, sondern tatsächlich Live-Fernsehen ertrage, merke ich, dass ich nichts, aber auch überhaupt nichts von dem essen würde, was in der Werbung angepriesen wird. Nichts. Natürlich esse ich offensichtlich keine Grillwürste, die von ehemaligen Fußballprofis beworben werden, oder Formfleisch-Scheiben, die man toasten kann und die nicht Schnitzel genannt werden wollen, das dürfte ja offensichtlich sein. Ich esse aber auch keine Produkte, die Kinder ansprechen sollen und teilweise auch so heißen, weil ich weder die Unmengen von Zucker, die darin enthalten sind, noch die ach so wichtige „Extra-Portion Milch" zu mir nehmen möchte.

Es ist wirklich vollkommen überflüssiges Zeug, das da im Fernsehen beworben wird, mir fällt genau genommen kein einziges TV-beworbenes Produkt ein, das ich freiwillig essen würde. Das ist insofern irgendwie unterhaltsam, da ich selbst, als ich noch Fleisch gegessen habe, diese Werbung vollkommen anders wahrgenommen habe, irgendwie „normal". Jetzt sehe ich die angepriesenen Produkte in einem komplett anderen Licht und weiß, dass ich keines dieser Produkte brauche, will oder begehre. Und das macht mir ein sehr gutes, fast erhabenes Gefühl. Der Sieg über den falschen Konsum (nicht, dass ich ein kompletter Konsumverweigerer wäre, ganz

im Gegenteil) fühlt sich echt brutal gut an, das muss ich schon sagen.

Ich wünsche Ihnen allen, dass Sie das auch so hinkriegen und irgendwann mit einem Siegerlächeln vor der Glotze sitzen können. Von der Tonalität her erinnert mich dieses Gefühl an die Schlussszene von „Zurück in die Zukunft", Teil 1, als Doc Emmet Brown zurückkommt aus der Zukunft, eine Bananenschale und eine halbleere Getränkedose in den Fusionsgenerator wirft, der die Energie für den Flux-Kompensator liefert....und Marty und Jennifer abholt, weil sie in der Zukunft etwas für ihre Kinder tun müssen. Als Marty den Doc darauf hinweist, dass die Straße eventuell zu kurz sein könnte, um mit dem DeLorean die erforderliche Geschwindigkeit für den

ICH WÜNSCHE IHNEN ALLEN, DASS SIE IRGENDWANN MIT EINEM SIEGERLÄCHELN VOR DER GLOTZE SITZEN KÖNNEN.

Zeitsprung zu erreichen....sagt der Doc nur einen Satz....und den sagt er mit der größtmöglichen Lässigkeit und Coolness: „Straßen? Da, wo wir hinfahren.... brauchen wir keine....(verächtlich-lässig-spitze Pause)....Straßen." Großartiger Film, by the way. Egal, fiel mir nur grade ein, dass es genau dieses „Pah.... das brauche ich alles nicht mehr"-Gefühl exakt ausdrückt.

Der Grund, warum Vegetarier und vor allem Veganer in den meisten Fällen bessere Blutwerte haben und allgemein eine bessere Gesundheit bescheinigt bekommen, hat natürlich zunächst direkt mit der Ernährung selbst zu tun. Ein Veganer nimmt kein Cholesterin zu sich, es wird also relativ schwer sein, ungesunde Cholesterinwerte zu erreichen. Bei Unterschreiten einer gewissen Grenze des „schlechten" Cholesterins, des LDL, kann der Körper faktisch gar keine arteriellen Ablagerungen mehr bilden, was natürlich als extrem positiv einzustufen ist. Als ich das letzte Mal mit meinen Blutwerten meine jährliche ärztliche Rundreise angetreten habe (alles, was Männer über 40 eben einmal im Jahr so machen sollten), schaute mich mein Urologe mit meinen Blutwerten in der Hand fassungslos an und fragte mich spontan, ob ich denn überhaupt noch Spaß am Leben hätte. Auf die Frage, warum, sagte er, er könne sich nicht vorstellen, wie ich es schaffe, mein LDL-Cholesterin unter einen Wert von 70 zu bekommen, ohne quasi nichts mehr zu essen. Ich habe dann das Wort „vegan" erwähnt und habe ihn fassungslos da sitzen lassen. Der arme Kerl....;-)

Tatsächlich ist die Vielfalt der veganen Ernährung, wenn man es richtig macht, schon ein Garant für Ausgewogenheit: wir nehmen einen guten Mix aus Kohlenhydraten, Ballaststoffen, Vitaminen, Mineralien, Spurenelementen, Proteinen und sonstigen Nährstoffen zu uns. Das einzige, was uns fehlen könnte, ist das allseits bekannte Vitamin B12, ich persönlich nehme das als kleine Tablette drei Mal die Woche zu mir, und alles ist gut. Vitamin B12 ist extrem wichtig für uns alle, und leider denken viele Fleischesser, sie würden durch ihre Ernährung davon genug abbekommen. Durch den massiven Qualitätsverfall beim Fleisch, in erster Linie durch die üble Ernährung der Tiere in der Massentierhaltung, ist aber diese Versorgung auch bei Fleischessern keineswegs mehr gewährleistet.

Aber ein großer Teil der positiven gesundheitlichen Entwicklung bei Veganern kommt durch das „Wachwerden", durch das bewusste Wahrnehmen von Ernährung, durch das Erlangen oder Wiedererstarken eines Körpergefühls, durch die Beschäftigung mit Ernährung, mit Inhaltsstoffen, Rezepten, Wirkungen von bestimmten Gemüsen, Kräutern oder Knollen und mit allem, was schlussendlich mit dem eigenen Körper zu tun hat. Hat man einmal angefangen, sich mit sich selbst und den Auswirkungen von Nahrung auf das eigene System zu beschäftigen, findet man meistens großen Gefallen daran und ruckzuck ist aus der schnöden Nahrungsaufnahme eine Art Steckenpferd geworden, das einen so schnell nicht mehr loslässt. Die Tatsache, dass man in der Minderheit ist gegenüber den Omnivoren (Allesfressern), tut ihr Übriges dazu. Man sucht ja förmlich nach Gleichgesinnten, gibt sich gegenseitig Tipps, tauscht Erfahrungen aus und trifft sich zu Veranstaltungen aller Art. Ernährung wird mehr und mehr zu einer ernstzunehmenden Beschäftigung, einer

Art Hobby. Man mausert sich langsam, aber sicher zum Experten. Zu einem Experten in der wichtigsten Sache der Welt. Der eigenen Ernährung.

Und….Sie ahnen es schon, es gibt noch weitere Vorteile einer pflanzlichen Ernährung.

Einer dieser Vorteile eröffnet sich erst beim Kochen selbst. Kein Kochen ohne Abschmecken. Wer sein Essen nicht abschmeckt und es quasi als Blind Date auf den Tisch stellt, sich womöglich exakt an das Rezept hält und sich nachher wundert, dass es nicht so schmeckt wie erwartet, ist selbst schuld. Jeder Pfeffer schmeckt anders, nicht jedes Salz ist gleich salzig und jedes Stück Gemüse oder Obst hat mehr oder weniger Wasser, Zucker, Stärke oder Säure….es geht kein Weg daran vorbei, das Essen zu probieren, am besten während des Entstehungsprozesses, immer und immer wieder, bis es perfekt ist. Das funktioniert bei veganer Ernährung insofern hervorragend, weil es so gut wie nichts gibt, das Sie nicht in jedem Zustand probieren können.

Wenn Sie eine Masse herstellen, aus der Sie später irgendwelche Burger oder Bratlinge machen, dann können Sie sie bedenkenlos abschmecken….bis zur

Perfektion, denn alles, was sich darin befindet, ist sozusagen in jedem Aggregatszustand essbar und unbedenklich. Eine Mischung aus rohem Hackfleisch und rohen Eiern würde ich jetzt eher nicht abschmecken wollen….das macht einen bei der Keimbelastung in den beiden genannten Zutaten schon zum Danger Seeker.

Das Würzen und die bei veganer Ernährung so gut wie immer vorhandene Möglichkeit des Ausprobierens, des Abschmeckens, des Spielens mit Kräutern, Gewürzen, Mehlsorten, Pflanzenmilch, natürlichen Geschmacksverstärkern oder Röstaromen macht nicht nur unglaublichen Spaß, es öffnet auch Ihren kulinarischen Geist für Neues, für bisher Unbekanntes. Und das Wieder-und-wieder-Abschmecken Ihrer Kochkünste verbindet Sie mehr und mehr mit den einzelnen Gerichten, Sie drücken den Zubereitungsarten Ihren eigenen Stempel auf, bis sie irgendwann zu Ihren eigenen Kreationen geworden sind, die nur Sie in Ihrem eigenen veganen Food-Universum so machen und sich und anderen servieren.

Dazu kommt der immense Vorteil, dass bei veganer Ernährung im allerseltensten Fall eine penibelst geschlossene Kühlkette vorgehalten werden muss, weder bei den rohen Zutaten noch bei den selbst gemachten Endprodukten. Wenn ich meinen Hummus fertiggestellt habe, ist es dem großen, gefüllten Weckglas vollkommen egal, ob ich es mal für 'ne Stunde im Auto herumfahre, der Hummus verdirbt zwar gekühlt weniger schnell, es bilden sich aber nicht sofort gefährliche Keime, oder es schlüpfen auch keine merkwürdigen Larven aus irgendwelchen Eiern….brrr….ich will gar nicht drüber nachdenken. Und denken

Sie nur mal daran, was für ein unfassbarer Aufriss es ist, Fisch gefahrlos auf den Tisch zu bringen. Ein Energie- und Logistikaufwand, der jeder Beschreibung spottet. Und das nur, um ohnehin schon so gut wie leergefischte Meere und Flüsse noch weiter zu plündern, weit über die Hälfte der Fische wegzuwerfen oder zu Tierfutter zu zermahlen….Nee, nee, da sind Sie mit der veganen Küche in absolut jeder Hinsicht auf der gesünderen, einfacheren, verträglicheren und last but not least vernünftigeren Seite. Ohne Wenn und Aber.

Sie sehen, es werden eine Menge Mauern eingerissen bei der Umstellung auf vegane Ernährung.

Eine weitere, für mich eine der interessantesten und nachhaltigsten Änderungen, ist die Struktur-Mauer. Die muss unbedingt weg.

Frühstück, Mittagessen, Abendessen. Vorspeise, Hauptgericht, Dessert. Zwischenmahlzeit, Amuse-Geule, Snack. Antipasti, Dolce, Aperitif, Digestif….es gibt unzählige „Regeln" und Strukturen für das Essen. Wir machen uns permanent Gedanken über Abläufe von Essen, über Konformitäten, über Etikette, über die Aussprache oder Namen von Gerichten, über Arten des Servierens, über „Classic Dishes", also über klassische Darreichungsformen, beispielsweise gehört zu einem gebackenen Camembert klassischerweise frittierte Petersilie (schmeckt übrigens grauenhaft). Dabei verstricken wir uns in allerlei gesetzesartige Vorschriften.

Essen nimmt einen unvorstellbar hohen Stellenwert in unserem sozialen Kontext ein. Abgesehen von den täglich wiederkehrenden Standardsituationen wie Frühstück, Mittag- und Abendessen gibt es ja noch Festessen aller Art,

von denen das mit Abstand heikelste das Weihnachtsessen ist, zumindest bei uns hier in Westeuropa. Aber auch alle anderen Festessen sind kompliziert, unterliegen familiären oder traditionellen Regeln und haben somit eine große Wichtigkeit für uns. Dann gibt es noch das Geschäftsessen, ein sehr beliebtes, wenn auch aus meiner Sicht recht überbewertetes „Tool", um gute Geschäfte zu machen. Ursprünglich wollte oder will man damit Geschäftspartner milde stimmen, sie mit Gaumengenüssen mental bis hormonell stimulieren, einlullen oder gar verwirren….oder sogar manipulieren, kompromittieren und Schlimmeres. Oft geht oder ging es nur darum, die betreffenden Personen „abzufüllen", also mit ein paar Gläsern exzellentem und meistens irrwitzig teurem Wein in

VIVA LA REVOLUCIÓN! ESSENSREGELN AUFGEHOBEN! ES LEBE DAS CHAOS AUF DEM TISCH!

eine Sache reinzutalken, sie zu überzeugen oder schlichtweg gefügig zu machen.

Ich halte das Geschäftsessen übrigens für den Hauptgrund des bisweilen katastrophalen Gesundheitszustands von vielen Managern oder anderen Personen in entsprechenden Positionen. Das ewige „Lassen Sie uns das doch mal bei einem netten Essen besprechen" ist aus meiner Sicht eine absolute Unsitte. Natürlich ist es ein normales soziales Verhalten, eine Mahlzeit mit Freunden oder der Familie einzunehmen. Aber Geschäftspartner an einem Tisch sitzen zu haben, bedeutet Arbeit, soziale Interaktion und Nahrungsaufnahme zu einer ungesunden Mischung zu vermengen.

Durch das Essen vor oder mit einem Geschäftspartner offenbart man sich beispielsweise. Was isst er, wie isst er, wie schnell oder langsam isst derjenige, bestellt er freundlich oder eher arrogant, ist er ein Allesesser oder ein Nörgler, ist er Vegetarier oder Fleischfreak, wie benutzt er sein Besteck, schmatzt er am Ende sogar, oder was weiß er überhaupt darüber, was hier serviert wird? Die Benimm-Regeln kommen ins Spiel, der metropolite Wissensstand wird zur zweiten Visitenkarte. „Du bist, was du isst" bekommt eine sehr direkte Anwendung. Dazu kommt, dass man sich nonchalant gibt, sich weder bei der Essensbestellung lumpen lässt noch beim großzügigen Auffahren von Getränken aller Art. Das zieht sich meistens bis zum „Na, komm, eine kleine süße Sünde passt noch rein" durch.

Am Ende hat man eine meist sehr fettige, übertrieben kalorienhaltige und alles andere als gesunde Mahlzeit zu sich genommen und kann sich nur noch schwer auf das Wesentliche konzentrieren, nämlich auf das Gespräch. Der Körper ist unter Strom, unter Vollstrom, er ist mit allem, was er hat, damit beschäftigt, den Nahrungsüberschuss irgendwie im System unterzubringen.

Das zieht enorme Ressourcen ab, auch vom Gehirn. „Voller Bauch studiert nicht gern" ist keine leere Floskel. Sie entstammt lediglich einer Zeit, in der man einfache, aber wahre Erkenntnisse noch spürte und nicht davon abgelenkt wurde. Ich habe selbst hunderte von Geschäftsessen hinter mir und meide diese Art des Business-Meetings heute, wo immer ich kann. Ich gehe gerne mit Menschen essen, nutze aber, wenn ich eine geschäftliche Agenda abzuarbeiten habe, lieber einen ruhigen, neutralen Platz, an dem man wirklich konzentriert an Gedanken und an inhaltlichem Austausch arbeiten kann. Das Essen danach ist mir viel lieber und macht oft an das erfolgreiche Meeting den alles besiegelnden, Zufriedenheit generierenden, berühmten „Knopf".

Aber kommen wir zurück zu den doch recht steifen Regeln und Ritualen beim Essen. Ich will hier keinen Knigge anprangern oder die Nouvelle Cuisine verteufeln, die Molekularküche lächerlich machen oder Ihnen gar Gourmetrestaurants ausreden. Ich bin nur selbst oft in solchen, nennen wir es mal verallgemeinernd „Situationen" gewesen. Und ich habe mehr als einmal festgestellt, dass das, was dort serviert wird, mehr mit Mode, Lifestyle, Kunst oder manchmal schon eher mit abstrakter Performance zu tun hat als mit gesundem, vollwertigem Essen.

Nun, Sie werden jetzt sagen, jaaa…. das sind ja aber die Ausnahmen. Na ja….wir alle wissen, wie schnell die Ausnahmen zur Regel werden und wie schnell diese Ausnahmen in unserem Alltag stattfinden können. Wenn ich Geschäftsleute betrachte, die jede Woche drei Business-Lunches und zwei abendliche Geschäftsessen abhalten und dann am Wochenende aufgrund des unendlichen Zeitmangels mit ihren Familien auch noch zweimal ins Restaurant gehen, dann bestehen schnell 40–70 % der größeren Mahlzeiten aus „Ausnahmen".

In den wenigsten Restaurants wird heute tatsächlich gute, vollwertige Nahrung angeboten. Ja. ich spreche ganz bewusst von Nahrung, denn das ist unser Essen. Es ist nicht in erster Linie Ausdruck unseres Lifestyles, unseres sozialen Standes oder unserer Intelligenz. Es ist Nahrung! Ich weiß, für die meisten von Ihnen klingelt jetzt der geflügelte Werbesatz „20 % Rabatt auf alles außer Tiernahrung" im Kopf. Das Wort Nahrung ordnen wir gerne der Tierwelt zu, wir nehmen natürlich elitärerweise Essen oder Lebensmittel zu uns. Dabei haben wir aber mit dem Wort „Ernährung" wiederum kein Problem und auch die Mutterbrust nährt den Säugling ganz hervorragend mit der nahrhaften Muttermilch.

Jedenfalls werden Sie gut daran tun, das komplette Umkrempeln Ihrer Essensgewohnheiten nicht nur auf das „Was" anzuwenden, sondern auch auf das „Wie". Brechen Sie einfach mal mit all diesen bescheuerten alten Traditionen, schneiden Sie die ganzen ollen Weihnachts-Oster-Silvester-Zöpfe ab. Machen Sie neue Fässer auf, essen Sie mal an einem Festtag kein Festessen, sondern das Gegenteil….und dafür an einem beliebigen Dienstagabend einfach so mal ein Festessen. Ändern Sie die alten, oft vollkommen sinnlosen Strukturen und betreten Sie mit offenen Augen, Ohren und Geschmacksknospen das vegane Universum.

Machen Sie sich einen frischen Kartoffelbrei und ein paar Röstzwiebeln dazu und erklären Sie das für sich selbst zum Hauptgericht. Oder kochen Sie einfach drauflos und heraus kommen womöglich sechs einzelne, kleine Gerichte, die alle zusammen Ihre heutige Mahlzeit ergeben. Ich betreibe das exakt so seit Jahren, und dabei entstehen eine Menge neue Rezepte, Kombinationsmöglichkeiten und vor allem eine neue, ungeahnte Freiheit im Denken bzw. Nachdenken über Ernährung und Zubereitung. Je mehr Sie die ausgelatschten Trampelpfade der altergehebrachten Standard-Küche verlassen, umso mehr neue Pfade und neue, wirklich spannende und interessante Varianten, sich zu ernähren, werden Sie entdecken. Ich hätte mir vor fünf Jahren sicherlich nicht träumen lassen, mit Zutaten wie Amaranth, Buchweizenflocken, Chia-Samen, Pak-Choi, Maulbeeren, Cashewnüssen, Hefeflocken, Braunhirsemehl oder Mönchsbart rumzuhantieren. Und heute bin ich um so viele Geschmacks- und Zubereitungserfahrungen reicher, die ich niemals gemacht hätte, wenn ich weiterhin bei dem ewigen „Ein Stück Fleisch mit Beilagen" geblieben wäre.

Und ich bin sehr, sehr froh darüber, dass ich all diese Mauern inzwischen eingerissen habe.

Das Partygericht schlechthin. Es macht satt und schmeckt sehr lecker. Zudem liefert es eine Menge Energie und schmeckt besonders gut, wenn man Heißhunger hat. Der Nährstoffmix, der durch die Kombination von Bohnen, Mais, Quinoa, Leinsamen und der verwendeten Gemüsesorten entsteht, ist kaum zu übertreffen. Ausreichend Protein in Form aller essentiellen Aminosäuren, eine große Menge Ballaststoffe sowie fast alle wichtigen Vitamine, Mineralien und Spurenelemente.

CHILI SIN CARNE

DIE ZUTATEN
FÜR 12 NÜCHTERNE ODER
8 ANGEHEITERTE PERSONEN

1,2 kg Kidneybohnen,
über Nacht in ausreichend Wasser
eingeweicht

8 mittelgroße Zwiebeln,
klein gehackt

1 Knolle junger Knoblauch

100 g Ingwer

100 ml Olivenöl

300 g Staudensellerie

2 EL Zucker

1 kg frische Tomaten,
im Mixer püriert

2 gehäufte EL grüne Pfefferkörner,
im Mörser fein zermahlen

2 gehäufte EL Himalayasalz,
im Mörser fein zermahlen

3 Liter Gemüsebrühe

300 g Tomatenmark

150 g Senf

2 gehäufte EL Kreuzkümmel/Kumin

500 g Quinoa

500 g Mais

4 gehäufte EL Leinsamen,
geschrotet oder gemahlen

DIE ZUBEREITUNG
150 MINUTEN + 12 STUNDEN VORBEREI-
TUNGSZEIT FÜR DAS EINWEICHEN DER
KIDNEYBOHNEN

Zwiebeln, Knoblauch, Ingwer und Staudensellerie in einem Topf mit Olivenöl und Zucker ca. 15 Min. lang anschwitzen. Pfeffer und Salz hinzufügen. Mit Gemüsebrühe und den pürierten Tomaten ablöschen. Tomatenmark und Senf dazugeben. Kurz aufkochen und dann die Kidneybohnen dazugeben. Mit Kreuzkümmel abschmecken. Nun ca. 1 Stunde lang ohne Deckel köcheln – dabei immer wieder umrühren. Nach dieser Stunde einen halben Liter Wasser nachgießen und den Deckel auflegen. Eine weitere Stunde köcheln lassen und dann Quinoa, Leinsamen und den Mais dazugeben. Danach weitere 25 bis 30 Min. weiterköcheln lassen. Je nach Bedarf Chili zum Schärfen dazugeben.

NUSS

FÜLLUNG:

**DIE ZUTATEN
FÜR 6 PERSONEN**

350 g Cashewkerne

25 g Ingwer,
klein gehackt

2 Möhren,
klein geraspelt

Saft einer Zitrone

300 g frische Rote Bete,
klein geraspelt

2 große Knoblauchzehen,
klein gehackt

100 g Räuchertofu

300 g Tofu

5 EL Sojasauce

30 g gemahlene Leinsamen

2 gehäufte EL getrockneter
gemahlener Majoran

1 TL gemahlener Thymian

3 EL Olivenöl

1 gehäufter TL Himalaya-
oder Meersalz

1 gehäufter TL gemahlener
schwarzer Pfeffer

1 EL mittelscharfer Senf

30 g Sojamehl

**DIE ZUBEREITUNG
30 MINUTEN**

Rote Bete, Möhren, Ingwer und Knoblauch durchmischen und mit dem Saft einer Zitrone übergießen. Die Mischung ziehen lassen, solange man die weiteren Arbeitsschritte durchführt.

Nach 20 Min. den Tofu in die Mischung reinbröseln, Sojasauce, Leinsamen, getrockneten Majoran und Thymian dazugeben und gut durchmischen. Sojamehl, Olivenöl, Senf, Salz und Pfeffer dazugeben und weiter durchmischen. Beiseitestellen.

Hinweis: Wer keine Küchenmaschine einsetzt, sollte das Durchmischen und Kneten der Füllung mit Einweghandschuhen vornehmen, da sich die rote Farbe der Roten Bete nur schwer abwaschen lässt.

BRATEN

NUSSTEIG:

DIE ZUTATEN
FÜR 6 PERSONEN

350 g Cashewkerne,
gehäckselt

150 g Semmelbrösel

2 Zwiebeln,
fein gehackt

2 EL Gemüsebrühe

5 EL Olivenöl

1 Knoblauchzehe,
fein gehackt

1 TL gemahlener Rauchpfeffer

1 TL Himalaya- oder Meersalz

DIE ZUBEREITUNG
60 MINUTEN

Zwiebeln und Knoblauch in Olivenöl hellbraun anrösten. Zu den restlichen Zutaten geben und mit einem Löffel gut durchmischen, bis eine teigige Konsistenz entsteht.

Backofen auf 200 Grad Umluft vorheizen.

Eine Kastenform aus Glas mit Olivenöl einreiben. Die Hälfte des Nussteigs als Boden in die Kastenform geben, sodass der gesamte Boden gut 2 cm dick bedeckt ist. Die gesamte Füllung dazugeben und den Rest des Teiges als Deckel darüber verteilen. Immer wieder gut andrücken.

Kastenform für 50–60 Min. (je nach Ofen) in den Ofen geben.

▬ Tipp: Auskühlen lassen! Über Nacht in der Kastenform in den Kühlschrank stellen und dann am nächsten Tag aufwärmen. Der Nussbraten zieht dann noch besser durch und schmeckt noch intensiver.

Ich bereite dieses zugegebenermaßen etwas aufwändigere Gericht zu besonderen Anlässen zu, wie z. B. an Weihnachten. Es schmeckt sensationell und lässt sich sehr gut mit meiner Barolo-Sauce und dem Mangold-Kartoffelpüree kombinieren. Keine Angst vor dem Aufwand! Unbedingt ausprobieren. Es gibt zwar einiges zu tun, aber die Arbeitsschritte sind simpel. Eine gute Vorbereitung der einzelnen Zutaten ist mehr als die halbe Miete für den Erfolg und die stressfreie Zubereitung dieses extrem schmackhaften Festtagsessens.

BAROLO-SAUCE

DIE ZUTATEN
FÜR 12 PERSONEN

1 große Gemüsezwiebel (ca. 400 g),
klein gehackt

3 bis 4 Knoblauchzehen,
klein gehackt

200 g Räuchertofu,
in kleine Würfel geschnitten

200 ml Senf

200 ml Tomatenmark

2 EL frisch gemahlener schwarzer
Pfeffer

6 EL Olivenöl

1 Liter Gemüsebrühe

1½ Liter Rotwein

1 EL Zucker

1 TL Cayennepfeffer

1 EL Salz

Olivenöl zum Braten

DIE ZUBEREITUNG
150 MINUTEN

Räuchertofu, Zwiebeln und Knoblauch
in einem großen Topf in Olivenöl
anbraten, bis sich Röstaromen bilden. Dabei den Knoblauch als Letztes
hineingeben, da er nicht verbrennen
sollte bzw. schneller angebraten ist als
die Zwiebeln oder der Tofu. Den Zucker
hinzufügen und kurz mitdünsten.
Mit etwas Rotwein ablöschen und die
Brühe dazugeben. Kurz aufkochen und
dann alle restliche Zutaten hineingeben.
2 bis 3 Stunden kochen und abschließend mit dem Pürierstab im Topf
pürieren. Die Dauer des Kochvorgangs
hängt von der Konsistenz der Sauce ab.
Sie sollte nicht zu dünnflüssig sein.

Auf diese Sauce bin ich ganz besonders stolz. Nach zahllosen Kochsessions hatte ich irgendwann die perfekte Rezeptur für diese kräftige, dunkle Sauce, die zu sehr vielen Gerichten gegessen werden kann. Bei Parties oder wenn ich Gäste zum Essen einlade, ist diese Barolo-Sauce immer ein absolutes Highlight. Unbedingt ausprobieren. Sie steht zwar eine Weile auf dem Herd, aber jede einzelne Minute davon lohnt sich.

PILZRAGOUT MIT KARTOFFELKNÖDELN

Kartoffelknödel:

1 kg Kartoffeln

3 EL Kartoffelmehl

½ TL Muskatblüte, *gemahlen*

50 bis 150 ml heiße Sojamilch
*(wie viel, hängt von den Kartoffeln bzw. der
Konsistenz des Teigs ab)*

1 TL Salz

Semmelbrösel:

20 g Alsan
(vegane Butter/Margarine)

50 g Maispaniermehl oder andere Semmelbrösel

Salz

Pilzragout:

800 g gemischte Pilze
(Shiitake, Kräutersaitlinge, Champignons)

250 g Räuchertofu,
in kleine Quader geschnitten

½ Bund Petersilie, *gehackt*

1 gehäufter EL Tomatenmark

1 gehäufter EL Senf

250 ml Rotwein

Salz, *nach Geschmack*

1 TL frisch gemahlener schwarzer Pfeffer

500 ml Gemüsebrühe

5 Spritzer Worcestersauce

2 mittelgroße Zwiebeln, *klein gehackt*

2 Knoblauchzehen, *klein gehackt*

Für die Knödel: Kartoffeln kochen, abkühlen lassen und schälen. Durch eine Reibe geben oder mit einem Kartoffelstampfer zerstampfen. Die restlichen Zutaten dazugeben und alles gut vermischen. Die Masse wie einen Teig kneten. Je nach Konsistenz Milch dazugeben. Den fertigen Teig für 30 Min. in den Kühlschrank stellen. Danach aus dem Teig 8 Knödel formen. Währenddessen einen Topf mit Salzwasser aufsetzen und zum Kochen bringen. Die geformten Knödel hineingeben und direkt die Hitze reduzieren, damit die Knödel in dem heißen Wasser ziehen, aber nicht kochen. Die Knödel sinken direkt auf dem Boden des Topfes. Nach ca. 20 Min. sind die Knödel fertig.

Für die Semmelbrösel: Vegane Margarine in einer Pfanne anschmelzen, Semmelbrösel dazugeben und anbraten. Nach Geschmack salzen. Dabei immer wieder umrühren, bis die Semmelbrösel schön angeröstet sind. Die fertig gerösteten Brösel werden am Ende auf dem Teller über die Knödel gestreut.

Für das Pilzragout: Zwiebeln und Knoblauch in Olivenöl goldgelb anbraten. Räuchertofu in die Pfanne geben und ebenfalls unter Rühren anbraten. Nach und nach die Pilze in die Pfanne geben und weiterrühren. Nicht alle auf einmal hineingeben, da die Pilze anfangs groß sind und während des Dünstens Wasser und damit deutlich an Volumen verlieren. Sobald alle Pilze in der Pfanne sind und etwas Wasser verloren haben, die Gemüsebrühe und den Rotwein dazugeben. Senf und Tomatenmark sowie Worcestersauce hinzufügen und gut durchrühren. Köcheln und reduzieren lassen. Dabei immer wieder umrühren und ganz zum Schluss die Petersilie unterheben. Anschließend mit den Knödeln und gerösteten Semmelbröseln zusammen servieren.

In diesem Rezept ist auch eine simple Rezeptur für leckere geröstete Semmelbrösel enthalten. Pilze sind sehr nahrhaft. In Kombination mit den mächtigen Kartoffelknödeln ergibt sich ein Gericht, das an den klassischen Sonntagsbraten erinnert. Nicht zuletzt auch wegen der Sauce, die bei dem Pilzragout entsteht.

MOUSSAKA

Bolognese-Sauce:

60 g Sellerie, *klein gehackt*

100 g Möhren, *klein gehackt*

2 mittelgroße Zwiebeln, *klein gehackt*

2 Knoblauchzehen, *fein gehackt*

2 Liter Gemüsebrühe

2 EL Sojasauce

2 EL Worcestersauce

200 g Soja-Geschnetzeltes, *feinstückig*

1 Dose Tomaten, *stückig*

1 Dose Tomaten, *passiert*

2 EL Tomatenmark

½ TL Salz, ½ TL Pfeffer, ½ TL Senf

700 ml Wasser

½ TL Gemüsebrühe

100 ml Rotwein

2 EL Würz-Hefeflocken

1 EL Rosmarin

1 EL Basilikum

1 EL Kräuter der Provence

6–7 EL Olivenöl

Füllung:

2 mittelgroße Auberginen, *in Scheiben geschnitten*

6 mittelgroße gekochte Kartoffeln (ca. 1 kg), *in Scheiben geschnitten*

Cashamelsauce:

200 g Cashewkerne, *40 Min. lang zugedeckt in ausreichend Wasser eingeweicht*

1 TL Oregano

Himalayasalz, *nach Geschmack*

Schwarzer Pfeffer, *nach Geschmack*

4 EL Gemüsebrühe in 2 Liter Wasser auflösen, kräftig mit Salz und Pfeffer würzen und aufkochen. Das Soja-Geschnetzelte in den Topf geben und je 2 EL Sojasauce und Worcestersauce dazugeben. Deckel draufmachen, den Topf vom Herd nehmen und das Soja-Geschnetzelte ca. 20 Min. lang die Brühe aufnehmen lassen. Gut umrühren und beiseitestellen.

Möhren, Zwiebeln, Knoblauch und Sellerie in reichlich Olivenöl anbraten. Das Soja-Geschnetzelte abgießen und gut auspressen, damit so viel wie möglich der Flüssigkeit wieder aus dem Geschnetzelten herausgedrückt wird. Dann zum Gemüse in die Pfanne geben und kross anbraten. Das kann je nach verbliebener Flüssigkeit länger dauern. Nach Bedarf weiteres Olivenöl nachkippen.

Sobald das Soja-Geschnetzelte kross angebraten ist, das Tomatenmark hinzufügen und gut verrühren. Den Inhalt der beiden Tomatendosen zusammen mit dem Wasser ebenfalls hineingeben und gut umrühren.

Rotwein, Senf, Würz-Hefeflocken, Gemüsebrühepulver, Salz, Pfeffer, Basilikum, Kräuter der Provence und Rosmarin dazugeben und bei niedriger Temperatur köcheln lassen. Bei Bedarf immer wieder ein bisschen Wasser nachgießen. Wer die Bolognese mit einer leichten Schärfe mag, kann noch eine halben TL Cayennepfeffer hinzugeben.

Die Auberginenscheiben auf Küchenpapier ausbreiten, salzen und für ca. 10 Min. stehen lassen. Danach alle Auberginenscheiben umdrehen und erneut salzen und für 10 Min. stehen lassen. Dann in den auf 200 Grad Umluft vorgeheizten Backofen geben und ca. 10 Min. ausbacken. Man kann sie alternativ auch kurz in Olivenöl in der Pfanne anrösten.

Die eingeweichten Cashewkerne auswaschen, danach in den Mixer geben. Etwas Wasser hinzufügen, bis die Kerne gerade so bedeckt sind. Mixen, bis die Konsistenz cremig wird. Nötigenfalls Wasser nachkippen. Die Cashamelsauce darf nicht zu dünnflüssig werden und nicht zu fest. Mit den Gewürzen abschmecken.

Im Gegensatz zur nicht veganen Variante strotzt meine Version vor Nährstoffen statt vor gesättigten Fettsäuren. Im griechischen Original wird bei der Zubereitung meistens eine Béchamelsauce verwendet, die bei diesem Rezept auf Cashewkernbasis ersetzt wird. Ich nenne die Sauce einfach mal Cashamelsauce.

Montage des Moussakas: Eine Auflaufform mit Olivenöl einfetten. Den Boden mit der Bolognesesauce füllen. Dann eine Schicht Kartoffelscheiben. Darüber eine Schicht der Auberginenscheiben. Das Ganze wiederholen, bis alle Zutaten aufgebraucht sind. Als Abschluss wird die Cashamelsauce als oberste Schicht eingefüllt. Sobald die Auflaufform voll ist, kommt sie für ca. 60 Min. in den auf 180 Grad Umluft vorgeheizten Backofen.

GURKEN-ZUCCHINI-SPAGHETTI MIT QUINOA-BOLOGNESE

Spaghetti:

2 große Zucchini

2 mittelgroße Gurken

1 Zitrone

Salz für das Kochwasser

Bolognese:

1 kleine Knolle junger Knoblauch
(oder 3 große trockene
Knoblauchzehen),
fein gehackt

500 g frische Tomaten,
im Mixer püriert

250 g rote Quinoa

1 mittelgroße Zwiebel,
gehackt

2 bis 3 EL Olivenöl

300 ml Gemüsebrühe

5 EL Tomatenmark

1 TL geräuchertes Paprikapulver

1 gestrichener EL frisch
gemahlener Pfeffer

½ TL Salz

Quinoa in ausreichend Wasser in ca. 20 Min. bissfest kochen.

Knoblauch und Zwiebeln in einen Topf geben und mit Olivenöl anbraten. Die bissfest gekochte Quinoa dazuschütten und alles zusammen scharf anbraten.

Gemüsebrühe, pürierte Tomaten und das Tomatenmark dazugeben. Alles gut verrühren und köcheln lassen. Geräuchertes Paprikapulver unterrühren. Frisch gemahlenen schwarzen Pfeffer hinzufügen sowie einen halben TL Salz.

Währenddessen Zucchini und Spaghetti mit Hilfe des Spiralschneiders in Spaghettiform schneiden. Ein paar Minuten bevor die Quinoa-Bolognese fertig gekocht ist, die Spaghetti für maximal 3 Min. in kochendes Wasser geben, in welches zusätzlich der Saft einer ausgepressten Zitrone und Salz gegeben wurden.

Die Spaghetti abgießen. Dabei darauf achten, dass sie gründlich abgegossen werden, da die Gurken- und Zucchini-Spaghetti danach sonst im Teller zu viel Flüssigkeit abgeben. Ruhig 1 oder 2 Min. im Sieb lassen und mehrmals gut schütteln.

Abschließend die Quinoa-Bolognese auf die Spaghetti geben und servieren.

Spaghetti Bolognese mal anders – in einer nährstoffreichen und kalorienarmen Version. Die Anschaffung eines Spiralschneiders, mit dem man aus Gemüse Spaghetti schneiden kann, lohnt sich definitiv. Diese kleinen Küchenhelfer sind nicht teuer und funktionieren prima. Um besonders lange Gemüsespaghetti zu bekommen, darf man bei der Drehbewegung nicht absetzen. Da Quinoa selbst ein hervorragender Energielieferant ist, wäre die Kombination mit herkömmlichen Nudeln zu mächtig. Durch die Kombination mit Gurken und Spaghetti entsteht eine ausgewogene, proteinreiche Mahlzeit, die nicht zu schwer und dennoch sättigend ist. Zudem ist sie sehr einfach zuzubereiten – Spiralschneider vorausgesetzt.

GEFÜLLTE RONDINI

6 Rondini/Zucchini,
ausgehöhlt

Fruchtfleisch von 6 ausgehöhlten
Rondini/Zucchini

130 g Schnellkoch-Polenta

100 g Kartoffelmehl

40 g Maisstärke

4 TL (12 g) Backpulver

15 g gepuffter Amaranth
(entspricht ca. 6-8 EL)

2 EL Würz-Hefeflocken
(Melasse)

½–1 gehäufte EL frische Petersilie,
fein gehackt

1 TL Gemüsebrühe

½–1 TL Himalayasalz

1 TL Schwarzer Pfeffer

3 TL Kräuter der Provence,
getrocknet

½–1 EL Olivenöl

1 kleine Zwiebel,
klein gewürfelt

2 Knoblauchzehen,
klein gewürfelt

170 ml Wasser mit Kohlensäure

100 ml Wasser ohne Kohlensäure

DIE ZUBEREITUNG
70 MINUTEN

Zwiebeln und Knoblauch in der Pfanne anbraten.

Alle restlichen Zutaten der Füllung mischen und gebratene Zwiebeln und Knoblauch dazugeben. Das Wasser hinzufügen und alles zusammen in einem Mixer zu einem Brei verarbeiten. Den Brei anschließend in die ausgehöhlten Rondini/Zucchini füllen.

Auf einem mit Backpapier ausgelegten Backblech für zunächst 30 Min. in den auf 180 Grad Umluft vorgeheizten Backofen geben. Nach 30 Min. die Hitze auf 160 Grad reduzieren und nochmals 15 Min. weiter backen.

Rondini sind eine Zucchini-Sorte. Zucchino bedeutet kleiner Kürbis. Diese kleinen Kürbisse bieten einige gesunde Nährstoffe und haben ideale Eigenschaften, die sie zum perfekten Gemüse für eine kalorienbewusste Ernährung machen. Sie bestehen zum größten Teil aus Wasser und liefern Folsäure, Vitamin C, E, A, B1 und B2 sowie essentielle Spurenelemente wie Zink, Selen und Mangan. Außerdem Kalzium, Magnesium, Phosphor und Kalium. Zucchini sind in der Küche vielseitig einsetzbar. Man kann mit ihnen Salate machen, kann sie braten oder backen.

DIE DROGE GEWOHNHEIT

DIE GEWOHNHEIT, DAS NERVIGSTE ALLER HAUSTIERE, EINE ENGE VERWANDTE DES INNEREN SCHWEINEHUNDES

WIR UND UNSERE GEWOHNHEITEN. Wir fühlen in Gewohnheiten, wir leben nach Gewohnheiten und wir denken sogar gewohnheitsmäßig. Manch einer spricht sogar von einem Automatismus in unserem Verhalten, wenngleich auch eine Gewohnheit und ein Automatismus zunächst ganz und gar nicht dasselbe sind. Wir wissen aber, dass aus einer Gewohnheit durchaus auch Arten von Automatismen entstehen können.

Die klassische Gewohnheit hingegen entsteht aus einer wissentlichen, absichtlichen Handlung, die entsprechend oft ausgeführt wird. Aus Bequemlichkeit (und somit mit einem unwillkürlich angenehmen Gefühl verbunden) wird diese Tätigkeit dann immer und immer wiederholt. Zack....da haben wir sie, die Gewohnheit. Wenn wir jetzt beispielsweise unter Zwang (zum Beispiel wegen Krankheit, beruflicher Veränderung oder Sonstigem) eine Gewohnheit aufgeben müssen, tritt der gegensätzliche Effekt ein, den wir bei der Erlangung der Bequemlichkeit durch die „Installation" einer Gewohnheit erlebt haben. Und was ist das Gegenteil von bequem, angenehm und....nennen wir es mal....gut? Ganz einfach: unbequem, nervig, Stress.... schlecht!

Daraus folgt, dass wir es zunächst auf gar keinen Fall in Betracht ziehen, eine einmal angenommene Gewohnheit abzulegen. Im Gegenteil, wir sind sogar bereit, eine absurd übersteigerte, mentale Energie zu investieren, zu lügen und zu betrügen, zu stehlen, zu intrigieren und zu mobben und gegebenenfalls sogar Gewalt anzuwenden, Vereine und Interessensgruppen zu gründen, Parteien beizutreten oder soziale Kontakte abzubrechen....sogar innerhalb der eigenen Familie....und wir wären oder waren vermutlich sogar in der Lage, Kriege zu führen, um unsere geliebten Gewohnheiten zu verteidigen.

Parallel dazu steht die steigende Anzahl von erschaffenen Gewohnheiten in direktem Verhältnis zum Verlust an Kreativität, Spontanität und an der Bereitschaft, die eben erwähnte negative „Verteidigungsenergie" in die Bewältigung täglicher Aufgaben oder gar Probleme zu investieren. Wir werden durch ein Übermaß an Gewohnheiten sehr schnell mental träge, langweilig, spießig, unkreativ, unsexy, uninteressant, unzufrieden, un-....alles. Und bald folgt den Gedanken (oder den Un-Gedanken oder Nicht-Gedanken) der Körper. Die Gewohnheit, über nichts nachzudenken oder sich mit sehr wenigen Dingen auf dynamische, zeitgemäße und detaillierte Art und Weise zu beschäftigen, mündet fast immer irgendwann auch in der Gewohnheit, sich nicht zu bewegen. Wenn der Geist sich nicht bewegt, wird der Körper ihm fast immer folgen.

Gewohnheiten sind also in gewisser Weise sehr gefährlich, wirklich am allerbesten vergleichbar mit Drogen. Die Droge der Gewohnheit verursacht vollkommen unwillkürlich ein wohliges, angenehmes Gefühl, das Ausführen von tagtäglichen oder monatlichen, oder sich in noch viel längerfristigen Intervallen wiederholenden Routinen, gibt uns ein sehr subtiles und daher extrem trügerisches Gefühl von Sicherheit. Sie machen uns vermeintlich unempfindlich gegenüber neuen Einflüssen oder „bösen" Überraschungen. Sie gaukeln uns vor, dass alles in Ordnung ist.

Kurzum, sie machen uns gnadenlos süchtig.

Allerdings vollkommen legal, und ohne dass wir das als schlecht, verwerflich oder schädlich empfinden. Oder empfinden müssten. Und wenn wir aus dem oben genannten Zwang heraus eine Gewohnheit aufgeben müssen, verfallen wir sofort in einen knallharten Entzugszustand....allerdings nicht merklich. Wir wissen nicht, dass wir einen Entzug erleben, weil wir ja nicht wissentlich einer Droge frönen oder gefrönt haben. Aber wir wehren uns nahezu instinktiv mit den ebenfalls oben beschriebenen, teilweise brandgefährlichen Mitteln.

Und genau dieser Umstand macht die Gewohnheit wahrscheinlich zur gefährlichsten Droge aller Zeiten.

Nun, damit wir uns richtig verstehen, es gibt natürlich nicht nur schlechte oder gefährliche Gewohnheiten. Aber wir sprechen jetzt nicht von Gewohnheiten wie Duschen, Zähneputzen, den Müll rausbringen oder Staubsaugen. Natürlich gibt es eine ganze Menge von Routinen, die uns, da sie uns in Fleisch und Blut übergehen, helfen, unseren Alltag zu meistern, das ist selbstverständlich und vollkommen normal. Aber wie wir alle wissen, gibt es eine fast ebenso große Menge an schlechten Angewohnheiten, die wir entweder gar nicht als solche wahrnehmen und ihnen auch nicht wirklich kritisch gegenüberstehen oder von denen wir wissen, sie aber als solche mehr oder weniger mit einem „Ja, ich weiß, ich sollte ja eigentlich nicht"…. akzeptieren.

Sobald wir aber solche Gewohnheiten an uns entdecken und sie womöglich in Relation zu einem Schaden, den wir uns damit zufügen oder zufügen könnten, zu stellen in der Lage sind, sollten wir unsere Gewohnheiten zumindest hinterfragen. Wir Menschen können uns nämlich wissentlich, selbstgesteuert, ohne körperliche Schmerzen oder physisch spürbare Entzugserscheinungen, nur durch unseren Willen und die Betrachtung unserer eigenen Person von Gewohnheiten lossagen. Und wenn wir es geschafft haben, werden wir belohnt durch einen unglaublichen Anstieg unseres Energielevels. Wir werden aktiver, gesünder, interessanter, attraktiver, dynamischer, kreativer und spontaner. Das kann ich Ihnen versprechen!

So….Sie werden sich schon seit einigen Minuten fragen, was will er denn jetzt von mir, hält er sich für einen Philosophen oder einen Seelenklempner, was erzählt er denn und was schachtelsatzt er denn hier wild übers Papier?

Nun, ich denke, Sie haben es längst begriffen….wir sprechen hier, in diesem Kontext, natürlich hauptsächlich von Essensgewohnheiten.

Und da wir ja alle essen müssen, ist die Essensgewohnheit wohl die mit an Sicherheit grenzender Wahrscheinlichkeit größte, weitverbreitetste, am meisten süchtigmachende und damit aller-aller-allergefährlichste Droge dieses Planeten.

Denn unsere Ernährung ist der Schlüssel zum Verlauf unseres Lebens. Von der Geburt bis zum Tod begleitet sie uns Tag für Tag. Schließlich sprechen wir nicht umsonst von unseren „Lebensmitteln".

Es gibt angesehene Wissenschaftler, Ernährungsberater, Heilpraktiker und Ärzte, die klare Worte zu dem Thema Ernährungsgewohnheiten sprechen: „Es ist wesentlich einfacher, einen Alkoholiker trocken zu bekommen oder einen Junkie clean zu therapieren, als des Menschen Essensgewohnheiten zu ändern" (Elmar Radzik). Und damit wir uns auch hier richtig verstehen….ich sage Ihnen das nicht, um Ihnen durch den Vergleich mit harten Drogen eine inhaltliche Entschuldigung („….ich bin eben süchtig") für das weiterführende Verzehren von den falschen, ungesunden und krankmachenden Nahrungsmitteln zu liefern. Im Gegenteil, ich erzähle Ihnen das, um Ihnen die Chance zu geben, sich selbst im Spiegel anzuschauen und Ihrem Spiegelbild wissentlich entgegenschmettern zu können: „Ich bin doch kein Junkie, ich bin doch kein….x-o-holic….ich bin mir bewusst, was ich tue, ich kann das ändern, und ich weiß wie, und ich weiß warum."

Ich weiß, das hört sich jetzt ein bisschen so an wie diese lustigen Motivationstrainer mit ihrem „Tschakkatschakka, du kannst es schaffen"-Gehopse. Ich

SIE DÜRFEN ALLES.
SIE MÜSSEN NICHTS.

denke aber, Sie verstehen, was ich meine. Wir Menschen sind uns prinzipiell unserer Person und unseres Bewusstseins bewusst, wir vergessen das nur manchmal. Und das müssen wir durchbrechen. Das Ablegen oder das Ändern von Ernährungsgewohnheiten schafft eine unfassbar große Menge an neuer Lebensqualität. Allein der Stolz über das Erreichte pumpt Ihr Selbstbewusstsein um ein x-Faches auf, Sie klopfen sich ganz automatisch selbst auf die Schulter und fühlen sich stark. Das wiederum erzeugt neuen Tatendrang und neue Energie. Die vorher nicht bemerkte Abwärtsspirale wird zu einer jetzt voll wahrnehmbaren Aufwärtsbewegung, die Sie, allein schon durch das aktive Erleben der eigenen Aktivität, glücklich machen kann. Das Wegbrechen von ernährungsbezogenen Bequemlichkeiten erscheint nur im ersten Moment lästig….öffnet aber sehr schnell die Pforten für ein ganz neues Universum des Essens und der Lebensfreude. Und um die geht es uns allen ja irgendwie, oder nicht?

Leider verschwand und verschwindet unsere Ernährung immer weiter aus unserem Fokus und wird durch nahezu ungebremsten, unreflektierten Konsum von….ja….wovon….von so ziemlich allem ersetzt.

Die erste Übung beim Ändern der Essensgewohnheiten ist das Loslassen vom klassischen System Vorspeise – Hauptspeise – Nachspeise. Wenn dieses Verhaltensmuster aufgebrochen wird und gegen kleinere, vielfältigere und unterschiedlichste Speisen ersetzt wird, passiert ganz schnell und unmerklich etwas ganz Wunderbares. Die Vielfalt der Ernährung wird größer. Viel größer. Und Ihr Ernährungshorizont wird durch exponentielles Wachstum erweitert.

Das Gegenteil
von bequem?
Schlecht!

Vielleicht kennen sie das Verhalten von Freunden, interessanterweise hauptsächlich von Frauen (sie sind wohl diesbezüglich aufgeweckter, interessierter und vor allem lockerer), beim gemeinsamen Essen im Restaurant verstärkt darauf zu achten, was der Partner oder die Freunde bestellen. Sie achten oft unwillkürlich darauf, dass nicht alle dasselbe bestellen, denn sie wollen…. jaaa….sie wollen überall mal probieren. Aus dieser vielleicht etwas unorthodoxen und nicht immer oder überall gern gesehenen, zumal zugegebenermaßen leicht verschrobenen „Tischetikette" des Herumstocherns in fremden Tellern beim Edelitaliener machen wir in unserer ersten „Übung" jetzt mal eine Tugend.

Wir bereiten einfach nicht mehr eine klar definierte Vorspeise zu, kochen dann einen ebenso genau festgelegten Hauptgang (also irgendwas mit irgendwas, ggf. an irgendwas) und basteln uns zum Schluss noch ein Dessert. Nein.

Wir fangen an, uns Zutaten zusammenzusuchen, und beginnen damit, zunächst einmal irgendetwas Gutes zuzubereiten. Lassen Sie sich einfach mal von Ihren Gefühlen oder Ihrem Appetit leiten. Vergessen Sie das „Zu Spinat passt doch kein Reis"-Dogma Ihrer Eltern, ignorieren Sie die „Olivenöl hat doch einen zu starken Eigengeschmack"-Regel von irgendwelchen Sterneköchen, und lassen Sie sich nicht erzählen, dass man zu Spargel keinen Rotwein trinken darf oder, schlimmer, dass Sie zu Spargel auf jeden Fall unbedingt Sauce Hollandaise essen müssen.

Sie dürfen alles. Sie müssen nichts. Denn es muss Ihnen und Ihren Lieben schmecken, abseits von kulinarischen Konventionen oder – meist im Fleisch- oder Fischkontext – aufgestellten, Essensregeln. Nehmen Sie sich einfach vor, kochen zu können. Und dann tun Sie es. Ich verspreche Ihnen, in ein paar Monaten werden sie selbstbewusst von sich behaupten, ganz passabel kochen zu können.

Und in einem Jahr werden Ihre Lieben und Ihre Freunde dasselbe von Ihnen sagen und sich ständig bei Ihnen einladen wollen. Sie werden anfangen, eigene Rezepte auszuprobieren, werden Zutaten verwenden, von denen Sie immer mal gehört haben, die Sie aber aus „Gewohnheit" (da ist sie wieder) nie benutzt haben.

Um gut kochen zu können, muss man auch nicht zuerst einen Kurs machen, in dem man beigebracht bekommt, virtuos das Messer zu bedienen und eine Zwiebel in der Hand zu würfeln oder auf dem Brett in 2,8 Nanosekunden mit der Präzision eines Ninja-Kämpfers zu exakt gleichgroßen Ringen zu machen. Es geht auch nicht darum, möglichst gut Pfannen zu schwingen, kunstvoll das Handtuch zu knoten oder die schönste oder professionellste Schürze zu haben.

Haben Sie Geduld. Mit sich, Ihren Fertigkeiten, aber in erster Linie mit Ihren Geschmacksknospen. Es kann durchaus sein, dass ich Ihnen in diesem Buch Ernährungstipps gebe, die Sie im ersten Moment geschmacklich nicht sofort überzeugen. Nicht zwingend bei den Rezepten, sondern in erster Linie bei den Zutaten. Das Ersetzen von Kuhmilch durch Soja- oder Mandelmilch oder andere pflanzliche Milchdrinks ist so ein Beispiel. Die meisten Leute haben ihr Leben lang Kuhmilch getrunken und sind mit jedem einzelnen Geschmacksnerv an genau diesen Geschmack gewöhnt. Wenn Sie das erste Mal Sojamilch trinken, womöglich die falsche Sorte oder die zu sehr gesüßten Varianten, kann es gut sein, dass sie Ihnen nicht sofort schmeckt. Das ist aber nach wenigen Tagen vollkommen anders. Und nach zwei Wochen werden Sie Kuhmilch als aufdringlich und geruchsbelästigend empfinden, was auch normal und gut so ist, denn wir sollten keine Kuhmilch trinken.

Eine weitere Gewöhnung erfolgt bei Gewürzen.

Ein Tipp von mir: Finger weg von Gewürzmischungen. Es gibt heutzutage ganze Regale voller Gewürzmischungen für alles, was man sich an etablierten Gerichten vorstellen kann. Das Verwenden dieser fertigen Mischungen wirft aber mindestens zwei Probleme auf: 1.) enthalten diese Mischungen sehr häufig Geschmacksverstärker, und auf die sollten Sie ab sofort ganz und gar verzichten und 2.) lernen Sie die Gewürze, deren Geschmack und deren Einsatzgebiete niemals richtig kennen, wenn Sie sie nur in undefinierbaren Mischformen nutzen.

Gewürze sind das A & O in jeder Küche und in der pflanzlichen Küche erst recht, denn die Vielfalt der Speisen, die Sie durch die Abwesenheit von Fleisch und Fisch zubereiten können und werden, ist mitnichten nur mit Pfeffer, Salz, Rosmarin und Chili zu würzen. Die Welt der Gewürze ist ein hochkomplexes und extrem spannendes Thema, dem Sie sich keinesfalls durch das Verwenden von undefinierbaren Fertigmischungen verwehren sollten. Ich benutze alleine sechs bis acht verschiedene Pfeffersorten, und das sind noch lange nicht alle, die erhältlich sind.

Ein Beispiel: Ich habe als Schwabe auf so gut wie jedem Tisch eines gutbürgerlichen Gasthauses in den Menagen weißen Pfeffer gefunden. Der weiße Pfeffer, der dort – fertig gemahlen – Monate oder Jahre in dem kleinen Glasstreuer verbringt, hat eine nur geringe Schärfe, aber einen unglaublich penetranten Eigengeschmack, den ich immer als sehr aufdringlich und fast schon als ein bisschen eklig empfand. Deswegen habe ich, als ich angefangen habe zu kochen, weißen Pfeffer vollkommen aus meinem Würz-Repertoire gestrichen.

Vor zwei Jahren stand ich auf einer kulinarischen Messe am Stand einer Firma, die Bio-Gewürze aus Sri Lanka importiert, und unterhielt mich über das eine oder andere Gewürz, das ich dort einkaufen wollte. Der Inhaber der Firma bot mir unter anderem seinen weißen Pfeffer an, den ich sofort dankend ablehnte, unter Angabe der obengenannten Gründe. Daraufhin erklärte er mir, wie schwer es sei, wirklich guten weißen Pfeffer herzustellen (er muss mehrfach gewässert und wieder in der Sonne getrocknet werden, wenn das nicht sauber ausgeführt wird, fängt er leicht an zu faulen, dabei entsteht der penetrante, unschöne Geschmack, den die billigen, im Streuer vor sich hin oxidierenden Sorten von weißem Pfeffer oft haben) und empfahl mir, seinen zu probieren.

Ich nahm also ganzen, weißen Bio-Pfeffer mit in mein Programm und bin bis heute begeistert, was man damit alles machen kann. Wichtig ist nur, dass es guter Pfeffer ist und dass man ihn erst mahlt oder, im Fall des weißen Pfeffers, erst mörsert, wenn man ihn braucht. So kommt die volle Wucht des Aromas zur Geltung und man hat ein wirklich potentes Gewürz an der Hand, das den Charakter eines ganz banalen Gerichts extrem positiv beeinflussen kann und wird. An die neue Vielfalt von Geschmack, Gewürzen, Zutaten und Mischungen muss man sich gewöhnen, man muss sich in gewisser Weise dafür öffnen. Aber es wird belohnt, so viel ist sicher.

Ein paar schnelle Quickies sind zum Beispiel kulinarisch oft viel unterhaltsamer als ein großes, opulentes Mahl. Beispiele gefällig? Here we go:

EIN PAAR SCHNELLE QUICKIES SIND OFT VIEL UNTERHALTSAMER ALS EIN GROSSES, OPULENTES MAHL.

Zwei Avocados auskratzen, mit der Gabel zerdrücken, bisschen Zitronensaft einrühren, Salz, schwarzer Pfeffer…. eine Knoblauchzehe reindrücken, und eine kleine, simple Guacamole ist fertig. Dauert keine fünf Minuten.

Zwei Handvoll Champignons durch den Nicer Dicer jagen, eine Zwiebel und eine halbe Handvoll Petersilie hacken, die Champignons mit der Zwiebel für fünf Min. in die heiße Pfanne mit Olivenöl, geben, dann die Petersilie daruntermischen und mit Meersalz abschmecken. Dauert kaum zehn Minuten.

Zwei Chicorée klein scheiden, mit einer Vinaigrette aus Olivenöl, Essig, Salz, Tomatenmark und einem Löffel Senf übergießen. Dauert ca. fünf Minuten.

Blattspinat mit Knoblauch und einer Prise Muskat in einem Topf andünsten, bis er schön dunkelgrün und auf etwa ein Zehntel seines Volumens geschrumpft ist. Zehn Minuten.

Ein Dutzend getrocknete Tomaten und eine halbe Handvoll Cashewnüsse mit einem Spritzer Worcestersauce und einem guten Schuss Olivenöl in der Moulinette zu einer Art Relish zerhacken. Mit schwarzem Pfeffer abschmecken. Drei Minuten.

Ein paar Scheiben Vollkornbrot in den Toaster stecken und gut anrösten. Drei Minuten.

Alles zusammen servieren….und noch ein paar lustige Gewürze und Kräuter dazustellen, der Kreativität zuliebe. Und ein sehr unterhaltsames, schnelles, schmackhaftes und gesundes Abendessen ist fertig.

Alles zusammen dauert, da man ja selten alleine kocht und schon gar nicht solche Mengen….kaum mehr als eine halbe Stunde.

Simpel, schnell, lecker und dennoch abwechslungsreich. So sieht kreative, gesunde Küche aus. Eintopfgerichte kann man durchaus als Fast Food bezeichnen. Hat man alle Zutaten vorbereitet und entsprechend zerkleinert, lassen sich in wenigen Minuten köstliche Eintöpfe zaubern.

Üben Sie sich in dieser Art der Zubereitung von kleinen Quickies, und Sie werden daraus immer raffiniertere, gut zu kombinierende Gerichte zaubern lernen, die Ihnen und Ihren Freunden eine Menge Spaß bereiten werden und die Sie mit viel Enthusiasmus an die vegane Küche heranführen.

Ein letztes Beispiel noch, ich nenne es „Eintopf-Baukasten".

Ich koche dieses Gericht, das man in tausenden von Varianten zubereiten kann, meistens in den Herbst- und Wintermonaten, im Sommer so gut wie gar nicht. Aber in den kühleren Monaten kann es durchaus sein, dass es dreimal die Woche auf den Tisch kommt, und es ist wirklich keine Verarsche, wenn ich Ihnen sage, dass es jedes Mal anders schmeckt, jedes Mal einen eigenen Charakter hat und mir fast jedes Mal eine Zutat einfällt, die ich noch nicht ausprobiert habe oder von der ich glaube, dass sie diesem universellen „Eintopf" ein täglich anderes, gewisses „Etwas" verleiht.

Ich starte immer mit dem Hacken von ein paar Zwiebeln und ein paar Knoblauchzehen, je nachdem, wie viele Leute ich bewirten möchte. Normalerweise bedecken die Zwiebeln und der Knofel zusammen mit einem satten Schuss Olivenöl den Boden eines mittelgroßen Kochtopfs gut einen bis eineinhalb Zentimeter hoch.

Und ich bereite immer etwa einen bis eineinhalb Liter Gemüsebrühe vor. Also lauwarmes Wasser aus dem Hahn, etwa zwei Esslöffel Bio-Gemüsebrühepulver einrühren, fertig.

Und das waren dann auch schon die Basics.

Ab jetzt heißt es nur noch: Hau rein, ist Tango. Ich fange an zu schnippeln, was das Zeug hält. Möhren in Stiftchen, zwecks der Optik. Bohnen in kleine Rechtecke, Ingwer in Würfel, Räuchertofu in zwei bis vier Zentimeter große Rechtecke, Pak-Choi in Streifen, Kartoffeln in halbe Scheibchen, Shiitake-Pilze in Würfel. Zucchini, Gurken, Tomaten, Spinat, Erbsen, Bambussprossen, Auberginen, Pastinaken, Petersilienwurzeln, Rote Bete, Kürbis, Brokkoli, Fenchel.... und gerne noch hundert andere Gemüse.

Dann bereite ich auch gerne noch ein paar Nüsse vor, koche ein paar Linsen vor oder hacke ein paar frische Kräuter. Je nachdem, welche Variante heute dran ist.

Und dann geht's los.

Zwiebel, Knoblauch, Räuchertofu und Öl in den Topf, Vollgas. Schön scharf anbraten, ein paar leckere, aber harmlose Röstaromen erzeugen. Nach etwa 10 Min. wird ordentlich abgelöscht mit Gemüsebrühe, auch gerne, je nach der Auswahl der dann folgenden Zutaten, mit einem Glas Wein, rot oder weiß.... oder sagen wir, mit zwei Gläsern Wein, eins für mich und eins für den „Eintopf".

Sobald das Gemisch wieder auf Temperatur ist, kommen die Zutaten hinein, die länger garen sollten, also zum Beispiel Möhren oder Petersilienwurzeln. Die weicheren Zutaten kommen später, damit sie den Biss nicht verlieren. Denn, was wir hier nicht machen, ist ein schlabberiger, matschiger Gemüse-Allerlei-Brei. Wir machen einen sexy-vielfältigen, clever gewürzten, topgesunden und knackigen Eintopf aus dem und für das 21. Jahrhundert. Nicht mehr, aber auch nicht weniger. Also bisschen Tempo, immer schön rühren und nicht totkochen!

Bevor die letzten Zutaten in den Topf kommen, sollte eine Art Emulgator dazugegeben werden, also ein dicker Esslöffel Senf, ein bisschen Tomatenmark, wenn man es eher dicker haben will, kann man noch einen Löffel Johannisbrotkernmehl oder Pfeilwurzelstärke dazugeben.

Und jetzt heißt es nach Herzenslust würzen. Currys aller Art bieten sich an, für eine eher asiatische Variante auch gerne eine große Handvoll getrockneter Koriander oder eventuell Zitronengras (eines der wenigen Gewürze, mit dem ich persönlich ü-ber-haupt nicht warm werde), Pfeffersorten aller Art, Sojasauce, mit Salz aufpassen, denn die Gemüsebrühe erledigt das Salzen meist schon. Lassen Sie wieder einmal die kreative Sau raus....und zum guten Schluss heben Sie gerne noch ein paar Kräuter unter.

Und fertig ist die perfekte, bunte, wohlschmeckende und nie langweilige Abendmahlzeit.

Ich liebe diese Art des herbstlichen und winterlichen Abendessens. Und auch hier kann ich Ihnen nur raten.... nehmen Sie meine kleine Inspiration an und versuchen Sie mal ein halbes Jahr lang, diese sogenannten „Eintöpfe" zu variieren. Sie werden staunen, wie viele verschiedene Varianten Ihnen einfallen und wie oft man dieses Gericht essen kann, ohne jemals Langweile zu haben.

Guten Appetit!

Risotto ist ein Klassiker, den es in vielen verschiedenen leckeren Variationen gibt. Die Zubereitung eines echten Risottos mit Rundkornreis dauert in der Regel einige Zeit und erfordert volle Aufmerksamkeit, da man die Gemüsebrühe nur kochlöffelweise dazugeben und auch ständig umrühren sollte. Deshalb habe ich diese einfach zuzubereitende Schnellversion eines Risottos entwickelt. Die gesundheitlichen Vorteile von Spargel liegen auf der Hand. Spargel ist mit nur ca. 150 kcal pro 1 kg Spargel ein sehr effizienter Nährstofflieferant. Besonders erwähnenswert ist sein hoher Kalium- und Kalziumgehalt. Der Stickstoff im Spargel regt die Nierentätigkeit an. Besonders die Vitamine A, E und K sind in dem gesunden Gemüse enthalten.

SPARGEL MIT PUFFREIS-RISOTTO

DIE ZUTATEN
FÜR 4 PERSONEN

2 Bund grüner Spargel
(ca. 1 kg)

1 ganze gelbe Zucchini,
in kleine Würfel geschnitten

1 EL Olivenöl

1 Knoblauchzehe,
fein gehackt

1 EL Senf

Saft von 4 Limetten

300 ml Wasser

1 TL Gemüsebrühe

½ TL weißer Pfeffer

2 EL Zucker

100 g Vollkornpuffreis

als Garnitur Rote-Bete-Keime
und Fleur de Sel

DIE ZUBEREITUNG
40 MINUTEN

Zucchini in Wasser, Knoblauch, Olivenöl und Limettensaft geben. Gemüsebrühe hinzufügen und 15 bis 20 Min. kochen, bis die Zucchini weich sind. Während des Kochvorgangs weißen Pfeffer, Zucker und Senf hinzufügen. Sobald die Zucchini weich sind, den ganzen Topfinhalt pürieren.

Währenddessen den Spargel in Salzwasser kochen.

Sobald der Spargel gekocht ist, den Puffreis in die pürierte Masse unterrühren. Spargel und Risotto getrennt anrichten. Etwas Olivenöl dazustellen, sodass man das zusammen mit Fleur de Sel auf dem Teller über die Spargel träufeln kann. Abschließend noch die Rote-Bete-Keime ebenfalls dazu anrichten.

FENCHEL-LINSEN-CURRY MIT PELLKARTOFFELN

DIE ZUTATEN
FÜR 4 PERSONEN

2 große Fenchelknollen,
in 1 bis 2 cm große Würfelstücke
geschnitten

1 kg Kartoffeln

2 kleine Zwiebeln,
klein gehackt

2 große Knoblauchzehen,
klein gehackt oder durch die Knoblauch-
presse gepresst

¼ Liter Gemüsebrühe

400 ml Kokosmilch
aus der Dose

2 EL Senf

4 EL getrockneter Koriander

250 g gelbe Linsen

1 bis 2 TL Cayennepfeffer

1 EL gelber Curry

1 EL Himalayasalz

2 EL Hefe-Würzflocken

Olivenöl zum Braten

DIE ZUBEREITUNG
35 MINUTEN

Kartoffeln in ausreichend Wasser je nach Größe ca. 35 Min. kochen.

Fenchel, Zwiebeln und Knoblauch in reichlich Olivenöl scharf anbraten, bis eine goldene bis teilweise schmor-braune Farbe entsteht. Mit Gemüsebrühe ablöschen und kurz aufkochen lassen.

Senf unterrühren, den Koriander einstreuen und verrühren. Dann die Kokosmilch dazugeben, erneut kurz aufkochen lassen. Danach die Hitze reduzieren und die restlichen Gewürze sowie die Hefeflocken einstreuen.

Erst ganz zum Schluss die Linsen dazugeben und die Hitze dann auf ein Minimum reduzieren und ziehen lassen, bis die Linsen bissfest gequollen sind. Gegebenenfalls etwas heißes Wasser nachfüllen und die Hitze noch weiter reduzieren und länger ziehen lassen falls keine cremige Konsistenz entsteht.

Mit heißen Pellkartoffeln servieren und mit etwas Koriander garnieren.

Ein sehr schnelles und einfaches Gericht. Linsen bieten wie alle Hülsenfrüchte sehr viel Eiweiß und gesunde Ballaststoffe. Sie bieten zudem langkettige Kohlenhydrate und machen dadurch lange satt. Die Hülsenfrucht reguliert den Blutzuckerspiegel und senkt das Herz-Kreislauf-Risiko. Darüber hinaus verbessern Linsen die Energiebereitstellung und den Stoffwechsel. Eine Portion Linsen deckt bereits den Tagesbedarf eines Erwachsenen an Folsäure. Neben Kalium, Phosphor und Mangan ist vor allem auch viel Eisen enthalten. Der Fenchel beruhigt durch seine ätherischen Öle den Verdauungstrakt.

GRÜN HOCH 3

DIE ZUBEREITUNG 30 MINUTEN
+ 12 STUNDEN VORBEREITUNGSZEIT
FÜR DIE ERBSEN (IN AUSREICHEND
WASSER EINWEICHEN)

**DIE ZUTATEN
FÜR 4 BIS 6 PERSONEN**

500 g getrocknete Erbsen,
über Nacht eingeweicht

Saft einer halben Zitrone

100 g geschälte Pistazien,
klein gehackt

2 Knoblauchzehen,
klein gehackt

Rapsöl zum Braten

1 TL frisch gemahlener grüner Pfeffer

1 TL Salz

Einen Liter Wasser mit dem Zitronensaft zum Kochen bringen. Die Erbsen hinzufügen und gar kochen. Von den gekochten Erbsen ca. ⅓ der Menge abschöpfen und zusammen mit den Pistazien und dem Knoblauch in Rapsöl in einer Pfanne andünsten und beiseite stellen. Die im Kochwasser verbliebenen Erbsen zusammen mit dem Wasser im Topf pürieren. Dabei mit grünem Pfeffer und Salz würzen. Falls die Flüssigkeit nicht ausreicht, Wasser hinzufügen, damit sich eine cremige Konsistenz ergibt. Die Crème in kleinen Schüsseln anrichten. Als Topping dient die Erbsen-Pistazien-Knoblauch-Mischung aus der Pfanne.

Eine Kombination, die zunächst mal nicht direkt auf der Hand liegt, aber sensationell gut schmeckt. Zudem ist sie supereinfach zuzubereiten und eine absolute Proteinbombe. Pistazien zählen außerdem zu den pflanzlichen Nahrungsmitteln von denen man täglich eine kleine Handvoll essen sollte. Sie reinigen unsere Blutgefäße und senken den Blutdruck.

SPAGHETTI BOLOGNESE

DIE ZUTATEN
FÜR 6 PERSONEN

60 g Sellerie,
fein gehackt

100 g Möhren,
fein gehackt

2 mittelgroße Zwiebeln,
klein gehackt

2 Knoblauchzehen,
*klein gehackt oder durch die
Knoblauchpresse gedrückt*

3 bis 4 EL Gemüsebrühe

2 Liter Wasser

2 EL Sojasauce

2 EL Worcestersauce

200 g feines Soja-Geschnetzeltes

1 Dose stückige Tomaten

1 Dose passierte Tomaten

2 EL Tomatenmark

½ TL Salz

½ TL schwarzer Pfeffer

½ TL Senf

700 ml Wasser

½ TL Gemüsebrühepulver

100 ml Rotwein

2 EL Würz-Hefeflocken

1 EL Rosmarin

1 EL Basilikum

1 EL Kräuter der Provence

6 bis 7 EL Olivenöl

DIE ZUBEREITUNG
45 MINUTEN

4 EL Gemüsebrühe in 2 Liter Wasser auflösen, kräftig mit Salz und Pfeffer würzen und aufkochen. Das Soja-Geschnetzelte in den Topf geben und je 2 EL Sojasauce und Worcestersauce dazugeben. Deckel draufmachen, den Topf vom Herd nehmen und das Soja-Geschnetzelte ca. 20 Min. lang die Brühe aufnehmen lassen. Gut umrühren und beiseitestellen.

Möhren, Zwiebeln, Knoblauch und Sellerie in reichlich Olivenöl anbraten. Das Soja-Geschnetzelte abgießen und gut auspressen, damit so viel wie möglich von der Flüssigkeit wieder aus dem Geschnetzelten herausgedrückt wird. Dann zum Gemüse in die Pfanne geben und kross anbraten. Das kann je nach verbliebener Flüssigkeit länger dauern. Nach Bedarf weiteres Olivenöl nachkippen.

Sobald das Soja-Geschnetzelte kross angebraten ist, das Tomatenmark hinzufügen und gut verrühren. Den Inhalt der beiden Tomatendosen zusammen mit dem Wasser ebenfalls hineingeben und gut umrühren.

Rotwein, Senf, Würz-Hefeflocken, Gemüsebrühepulver, Salz, Pfeffer, Basilikum, Kräuter der Provence und Rosmarin dazugeben und bei niedriger Temperatur köcheln lassen. Bei Bedarf immer wieder ein bisschen Wasser nachgießen. Wer die Bolognese mit einer leichten Schärfe mag, kann noch eine halben TL Cayennepfeffer hinzugeben.

Diese Variante des italienischen Klassikers orientiert sich optisch und geschmacklich stark am Original. Ein sehr sättigendes Gericht, das eine Menge Protein bietet. Wer möchte, kann sich dazu noch selbst frischen „Parmesan" auf Cashewkernbasis herstellen, indem er Cashewnüsse zusammen mit Würz-Hefeflocken in einer Küchenmaschine fein häckselt und, mit Oregano, Salz und Pfeffer gewürzt, wie Parmesan über die Bolognese gibt. Alternativ dazu kann man, sobald die Sauce auf dem Teller liegt, auch nur Gewürzhefeflocken darüberstreuen, die einen käsigen Geschmack haben. Selbstverständlich schmeckt die Sauce auch ganz ohne veganen Parmesan.

Eine interessante Vorspeise. Wenn man den Fenchel sehr fein hobelt, erkennt man ihn geschmacklich nicht wieder! Schmeckt sehr fein und ausgefallen. Unbedingt ausprobieren. Supereinfach zu machen und überzeugend in Geschmack und Erscheinung. Eine echte Überraschung, wenn man Gäste hat. Jedes Mal, wenn ich diese Vorspeise verköstige, ist das Erstaunen über den aparten Geschmack groß.

FENCHEL-LAMETTA-SALAT MIT ZUCCHINI-KNOBLAUCH-VINAIGRETTE

DIE ZUTATEN
FÜR 4 BIS 6 PERSONEN ALS VORSPEISE

1 Fenchel,
hauchdünn gehobelt

Saft einer Zitrone

1 mittelgroße Zucchini,
in feine, kleine Würfel geschnitten

2 Knoblauchzehen,
in kleine Würfel gehackt

40 g geröstete Sonnenblumenkerne,
gesalzen und klein gehackt

Dressing

3 EL Olivenöl

1 EL Distelöl

1 EL Senf

Salz und Pfeffer,
nach Geschmack

2 EL weißer Balsamico-Essig

DIE ZUBEREITUNG
30 MINUTEN

Den Fenchel in einer Schale auslegen und mit dem Zitronensaft überall gleichmäßig beträufeln. Zucchini und Knoblauch in einer Schüssel miteinander vermengen. Alle Zutaten für das Dressing verquirlen und über die Zucchini und Knoblauchwürfel geben. Gut durchmischen und ca. 5 Min. ziehen lassen. Danach die Zucchini-Knoblauch-Mischung über den Fenchel geben und die Sonnenblumenkerne darüber verteilen.

DEM WÜRZEN IST EIN KRAUT GEWACHSEN

TRAUEN SIE SICH ZU WÜRZEN!

KEINE SORGE, DAS WIRD EIN recht kurzes Kapitel, aber dennoch: Wir müssen noch ganz dringend über den Geschmack reden, allerdings nicht über den, über den sich ja angeblich nicht streiten lässt (und andererseits doch so trefflich).... sondern über den kulinarischen. Unser Geschmackssinn ist ebenso individuell wie der eben erwähnte, zumal er ja eng mit unserem Geruchssinn zusammenarbeitet, sozusagen in einer Art Joint Venture.

Ich denke, jeder kennt das, wenn der Schnupfen regiert und die Nase zu ist, schmecken wir so gut wie nichts mehr oder nur noch rudimentär. Aber normalerweise schmeckt jeder anders, riecht anders, der eine verträgt eine ordentliche Portion Schärfe, der andere kann nicht auf süß, und der Nächste spuckt schon die geringste Überdosis Salz wieder aus. Ebenso ist es mit dem Riechen, meine persönliche Toleranzschwelle, was üble Gerüche angeht, ist zum Beispiel zugegebenermaßen recht niedrig.... und das gilt auch für meinen eigenen Körpergeruch. Ich bin eher so ein Doppelduscher, also morgens und abends. Ich kenne aber genügend Menschen, die kein Problem mit ihrem eigenen und somit auch weniger mit dem Körpergeruch anderer Menschen haben. Auf Tour mit diversen Bands kann es schon mal sein, dass man Leuten begegnet, deren letzte Dusche deutlich mehr als 36 Stunden her ist....vielleicht einer meiner Gründe, grundsätzlich nicht in Nightlinern zu nächtigen. Vielleicht sind diese besagten Leute auf eine Art irgendwie sogar beneidenswert....aber ich persönlich wasche mich lieber und gut.

Die fünf Grundgeschmacksrichtungen, die unsere Zunge im Zusammenspiel mit unserem Geruchs- und Tastsinn sowie der Temperaturempfindung in der Mundhöhle ausmachen kann, sind ja bekannt: süß, sauer, bitter, salzig und umami. Letzteres ist nicht so geläufig, ist aber ganz entscheidend, denn umami (aus dem Japanischen für „würzig") ist der entscheidende Geschmack für aminosäurehaltige Lebensmittel, aber auch für Glutaminsäure, wie sie beispielsweise in hoher Konzentration in Tomaten oder Erbsen vorkommt. Leider gibt es ja auch das künstlich hergestellte Mononatriumglutamat, das unglaublich oft in den verschiedensten, vor allem in Fertigprodukten als künstlicher Geschmacksverstärker Verwendung findet und das unterschiedliche, sehr ungünstige „Nebenwirkungen" haben kann. Das größte Problem ist aus meiner Sicht, dass wir durch künstliches Glutamat unseren Geschmackssinn derart überreizen, dass wir nach relativ kurzer Zeit das feine Gespür für Nuancen verlieren oder es zumindest immer mehr abstumpft. Das ist zwar meistens reversibel, bedeutet aber oft, dass man auch hier eine regelrechte „Entwöhnung" anstreben muss, um wieder „normal" schmecken zu können.

Das Schmecken ist aber eine ganz entscheidende Funktion im Körper, es hat eine ganze Reihe von Aufgaben, vom Schutz vor Giften bis hin zur lustvollen Stimulation anderer Sinne, die dann wieder für die Ausschüttungen von Hormonen oder gewissen Enzymen verantwortlich sind.

Leider ist in Deutschland die durchaus mögliche Vielfältigkeit des Würzens sehr oft beschränkt auf Pfeffer, Salz und ein oder zwei Industrie-Würzmischungen. Das ist schade, denn es gibt eine wahrhaft paradiesische Vielfalt an Möglichkeiten, mit Gewürzen und natürlich Kräutern zu spielen.

Für eine interessante, vegane Küche ist ein großes Potpourri an Gewürzen und Kräutern absolut unerlässlich. Lassen Sie sich unbedingt auf Würz-Erfahrungen aller Art ein. Es gibt natürlich eine Menge toller Speisen, deren Eigengeschmack auf keinen Fall totgewürzt werden sollte, es gibt aber auch Dinge, die durch das richtige Gewürz erst ihren vollen Eigengeschmack entfalten. Nehmen wir mal als Beispiel Pfifferlinge. Pfifferlinge haben einen sehr feinen, aber speziellen Eigengeschmack, ich persönlich liebe Pfifferlinge. Wenn man jetzt aber Pfifferlinge erst in Butter schwenkt (das machen wir als Veganer ja ohnehin nicht mehr, aber nur mal als omnivores Bad-Taste-Exempel), die ja schon einen sehr speziellen sehr penetranten Eigengeschmack hat, und dann noch mit Gewürzen wie dem hocharomatischen Rosmarin oder dem fast schon parfumartigen Oregano „malträtiert", bleibt am Ende von den Pfifferlingen nur noch die Optik und die Konsistenz übrig. Und dafür sind sie dann doch zu teuer. Ich brate Pfifferlinge in einem leichten, sehr milden Olivenöl an, mit einem Hauch von frischem Knoblauch und einer winzigen kleinen Schalotte, extrem kleingehackt....und wenn die Pilze fertig sind, gebe ich etwas grobes Meersalz hinzu (Fleur de Sel) und hebe

**KURZUM.
GUT GEWÜRZT
IST HALB
GEKOCHT.**

Gehen sie nach Herzenslust Gewürz-Shoppen! Würzen Sie, was das Zeug hält!

eine Handvoll kleingehackter Petersilie unter die warmen Pilze. Das ergibt eine hocharomatische Mischung, die sich gegenseitig geschmacklich unterstützt, den Pfifferlingsgeschmack aber am Leben lässt und die Geschmackssinne sinnvoll ihre Arbeit tun lässt. Das Ersäufen von so wunderbaren Pilzen in fetter Kuh-Sahne-Sauce halte ich für ein kulinarisches Verbrechen, wenn auch für ein leider weit verbreitetes.

Oder nehmen wir ein anderes Beispiel. Sie kochen diverse Gemüse, mit Kartoffeln und eventuell irgendeiner Sauce. Das Gemüse ist ungewürzt, weil man ja nicht zu viel Salz nehmen soll, die Kartoffeln will man am besten auch so unberührt wie möglich lassen und die Sauce….die soll dann natürlich bei dem ganzen langweiligen Kram auch nicht zu dominant werden. Am Ende haben Sie etwas auf dem Teller, das das Klischee des schnöden veganen Essens übererfüllt und mit dem Sie weder sich selbst, Ihrem Geschmackssinnen noch denen Ihrer Gäste nachhaltig imponieren können.

Trauen Sie sich zu würzen! Auch hier gilt es, wie bei so vielen Dingen im Leben und speziell bei einer Ernährungsumstellung, so viele alte, stumpfe Regeln aufs Allerderbste zu missachten und einfach drauflos zu experimentieren. Wieso sollte es absurd sein, in eine Chilisauce ein bisschen Kakao reinzurühren? Vielleicht schmeckt's ja? Oder vielleicht dämpft die Prise Vanille im selbstgemachten Rhabarberkompott den sauren Geschmack gerade so weit ab, dass er als angenehme Säure empfunden wird, anstatt als Backenzusammenzieher? Wer sagt denn, dass man ein Salatdressing nicht mit einem ganzen Haufen Liebstöckel „überwürzen" darf, um den süßlich-lieblichen und trotzdem würzigen (umami) Ge-

schmack dieses genialen Krauts erstmals so richtig zu erfassen, um dann mit die Zeit zu lernen, es wohldosierter einzusetzen? Es gibt wenige Gewürz-Sünden, nach denen man das Gericht nicht mehr essen kann, dazu gehört hemmungsloses Versalzen. Wenn das passiert ist, kann man das Essen wegwerfen, außer es handelt sich um eine Sauce oder ein Eintopfgericht, das man noch ordentlich „verlängern" kann. Alle anderen „Gewürzfehler" ist es allenfalls eine Erfahrung, aus der man lernt, die das Gericht aber nicht ungenießbar machen.

Wie wir ja anderer Stelle in diesem Buch bereits gelernt haben, ist es nicht nur extrem wichtig, immer wieder abzuschmecken, sondern auch sehr einfach und ungefährlich in der veganen Küche. Um dauerhaft Spaß am Kochen zu haben und zu behalten, ist es aber auch unerlässlich, sich an die Wirkungen der einzelnen Gewürze und Kräuter zu gewöhnen, und das geht meiner Erfahrung nach nur über die erwähnten „Experimente".

Ich persönlich stehe eigentlich bei meinen Kochsessions nach dem Hinzufügen von irgendeinem Gewürz immer mit der Nase über dem Topf oder der Pfanne und wedle mir den Geruch mit der Hand in die Nase. Auf diese Weise schule ich

meinen Geruchssinn, der mir schon oft verrät, wie sich der Geschmack durch das Würzen verändert hat, bevor ich einen weiteren Löffel probiere.

Ich rate Ihnen wirklich, sich in die Welt der Gewürze und Kräuter förmlich zu stürzen, es macht großen Spaß, sich dort herumzutreiben. Suchen Sie in den Markthallen, auf Feinschmeckermessen, in den kleinen Gewürzläden, auf den Wochenmärkten und nicht zuletzt natürlich auf den vielen interessanten Portalen im Internet nach den Gewürzen, die Sie interessieren. Und gehen Sie nach Herzenslust Gewürz-Shoppen! Und besorgen Sie sich Pfeffermühlen, Salzmühlen, diverse Mörser in allen Größen, Kräutermühlen oder sonstige nützliche Helferlein, die Sie in Ihrer inhaltlich neu gestalteten Küche gut gebrauchen können. Es wird Ihnen mit Sicherheit großen Spaß machen.

Ich will Ihnen jetzt keine Einkaufsliste an die Hand geben, ich will Ihnen nur ein paar Inspirationen durchreichen. Versuchen Sie, so wenig wie möglich Gewürze aus den Regalen der Supermärkte zu beziehen, Sie finden dort, bis auf wenige Ausnahmen, meistens eher die minderwertigeren Gewürze und natürlich die unsäglichen Gewürzmischungen, von denen ich an Ihrer Stelle komplett die Finger lassen würde. Autofahren lernt man nicht auf dem Beifahrersitz und Würzen lernt man analog dazu nicht durch vorgefertigte Mischungen. Gewürze sollten außerdem unbedingt eine gute Qualität haben, es macht einen ganz entscheidenden Unterschied, ob Sie Billig-Gewürze aus der Massenproduktion verwenden oder hochwertige Ware aus entsprechend sorgfältiger Herstellung. Die Qualitätsunterschiede sind so enorm, dass sie wirklich ganz entscheidend zum Gelingen Ihrer Gerichte

Wir müssen noch ganz dringend über den Geschmack reden!

beitragen, das dürfen Sie mir glauben. Als ich das erste Mal Gewürze von der „Ceylon Spice Corporation" ausprobiert habe, gingen bei mir sämtliche Lichter an. Diese Gewürze sind, verglichen mit Industrieware nicht von dieser Welt.... alleine die verschiedenen Currys sind schlichtweg eine Sensation.

Die einzigen „Gewürzmischungen", die ich verwende, sind tatsächlich Currys, bei uns läuft Curry ja eigentlich als eigenständiges Gewürz (leider meistens nur auf der dämlichen Currywurst, dem wohl beliebtesten und gleichzeitig ungesündesten Fastfood aller Zeiten), was aber nicht stimmt. Curry ist eine Gewürzmischung, die in ihren Zusammensetzungen stark variiert. Es gibt sensationelle Curry-Mischungen, von mild bis scharf, in den verschiedensten Kompositionen, ich habe immer mindestens vier verschiedene Sorten im Regal. In einem Curry kann alles enthalten sein von Ingwerpulver über Fenchel, Zimt oder Kardamom bis hin zu Cayennepfeffer, Chili, Muskatblüte, Senfkörnern oder Nelken.

Meine Küche beinhaltet unzählige Gewürze. Hier sind, ich kann Ihnen aber ein paar, nennen, die in meiner Küche bei mir niemals fehlen dürfen:

▸ Rauchpaprika, mild und scharf (perfekt für Saucen oder Dips, die das gewisse Etwas an „umami" vertragen können)
▸ Paprika (edelsüß)
▸ Pfeffer (weiß, schwarz, rot, grün, ganz und gemahlen....man kann nicht genügend Pfeffersorten haben)
▸ Kardamom
▸ Kreuzkümmel, Cumin (unerlässlich für Chili sin Carne oder Hummus)
▸ Safran
▸ Majoran
▸ Thymian
▸ Fenchelsaat
▸ Wacholderbeeren
▸ Lorbeerblatt
▸ Muskatnuss
▸ Muskatblüte
▸ Liebstöckel
▸ Basilikum
▸ Oregano
▸ Cayennepfeffer

Und das ist wirklich nur die Grundausstattung. Dazu kommen noch diverse frische Kräuter, die ich entweder im Topf ziehe oder, je nach Verfügbarkeit, regelmäßig kaufe. Mein absolutes Lieblingskraut ist Petersilie, gerne die glatte Variante. Petersilie wirkt in vielen Gerichten und Salaten geschmacksverstärkend oder unterstreichend, ist billig und ganzjährig verfügbar. Aber auch Minze und Basilikum kann man sich immer ziehen oder besorgen und sie sollten in einer guten Küche niemals fehlen.

Die Welt der Kräuter und der Gewürze hört natürlich nicht dort auf, wo meine bescheidene Liste endet. Und wenn wir noch eintauchen würden in die Liste der Heilkräuter oder in die Wirkungsweisen der einzelnen Gewürze, hätten wir schnell ein weiteres Buch zusammen.

Würzen Sie, was das Zeug hält. Es ist so wie sonst auch im Leben....man lernt nie aus.

Oder um es mit einem meiner großen Vorbilder, dem leider viel zu früh verstorbenen Apple-Gründer Steve Jobs zu sagen: „Stay hungry, stay foolish!"

Kürbisse sind echte Schlankmacher: 100 g enthalten nur 27 Kalorien. Dennoch ist die Frucht gespickt mit wertvollen Makro- und Mikronährstoffen, wie z. B. Folsäure, Magnesium, Kalzium, Zink Vitamin A, B und C. Die Carotinoide im Kürbis schützen vor Herz-Kreislauf-Erkrankungen. Das Fruchtfleisch beruhigt unsere Verdauung und wirkt prophylaktisch gegen Verstopfung.

KÜRBIS-HALBMONDE

DIE ZUTATEN
FÜR 2 PERSONEN

Crêpes:

200 g Buchweizenmehl

280–300 ml Sojamilch

1 TL Salz

2 TL Black Curry Hot Pulver

Halbmonde:

1 kleiner Hokkaido-Kürbis,
in sichelförmige Scheiben geschnitten

4 mittelgroße Zwiebeln,
in feine Ringe geschnitten

2 Knoblauchzehen,
klein gehackt

1 TL Salz

1 Messerspitze geräuchertes
Paprikapulver

Olivenöl und Sesamöl zum Braten

DIE ZUBEREITUNG
35 MINUTEN

Die Zutaten für den Teig zusammen-rühren und als Crêpes ausbacken.

Zwiebelringe in einer Pfanne in Olivenöl anbraten, bis sich Röstaromen bilden.

Die Kürbis-Halbmonde in einer weiteren Pfanne in Sesamöl kräftig anbraten, bis Röstaromen entstehen und sie stellenweise eine kross-braune Farbe bekommen. Den Knoblauch dazugeben und kurz mitbraten.

Salz und geräuchertes Paprikapulver vermischen und beim Anrichten auf den Crêpes über die Kürbis-Halbmonde streuen.

WIRSING-ROULADEN

DIE ZUBEREITUNG
70 MINUTEN

Den Tofu in drei Scheiben pro Roulade und Person schneiden. Die Artischocken in einer Küchenmaschine zu einer Crème verarbeiten.

Die Kartoffeln schälen und in hauchdünne Scheiben schneiden. Die Wirsingblätter waschen. In zwei separaten Töpfen Salzwasser kurz zum Kochen bringen. In den Topf, in dem die Wirsingblätter blanchiert werden, den Saft der Zitronen hineingeben. Sowohl die Wirsingblätter als auch die Kartoffelscheiben jeweils ca. 3 Min. in Salzwasser blanchieren. Danach den Strunk von den Wirsingblättern entfernen.

Pro Roulade jeweils ein Wirsingblatt als Unterlage nehmen und je 3 Scheiben Tofu und 3 Scheiben Kartoffeln darauflegen. Darüber die Artischockencrème geben und die grünen Pfefferkörner. Das Wirsingblatt dann so umschlagen, dass der Inhalt gut verpackt ist. Wer möchte, kann die Rouladen zusätzlich mit etwas Faden abstützen.

Die Rouladen in eine Auflaufform geben und mit aufgesetztem Deckel kurz im auf 170 Grad Umluft vorgeheizten Ofen dampfgaren. Nach 10 Min. den Deckel entfernen, etwas Olivenöl darüberträufeln und weitere 40 Min. im Ofen lassen (nach 20 Min. wenden).

DIE ZUTATEN
FÜR 4 PERSONEN

1 Wirsing

300 g gegrillte, in Knoblauch eingelegte Artischocken (aus dem griechischen oder italienischen Feinkosthandel)

3 große Kartoffeln, *festkochend*

Saft von 2 Zitronen

Grüne Pfefferkörner, *ganz*

200 g Räuchertofu

1 bis 2 EL Olivenöl

Im Winter schmeckt Wirsing besonders intensiv und gerade in dieser Jahreszeit liefert er dem Körper große Mengen Vitamin C, Provitamin A, Vitamin E, B, K und Folsäure. Er unterstützt somit unser Immunsystem wie auch die Zellbildung und schützt effektiv vor freien Radikalen. Neben dem großen Vitamingehalt liefert Wirsing auch essentielle Mineralien wie Kalzium, Kalium und Eisen und wirkt somit positiv auf den Knochenbau wie auch den Blutdruck sowie unseren Energiestoffwechsel. Wirsing enthält nur ca. 27 kcal pro 100 Gramm.

ZUCCHINI-BOOTE

3 Zucchini

100 g Dosenmais

100 g Cashewkerne

4 EL Olivenöl

2 EL Avocadoöl

Safranpulver,
nach Geschmack

1 Prise Fleur de Sel

1 Messerspitze geriebene
Zitronenschale

2 EL Sojajoghurt,
ungesüßt

1 Messerspitze Chilipulver

Semmelbrösel,
je nach Größe der Boote

1 EL Sesamöl

DIE ZUBEREITUNG
60 MINUTEN

Die Zucchini mit einem Löffel zu Booten
aushöhlen und beiseitestellen. Die
Cashewkerne mit dem Olivenöl in einer
Schüssel vermischen und gut miteinander verbinden. Alle restlichen Zutaten
außer Sesamöl und Semmelbrösel
dazugeben und gut durchrühren, bis
eine Masse entsteht. Mit einem Löffel
die Masse in die Zucchini-Boote füllen
und danach in eine Auflaufform geben.
Auf die Füllung Semmelbrösel und etwas Sesamöl verteilen. Die Auflaufform
ca. 40 Min. lang in den auf 180 Grad
vorgeheizten Ofen stellen.

Einfach herzustellendes überbackenes Gemüse, das sich durch einen Top-Nährstoffmix auszeichnet. Die Cashewkerne liefern gute Fette und die Zucchini reichlich Vitamine und Mineralien. Besonders zu nennen sind Vitamin A, E, Kalium und Kalzium. Aber auch Makronährstoffe, wie Eiweiß, Ballaststoffe und Kohlenhydrate bietet die Zucchini reichlich.

 Ich empfehle zur Polenta einen knackigen, gut sauer angemachten, gemischten Salat. Ich liebe es, wenn die Salatsauce während des Essens langsam unter die Polenta „kriecht" und Salat und Polenta dadurch eine geschmackliche Symbiose bilden. Dieses Gericht bietet eine sehr breit gefächerte, ideale Nährstoffzusammensetzung und liefert zudem viel Energie.

KARTOFFEL-
PFIFFERLINGS-POLENTA

DIE ZUBEREITUNG
80 MINUTEN

DIE ZUTATEN
FÜR 6 PERSONEN

„Die Polenta":

1 Zwiebel,
klein gewürfelt

2 Knoblauchzehen,
sehr klein gewürfelt

500 g Pfifferlinge

½ TL Meersalz

½ Bund Petersilie,
klein gehackt

500 g Kartoffeln,
geschält und im Nicer Dicer gewürfelt
oder zu kleinen Würfeln geschnitten

½ TL schwarzer Pfeffer

2 Liter Wasser

4 EL Gemüsebrühe

500 g Schnellkoch-Polenta

2 EL Kartoffelmehl

2 TL Salz

Olivenöl
zum Braten und für die Auflaufform

Herzhafte „Glasur":

4 EL Olivenöl

1 TL Himalayasalz

1 TL edelsüßer oder scharfer Paprika,
je nach Geschmack

In einer Pfanne Zwiebeln und Knoblauch in Olivenöl anbraten, die Pfifferlinge dazugeben und ebenfalls anbraten. Den Pfanneninhalt auskühlen lassen und dann mit Meersalz salzen und die Petersilie dazugeben.

In einer weiteren Pfanne die Kartoffelwürfelchen in reichlich Olivenöl goldgelb und kross anbraten. Danach zu den Pfifferlingen dazugeben und erneut gut durchmischen. Je nach Geschmack mit schwarzem Pfeffer beherzt würzen. Polenta selbst ist relativ geschmacksneutral und verträgt daher eine starke Würze. Die Pfanne beiseitestellen und durchziehen lassen.

In einem großen Topf 4 EL Gemüsebrühe in 2 Liter Wasser auflösen und aufkochen. Die Schnellkoch-Polenta und das Kartoffelmehl zunächst trocken miteinander vermischen und dann langsam in die kochende Brühe geben und währenddessen immer kräftig und gleichmäßig rühren, damit es keine Klumpen gibt. Das sollte zügig erfolgen, da die Polenta von Minute zu Minute fester wird!

2 TL Salz hinzufügen und die Polenta vorsichtig zu den Pfifferlingen geben. Sachte vermischen, damit Kartoffeln und Pfifferlinge dabei nicht ihre Form verlieren.

Eine Auflaufform mit Olivenöl einreiben und die Mischung hineingeben. Oben glatt streichen, am besten mit einem flachen Spatel. Die Mischung ist zu diesem Zeitpunkt schon recht fest, also ruhig kräftig mit dem Spatel oder der Küchenkelle in die Form drücken.

Die Zutaten für die herzhafte Glasur vermischen und mit einem Pinsel die Oberfläche des Polentakuchens in der Auflaufform bestreichen. Die Auflaufform 40 Min. lang in den auf 200 Grad Umluft vorgeheizten Backofen stellen. Danach aus dem Backofen nehmen und mindestens 15 Min. lang abkühlen lassen. Den Polentakuchen, sobald er abgekühlt ist, auf eine Glasplatte oder ein Holzbrett stürzen. Evtl. ist es nötig die Ränder mit einem Messer etwas vorzuschneiden und abzulösen.

Die fertige Polenta in dicke Scheiben schneiden und mit einem gemischten Salat anrichten.

AUBERGINEN-ERBSEN-BRUSCHETTA

DIE ZUTATEN
FÜR 4 PERSONEN

1 Aubergine

Sojamehl für eine Panade

Chiliringe

350 g frische Erbsen

2 Knoblauchzehen,
klein gehackt

4 EL Olivenöl

Saft von einer Limette

4 EL Reis Cuisine
*(pflanzlicher Sahneersatz, kann auch auf
Soja- oder Haferbasis hergestellt sein,
je nach geschmacklicher Vorliebe und
Kalorienlimit)*

1 TL Salz

1 Messerspitze Chilipulver oder
2 bis 3 Tropfen Chili-Öl
*(je nach Geschmack und persönlicher
Schärfevorliebe)*

Olivenöl zum Braten

DIE ZUBEREITUNG
30 MINUTEN

Erbsen, Knoblauch, Olivenöl, Limetten-saft, Reis Cuisine, Salz und Chilipulver oder Chiliöl in einen Mixer geben und mixen, bis sich alle Bestandteile ver-binden. Die so hergestellte Erbsenpaste beiseitestellen.

Die Aubergine in vier 1 cm dicke Schei-ben schneiden, leicht befeuchten und in Sojamehl wenden. Olivenöl in einer beschichteten Pfanne erhitzen und die Auberginenschnitzel scharf anbraten, bis sie knusprig werden.

Erbsenpaste auf den gebratenen Au-berginenscheiben drapieren und mit Chiliringen garnieren.

Frische Erbsen enthalten ca. 23 g Eiweiß pro 100 g Erbsen. Darüber hinaus liefern sie Eisen, Zink, Kalzium, Kalium, und Kupfer sowie neben den Vitaminen B1 und B2 wichtige Carotinoide als auch Vitamin C und E. Ihr hoher Ballaststoffanteil senkt zudem den Cholesterinspiegel.

Ein Berg aus Pfannkuchen. Wer liebt das nicht? Vor allem dann, wenn sie auf so leckere Art und Weise gestapelt und verbunden werden. Dieses Essen ist nicht nur ein Augenschmaus. Vor allem ist es kein süßes Pfannkuchengericht, wie man es vom Frühstück kennt, sondern ein intensives und würziges Geschmackserlebnis, das durchaus auch als vollständige Mahlzeit im Abendprogramm dienen kann, da wie in allen meinen Essen nur vollwertige und nährstoffreiche Zutaten verwendet werden. Legen Sie also die sonst verbreiteten Weißmehlpfannkuchen mit Zucker und noch mehr Zucker beiseite und gönnen Sie sich diese gesunde und vollwertige Alternative.

BUCHWEIZEN-
PFANNKUCHEN

MIT AUBERGINEN-
CRÈME

DIE ZUBEREITUNG
25 MINUTEN

DIE ZUTATEN
FÜR 3 PERSONEN

Pfannkuchen:

250 g Buchweizenmehl

400 ml Sojamilch,
ungesüßt

2 TL Salz

Schwarzer Pfeffer
nach Geschmack

1 EL Rapsöl

1 Zweig Rosmarin,
*in der Kaffeemühle
gehäckselt/gemahlen*

Bratöl,
*pro Pfannkuchen ca. ein
gehäufter TL*

Alle Zutaten in eine große Schüssel geben und gut verrühren. In einer Pfanne das Bratöl erhitzen und mit einer Schöpfkelle eine entsprechende Menge Pfannkuchenteig hineingeben und erst auf der einen, dann auf der anderen Seite ausbacken. Sobald alle Pfannkuchen gebacken sind, zu Stapeln zusammenlegen, bei denen jeweils zwischen 2 Pfannkuchen Auberginencrème verteilt wird. Nachdem alle Pfannkuchen auf diese Art und Weise verarbeitet wurden, 200 ml Sojasahne, die mit Salz und Pfeffer gewürzt wurde, über alle Stapel gießen.

DIE ZUTATEN
FÜR 3 PERSONEN

Auberginencrème:

2 ganze Auberginen,
klein gewürfelt

2 Knoblauchzehen,
klein gehackt

1 gestrichener TL Salz

2 TL Paprika,
edelsüß

1 EL Olivenöl

150 bis 250 ml Wasser,
*je nach Größe der
Auberginen*

DIE ZUBEREITUNG
30 MINUTEN

Auberginen und Knoblauch in Olivenöl andünsten. Mit Wasser ablöschen und zum Kochen bringen. Sobald es kocht, bei niedriger Hitze einreduzieren und Salz sowie Paprikapulver dazugeben. Nachdem so viel Flüssigkeit verkocht ist, dass das Ganze eine Crème ergeben kann, vom Herd nehmen und pürieren. Beiseitestellen.

Buchweizenmehl eignet sich hervorragend für Pfannkuchen oder Crêpes. Bei meinen Experimenten in der Küche bin ich auf folgende geschmackliche Sensation gestoßen, die man sich ganz besonders als Wraps schmecken lassen kann und die ich Ihnen nicht vorenthalten will: Curry korrespondiert sensationell mit dem Geschmack von Buchweizen!

HERZHAFTE BUCHWEIZENWRAPS

DIE ZUTATEN
FÜR 4 PERSONEN

Crêpes-Teig:

500 ml ungesüßte Sojamilch

200 g Buchweizenmehl

1 TL Salz

1 gehäufter TL Currymischung

½ TL frisch gemahlener weißer Pfeffer

Mayo für die Wrap-Füllung:

150 g vegane Mayonnaise

1 Messerspitze Chilipulver

1 TL Paprikapulver edelsüß

Wrap-Füllung:

100 g Babyspargel

100 g Babyfrühlingszwiebeln

100 g Salicornia

DIE ZUBEREITUNG
20 MINUTEN

Alle Zutaten für die Mayo zusammenrühren.

Salicornia, Babyspargel und Frühlingszwiebeln blanchieren und beiseitelegen.

Alle Zutaten für den Crêpes-Teig mit dem Schneebesen in einer Schüssel oder in einem Mixer gut verrühren. Aus dem Teig einzelne Crêpes ausbacken.

Crêpes auf einen Teller legen, mit der Mayo bestreichen und das Gemüse darauflegen und zu einem Wrap rollen.

Je nach Geschmack kann sowohl Menge als auch Art des Gemüses variieren.

UNTER-WEGS GIBT'S AUF DIE NUSS.....

UND WARUM WISSEN NICHT GLAUBEN HEISST, ES DIE MILCH EBEN NICHT MACHT UND: KEINE PANIK, ES IST NUR HUNGER!

EINES DER HÄUFIGSTEN ARGUMENTE, sich angeblich gar nicht gesund, vernünftig und pflanzlich ernähren zu können, ist das „Unterwegs"-Thema. Was soll man denn nur essen, wenn man sich auf Flughäfen, Bahnhöfen oder Autobahnraststätten befindet? Was isst man, wenn man im Auto sitzt und Hunger bekommt?

Kaum ein Verkaufsstand an einem Flughafen bietet vollwertige, vegetarische oder gar vegane Kost an, und ein Bahnhofskiosk wird Ihnen weder Bio-Vollkornbrötchen mit frischer Avocado noch milchfreie Schokoriegel oder ein Stück eifreien Kuchen anbieten. Und das, was es an deutschen Autobahnraststätten oder normalen Tankstellen, Bistros oder sonstigen klassisch deutschen „Futtertrögen" zu kaufen gibt, ist mit dem Begriff „Lebensmittel" nicht wirklich zutreffend beschrieben. Es ist in den meisten Fällen einfach nur widerlich.... und wenn man dieses „Zeug" mal genauer betrachtet, dann wäre es konsequenterweise, so hart es auch in Ihren frisch veganisierten Ohren klingen mag, eher mit „Sterbehilfe" zu betiteln.

Schnitzelbrötchen aus Billigstfleisch, in einer Mischung aus Flüssig-Ei, Farbstoff, Glutamat und Weißmehlbrösel gewälzt, dann in Industrieöl frittiert und in ein quasi nährstofffreies Weißmehlbrötchen geklemmt....mit einem wertlosen Blatt Salat „dekoriert" und zum Schluss noch einen ordentlichen Schlag Remoulade draufgeklatscht, die wiederum aus Flüssig-Eiern und Billigöl besteht, nebst den üblichen Unmengen von Geschmacksverstärkern und Farbstoffen? Das, Ladies and Gentlemen, ist kein Essen. Das ist eine kulinarische, nährstoffliche und gesundheitliche Katastrophe.

Als ich das letzte Mal so ein Autobahnraststättenschnitzelalibisalatundremouladebrötchen zu mir genommen habe, das war vor etwa zwölf Jahren, habe ich wenige Minuten später einen knallroten Kopf bekommen, mein Puls ging auf 110 hoch, obwohl ich nur im Auto saß....und die nächste Raststätte konnte nicht schnell genug auftauchen, um dem „Schnitzel" einen schnellen rektalen Ausgang zu verschaffen. Vermutlich war es das Glutamat oder irgendein anderer darin enthaltener Mist.

Ebenso, allerdings noch wesentlich schlimmer, erging es mir, als ich das letzte Mal in meinem Leben bei der großen Fastfood-Kette....Sie wissen schon, war. Es war vor acht oder neun Jahren. Wir waren bei der Eröffnung einer Diskothek, und danach dachten wir, wir lassen mal Fünfe grade sein und gehen zu....Sie wissen schon. Die Tüten vollgepackt mit diversen Burgern und anderen „Leckereien", stiegen wir ins Taxi. Unterwegs beschlossen wir, das Zeug keinesfalls in der Wohnung, sondern unbedingt im Treppenhaus zu essen, weil es aus den Tüten schon so penetrant nach eben

ES KANN AUS KRANKEN TIEREN NUN MAL KEIN GESUNDES FLEISCH ENTSTEHEN.

diesem gewissen....Sie wissen schon.... gerochen hat, dass wir das nicht am nächsten Morgen noch in der Bude erschnuppern wollten. Im Treppenhaus angekommen, verputzten wir den Inhalt unsere Tüten von....Sie wissen schon.... und gingen danach ins Bett. Danach hatten wir zwei ganze Tage lang Dünnpfiff, fühlten uns wie ausgekotzt und waren wirklich zu nichts zu gebrauchen. Das Problem war wohl, dass wir vorher schon seit über einem Jahr nicht mehr bei.... Sie wissen schon....gewesen waren, und deswegen unsere Körper offensichtlich vollkommen unbewaffnet gegen diesen Schrott in die Schlacht geschickt haben.

Ich war seither nie wieder bei....Sie wissen schon....und werde dort auch nie, nie, nie wieder hingehen. Und das sind ja angeblich alles Betriebe, die strengsten Kontrollen unterliegen, die sauberste Zutaten verwenden und die in keinstem Fall mit irgendwelchen Billig-Imbissbuden mit sechs Wochen altem Pommes-Fett und unsäglichen hygienischen Zuständen verglichen werden wollen oder verglichen werden dürfen. Stellen Sie sich vor, was mit Ihnen erst alles passieren kann, wenn Sie nachts an irgendeiner Imbissbude stranden, die Döner, Börek, Gyros, Pizza oder Currywurst verkauft....

Was uns in Deutschland (und in anderen Ländern ist es oft noch schlimmer) an Imbissbuden, Snackbars oder in Straßencafés angeboten wird, ist im wahrsten Sinne des Wortes vielerorts unterirdisch. Es werden beispielsweise fast überall nur Industrie-Weißmehl-Backwaren verkauft. Das ungesündeste und am wenigsten sättigende Mehl überhaupt. Weißes Weizenmehl wird im Körper so schnell zu Zucker verarbeitet, dass es Ihren Insulinspiegel in kürzester Zeit nach oben schnellen lässt, was bedeutet, dass Sie in weniger als einer Stunde schon wieder Hunger bekommen. Das ist, kurz gesagt, das Gegenteil von nahrhaft. Ein solides, nahrhaftes Vollkornsandwich sättigt Sie für mehrere Stunden, enthält wirklich wertvolle Nähr- und Ballaststoffe und schmeckt im Übrigen viel interessanter, vielfältiger und schlichtweg besser.

Sicherlich gibt es inzwischen kleine, zaghafte Versuche, urbane, trendige Schnellrestaurants aufzubauen, die sich mit Salaten, auf die Sonnenblumenkerne gestreut werden, und Suppen, in denen sich neben dem halben Liter Sahne pro Portion auch noch ein bisschen Ingwer und ein paar Korianderblätter befinden, dem wachsenden Gesundheitsbewusstsein unserer Gesellschaft annähern möchten. Meistens ist das aber ziemliche Augenwischerei, denn selbst das angeblich „gesunde", dunkle Brot ist oft eben einfach nur dunkel, aber nicht aus Vollkornmehl, sondern in Wirklichkeit aus braun eingefärbtem Weizen-Weiß-mehl. Schön ist auch immer, wenn man in eine Schnell-und Billig-Bäckerei geht und nach einem Vollkornbrot oder, total frech, nach einem Vollkornbrötchen fragt. Die Antwort ist dann meistens: „Also hier sind Körner drin und auf den Brötchen sind Kürbiskerne". Arrgh....das sehe ich auch, aber draufgeklebte Kürbiskerne machen noch kein Vollkornbrötchen, du hochqualifizierter Fachverkäufer!

Meistens beschränkt sich „gesund" aber auf „Bio" (was ja schon mal ein Anfang ist) und auf die Zugabe von Putenbruststreifen auf den Salat, anstatt die bösen Pommes neben das Zigeunerschnitzel zu legen. Putenbruststreifen? Gesund? Ein Widerspruch in sich. Mal ganz abgesehen davon, dass es aus meiner bescheidenen Sicht und der vieler ernährungswissenschaftlicher Koryphäen überhaupt kein wirklich für den Menschen gesundes Fleisch gibt, sondern maximal schädliches und weniger schädliches....Es kann aus kranken Tieren nun mal kein gesundes Fleisch entstehen. Und so, wie Puten gezüchtet und gehalten werden, sind sie in leider 95 % aller Fälle krank. Sie sind vollkommen überzüchtet, sie wiegen das Dreifache einer ehemals wilden Pute, wodurch ihre Beine überlastet sind und sich furchtbare und schmerzhafte Fehlstellungen ergeben. Dazu kommt, dass die Tiere auf engstem Raum gehalten werden (pro qm sind drei Hähne oder bis zu fünf Hennen „erlaubt"), was sie per se zu mentalen Krüppeln werden lässt. Und um zu verhindern, dass sie sich gegenseitig verletzen, werden ihnen die Schnäbel auf radikale Art gekürzt, was wiederum dauernde Entzündungen und chronische, lebenslange Schmerzen verursacht. Um die Schmerzen kümmern sich die Zuchtbetriebe natürlich nicht, aber um die erhöhte Mortalitätsrate durch die Entzündungen einzudämmen, werden in der Putenzucht, ebenso wie in der gesamten restlichen Geflügelzucht, große Mengen an Antibiotika eingesetzt. Und was dabei herauskommt, ist ein stark mit Medikamenten, Hormonen und Rest-Keimen belastetes Fleisch. Dieses Fleisch wird gerne als besonders gesund, weil fett- und damit cholesterinarm, propagiert. Das Gegenteil ist der Fall. Geflügel ist auf gut Deutsch das Letzte, was Sie sich auf einem Salat antun sollten. Außer, Sie haben eine bakterielle Entzündung, eine Erkältung oder Ähnliches. Die im Putenfleisch enthaltenen Antibiotika bringen Sie sicher ruckzuck wieder auf den Damm....!

Normalerweise gibt es aber sowieso ziemlich überall nur Fleisch, Wurst, Käse oder Fisch. Das ohnehin schon deutlich übermächtige Fleisch-Fisch-Wurst-Angebot ist in den letzten zehn Jahren zu einem vollkommen unkontrollierten Overkill-Angebot mutiert. War früher mal an irgendeiner Ecke ein Bratwurststand oder alle paar hundert Meter ein Metzger oder Bäcker, so entwickeln sich unsere Innenstädte seit geraumer Zeit zu regelrechten Fressmeilen.

Zucker in unfassbaren Mengen, in jeder nur erdenklichen Form, sei es als Bonbon, als Schokoriegel getarnt, als zentimeterdicker Zuckerguss auf Gebäck (als ob nicht schon genug davon Zucker drin wäre), Eis in 48 Sorten, keine einzige Sorte ohne Milch, Sahne oder Zucker. Würste, in die Käse eingespritzt wird, der den tierischen Fettanteil von ursprünglich 40–70 % auf locker 80 % steigert. Riesenpizzas, in deren dicken, wulstigen Rand noch Käse reingerollt wird, damit der Rand „nicht so trocken ist". Wenn man ohnehin einen eher labilen, etwas undisziplinierten Ess-Charakter hat und sich diesem Angebot verwehren will, muss man sich quasi eine Art mentale Machete erschaffen, die es einem ermöglicht, sich den Weg ohne Blessuren durch diesen Fress-Dschungel frei zu hacken. Wir, und vor allem unsere Kinder, wer-

Draufgeklebte Kürbiskerne machen noch kein Vollkorn-brötchen!

den ohne jegliche Kontrolle Angeboten von wirklich vollkommen ungesunden bis schädlichen, sogenannten Lebensmitteln ausgesetzt, und es ist wahrlich kein Wunder, dass es immer mehr fehlernährte, kranke oder unter starken, multiplen Allergien leidende Kinder gibt.

Ich denke, Sie kennen das alles zur Genüge, die Ausnahmen sind ja extrem selten.

Es ist also selbst in den Großstädten (noch) nicht ganz einfach, sich mobil rein pflanzlich zu ernähren, wenn man unterwegs ist. Auf dem Land ist es momentan noch so gut wie unmöglich. In ländlichen Gebieten in Bayern oder Schleswig-Holstein haben mich Leute schon angeschaut wie ein Auto ohne Licht, wenn ich irgendwie auch nur das Wort Vegetarier oder Veganer in den Mund genommen habe. Einer meiner besten Freunde, ein total sympathischer Ur-Bayer, ernährt sich auch seit vier Jahren fleischfrei.... und seine gesamte Verwandtschaft wartet, glaube ich, darauf, dass er demnächst elendiglich an einer Mangelernährung zugrunde geht.....„joh wos, und an Schweinsbrodn isst donn aauch keinen mehr....und kaane Leberknöderln....ja bist jetzt wohnsinnig gworn....des konn ja nicht gsund sein...."

Ja, wenn man wirklich „on the road" ist, gerät das pflanzliche Essen manchmal tatsächlich zu einer echten Aufgabe.

Bevor ich Ihnen jetzt die vielfältigen und einfachen möglichen Lösungen für dieses Problem aufzeige, müssen wir.... irgendwie....erst ein paar grundsätzliche Dinge klären.

Fangen wir beim Schwierigsten an. Beim dem großen, großen Unterschied zwischen Verzicht und Vermeidung.

Wenn Sie sich vegan ernähren wollen, dann verzichten Sie keinesfalls auf diese oder jene Ernährungs-„Freuden", wie es landläufig angenommen wird. Sie vermeiden lediglich tierische Nahrungsmittel. Und ja, natürlich gehört in dieser Fleisch-Welt dazu eine gewisse Disziplin....oder für den Anfang zumindest ein Plan. Aber schon die schiere Angst vor dem Verzicht auf die geliebten Bratwürstchen, die Salami-Stulle, den obligatorischen Käse-Schinken-Toast, das Steak, das Fischbrötchen....ist für viele Leute so groß, dass sie sich bei der bloßen Vorstellung vor lauter mentalen, vorauseilenden „Entzugserscheinungen" in körperlichen Schmerzen zu winden scheinen....und das meist verbunden mit einer Mischung aus gespielter Abwehr-Resignation („....ich könnte niemals auf Fleisch verzichten....") und spontaner, pseudo-demokratischer Aggression („....ich lasse mir doch nicht vorschreiben, was ich esse....").

Wenn es dann aber noch weiter geht, und man redet vom Weglassen jeglicher Tier-basierter Nahrung, also auch von Eiern und Milchprodukten, wird aus dem leisen Winseln ums leckere Fleisch ein lautstarker Leidens-Chor aus purer Askese-Angst, der Stilblüten treibt, wie sie absurder nicht sein könnten. Ich könnte in einer recht unterhaltsamen Liste diese vielen, stereotypen Aussagen erwähnen, hier und jetzt belasse ich es bei der meistgenannten und offensichtlich beliebtesten Formulierung: „Was, Milchprodukte und Eier auch nicht mehr? Dann kann man ja gar nichts mehr essen!" Hmmm....is klar.

Wie gesagt, der Unterschied ist der zwischen „Verzichten" und „Vermeiden". Und das ist in der Tat ein himmelweiter Unterschied. Warum? Die Antwort ist bezeichnend einfach. Zum Verzicht wird man meistens gezwungen, wohingegen man etwas vollkommen freiwillig vermeidet. In dem Moment, in dem Sie sich zu einer pflanzlichen Ernährung entschlossen haben, verzichten Sie nicht auf Fleisch, Milch oder Eier. Sie vermeiden sie. Weil Sie es wollen. Niemand hat Sie dazu gezwungen, niemand befiehlt es Ihnen. Niemand. Die meisten Leute lassen sich ja nicht einmal von ihrem Arzt etwas verbieten. Also....Sie tun es aus freien Stücken. Und das ist auch der einzig gangbare Weg hin zu der besten und gesündesten Ernährung, die es gibt. Und diese Ernährung ist nicht nur für Sie, sondern für uns alle, unseren Planeten und die Tiere das Beste. Wenn das keine Motivation ist ;-)....

Und auch, wenn sich das „Müssen" oder „Wollen" für den Einsteiger in diese Art der Ernährung zunächst recht ähnlich anfühlen mag, so ist und bleibt es eine vollkommen andere Empfindung, etwas zu müssen oder etwas zu wollen. Ich denke, das kennt jeder von uns nur zu gut, aus welchen Bereichen auch immer. Schließlich leben wir alle innerhalb einer Solidargemeinschaft, in der wir nicht immer nur dürfen, sondern auch manchmal müssen. Glauben Sie mir, vegane Ernährung ist zu 100% auf der „Dürfen"-Seite zuhause und hat mit „Müssen" nichts zu tun. Es ist ja auch ein immer gern benutzter Satz von Freunden und Bekannten, bei denen man auf Parties oder zum Essen eingeladen ist, und die sich wirklich alle Mühe geben, wenigstens irgendetwas Veganes aufs Buffet zu zaubern.... „Aber Nudeln „darfst" du essen?" Ich sage dann immer....dass ich alles essen darf, da ich keinen Eid geschworen habe und nur einer ganz einfachen, mir selbst auferlegten Regel folge, und die bedeutet einfach nur, dass ich keine tierischen Produkte esse. Das hat mit „nicht dürfen" exakt nichts zu tun. Aber süß finde ich diese vollkommen verunsicherten Fragen immer noch. Sie geben sich wirklich oft herzallerliebst viel Mühe, und dafür möchte ich mich an diese Stelle mal von ganzem Herzen bedanken.

Ich will Ihnen damit aber nicht sagen, dass es anfangs immer total einfach ist, das war es bei mir auch nicht. Auch ich habe sicherlich gestöhnt und lamentiert, mich hier und da beschwert und die Hürden beklagt, die es nun mal gibt, denn über 90 % der Menschen um uns herum ernähren sich eben anders. Und deswegen sind weit über 90 % des Angebots auf diese Menschen abgestimmt.... und natürlich auf den Profit derer, die das Angebot machen.

Und es wird auch bei Ihnen oder Ihren Familien, Freunden oder Bekannten nicht immer einfach sein. Aber es wird Ihnen mit jedem Tag leichter und leichter fallen, versprochen! Aus verschiedenen Gründen. Einer der Gründe ist die Wahrnehmung, die sich bezüglich Ihrer neuen Ernährungsparameter verändert. Haben Sie sich vorher von dem ernährt, was Ihnen je nach Angebot oder Appetit irgendwie untergekommen ist, sind Sie jetzt tatsächlich bewusst und sehr gezielt auf der Suche nach etwas, das in Ihren

Plan passt. Das schärft die Sinne ungemein, außerdem das sich entwickelnde Ernährungsbewusstsein und das gesamte Umgehen mit Nahrung ungemein.

Jeden Tag entdecken Sie eine andere Ecke im Supermarkt oder sonst wo, die in Ihren neuen Plan passt. Sie kennen das vielleicht, Sie fahren jahrelang einen.... sagen wir mal....VW Käfer. Irgendwann beschließen Sie, auf einen Mercedes Kombi umzusteigen. Kaum fahren Sie dieses Auto, bemerken Sie, wie viele Mercedes Kombis „plötzlich" auf den Straßen herumfahren. Ihr Unterbewusstsein programmiert sich sofort durch die selbstgestellten Aufgaben und Pläne um und lässt Sie das automatisch so wahrnehmen.

Dazu kommt, dass Sie Ihre körperlichen Veränderungen sehr schnell bemerken werden. Wenige Tage oder Wochen ohne tierische Produkte machen Sie klarer, fitter, ausgeglichener, Sie schlafen besser, Ihre Verdauung wird besser und, sagen wir mal, etwas „lockerer". Ich kenne niemanden, der das

LATTE MACCHIATO, FÜR MICH INZWISCHEN DIE URSUPPE DER VOLKSKRANKHEITEN.

nach einer Umstellung auf pflanzliche Ernährung nicht zu berichten weiß. Die Rolle des Darms im Bezug aufs Wohlbefinden wird Ihnen vermutlich das erste Mal nicht nur dadurch bewusst, dass er „nicht wehtut", das Zwicken aufhört und die Verstopfung oder der Durchfall aufhören, sondern dass er, ohne Sie zu „belästigen", sein tagtägliches Wunderwerk verrichtet. Und da Sie Ihrem Darm jetzt endlich die richtigen Werkzeuge an die Hand gegeben haben, kann er seinen Job noch besser machen als jemals zuvor. Allein schon die bei veganer Ernährung normalerweise fast automatisch erfolgende, ausreichende Zufuhr von Ballaststoffen wirkt sich sofort extrem positiv aus. Achten Sie immer auf Ihren Darm, er ist das Organ, das ganz entscheidend für die Art und Länge Ihres Lebens verantwortlich ist.

Ihr Körper dankt es Ihnen mit einem fast sofort zu verzeichnenden Energieschub. Und natürlich ist das genau die Energie, die Sie jetzt ganz gut in die Disziplin investieren können, um nicht an jeder Ecke der Stadt der Versuchung zu erliegen, irgendeinen Bullshit in sich reinzustopfen. Somit macht also Ihr Bewusstsein einen ganz schön ausgefuchsten und wirklich saucoolen Deal mit Ihrem Körper. Für mich war das übrigens der sofortige und entscheidende Beweis dafür, dass ich auf dem richtigen Weg bin. Wenn es mir sofort besser geht als vorher, kann es wohl kaum schlecht für mich sein, was ich tue. Und kurze Zeit später werden Sie die Neu- bzw. Wiedereröffnung Ihrer eigenen Geschmackswelt feiern können, denn die Vielfalt veganer Ernährung ist ja nicht nur beim Einkaufen oder beim Suchen zu entdecken, sondern in erster Linie beim Er-Schmecken.

Den Anfang macht bei den mit Abstand meisten Leuten die Milch, denn wir leben ja förmlich in einem Milch-Ozean. Uns wird seit Jahrzehnten suggeriert, Milch sei quasi der obergesunde Drink und die Quelle allen Lebens überhaupt. Der Inflationsindex hängt sich ja immer noch gerne am Liter Milch oder dem Pfund Butter auf, als ob wir uns immer noch auf dem Flüchtlingstreck aus der Kriegsgefangenschaft im tiefsten Sibirien befinden würden oder als ob alle Felder in Deutschland aus Versehen mit Agent Orange entlaubt wurden. Eigentlich vollkommen absurd, aber eben über Jahrzehnte gelernt.

Milch ist aber weder gesund noch notwendig für unsere Ernährung. Und auch die Kalzium-Lüge ist eben eine Lüge. Wir brauchen keine Milch, um unsere Knochen zu stärken. Es ist leider sogar so, dass der regelmäßige bis übermäßige Konsum von Milch im Erwachsenenalter zu einem dauer-sauren Milieu im Körper führt, den der Körper durch Herauslösen von Kalziumdepots aus den Knochen ausgleicht. Damit schaden wir unseren Knochen also langfristig sogar. Es gibt Studien, die besagen, dass Osteoporose (Knochenschwund) in den Ländern mit erhöhtem Milchverbrauch extrem häufig und intensiv auftritt. Apropos erhöhter Milchverbrauch....da fällt mir ein....ich kenne Leute, die mich schon 20 oder mehr Jahre als Freunde oder entfernte Bekannte durchs Leben begleiten....und die, im Gegensatz zu mir, mit schöner Regelmäßigkeit immer dicker und dicker werden. Meistens sind das dieselben Leute, die mir immer sagen.... „Ich weiß auch nicht, ich esse gar nicht so viel, ich hab heute außer ein paar Latte Macchiatos und einem Salat noch nichts zu mir genommen."

Tja....Latte Macchiato. Für mich ist dieses beliebte Heißgetränk inzwischen die Ursuppe der Volkskrankheiten. Nichts gegen Kaffee, wer Koffein verträgt, soll seinen Kaffee trinken, ist ja auch was Leckeres. Aber ein Viertelliter Milch mit einem Espresso drin hat mit Kaffee ja nur noch rudimentär zu tun. Fakt ist aber, dass in den Cafés dieser Welt meistens Milch mit 3,5–3,8 % Fett verwendet wird, weil die ja so einen supertollen Milchschaum macht. Jetzt rechnen wir mal ein bisschen: Sechs Latte Macchiato am Tag sind mindestens 1,5 Liter Milch. Bei 3,5 % Fettanteil sind das deutlich über 50 ml Fett. Wenn man jetzt davon ausgeht, dass die Standard-Ernährungs-Empfehlung gebietet, nicht mehr als 80 Gramm Fett am Tag zu sich zu nehmen, dann ist schon mehr als die Hälfte durch die leckeren Latte Macchiatos abgedeckt. Dann hat man aber noch kein Schnitzel, kein Wurstbrot und keine Currywurst gegessen. Langsames, aber stetiges Zunehmen ist also eine logische Konsequenz aus dieser Ernährungsweise, liebe Latte-Macchiato-Fans. Dann noch in jedes Glas ordentlich Zucker reingerührt, und aus jedem Latte wird ein Kalorien-Cocktail, der sich gewaschen hat. Und wir sprechen jetzt mal

noch nicht vom Cholesterin und anderen Nettigkeiten, die mit dieser Menge Milch daherkommen.

Es wird immer alles von der Muttermilch abgeleitet, und....ja, natürlich ist die Muttermilch für uns Menschen und alle anderen Säugetiere absolut essentiell und das Wertvollste, was es in unser aller ersten Lebensmonaten gibt. Aber wenn wir von der Muttermilch entwöhnt sind, gibt es keinen Grund mehr, weiterhin Milch zu trinken, schon gar nicht die Muttermilch einer anderen Spezies. Übrigens gibt es kein einziges Säugetier auf dem Planeten Erde (ich weiß zumindest von keinem), das nach dem „Abstillen" weiterhin Milch trinkt.

Schließlich entwickelt sich der Verdauungstrakt ja sukzessive weiter während des Wachstums, und die Spezies-typische Ernährung beginnt, mit all ihren Enzymen, Hormonen und körpereigenen Bakterien. Die berühmte „Laktoseintoleranz" beginnt sich im Grunde bei jedem Menschen nach dem Entwöhnen von der Mutterbrust zu entwickeln, weil wir nicht dafür geschaffen sind, unser Leben lang Muttermilch zu uns zu nehmen. Und jede Milch ist nun mal eine Art Muttermilch und hat im Grunde nur den einen Zweck: ein neugeborenes Kind, sei es nun ein Menschenkind, ein Kalb, ein Zicklein oder ein Lämmchen, so schnell wie möglich gesund und stark zu machen, um in Rekordgeschwindigkeit „über den Berg" zu sein, und um sich dann normal ernähren zu können, sei es durch Grasen, Jagen oder Sammeln. Der Mensch zwingt sich als einziges Lebewesen förmlich dazu, weiterhin Milch zu trinken. Vollkommener Unsinn. Klingt für mich ein bisschen wie bergauf bremsen.

Manche Menschen bemerken ihre Laktoseintoleranz nicht, bei manchen

Leuten ist sie so ausgeprägt, dass sie ganz aufhören müssen, Milchprodukte zu sich zu nehmen. Sozusagen Zwangs-Veganer....oooohhhh....gut, ich hebe mir mein Mitleid lieber für eine andere Gruppe von Leuten auf, es gibt nämlich tatsächlich Menschen, die Medikamente nehmen, um ihre Laktoseintoleranz zu bekämpfen bzw. die Symptome auszubremsen. Also....das sind für mich schon die bemitleidenswerteren Zeitgenossen, die vor jedem Latte Macchiato erst mal 'ne Tablette nehmen, weil sie keine Milch vertragen. Klingt für mich eher nach einem marodierenden Logik-Zentrum als nach einer Unverträglichkeit. Na ja.... vielleicht gibt es ja auch Logik-Unverträglichkeit? Ich finde das schon mehr als bemerkenswert, wenn man eine so offensichtliche Nahrungsmittelunverträglichkeit mit einem Medikament bekämpft, ohne einmal auch nur auf die Idee zu kommen, einfach das Nahrungsmittel wegzulassen. Ich meine.... wenn ich eine bitterböse Tierhaar-Allergie habe, dann kann ich eben nicht im Tierheim arbeiten. Na ja, die Pille gegen Sturheit und Ignoranz ist leider immer noch nicht erfunden....oder zumindest ist sie noch nicht legal.

Und wenn wir gerade schon dabei sind, eine auch fast schon anekdotenartige Geschichte, die sich bei näherem Betrachten vermutlich täglich millionenfach so abspielt: Ich war mit einer befreundeten Familie mit zwei Töchtern (eine zwei, eine fünf Jahre alt) im Urlaub. Die Kinder durften jeden Nachmittag ihren geregelten Mittagsschlaf abhalten (was habe ich das früher gehasst), und damit sie auch schön schläfrig werden, bekommen sie natürlich immer ihren leckeren, lauwarmen Milchschoppen mit oder ohne Kakao. Aber irgendwie haben

die Kinder beide immer nach dem Mittagsschlaf ganz dolles Magengrimmen, Darmzwicken und sind dementsprechend nicht ansatzweise entspannt und ausgeschlafen, sondern nölig und ziemlich mies drauf. Und dann brauchen sie, wie Millionen von anderen Kindern auch, erst mal 'ne Pulle Fencheltee, um den nervösen und gereizten Magen und Darm wieder zu beruhigen.

Und hier kommt jetzt der ultimative Tipp an alle Eltern: Wenn Sie Ihren Sprössling schon zu einem Mittagsschlaf zwingen, was Sie ja, wenn Sie ehrlich sind, nicht nur zum Wohle Ihres Kindes tun, sondern um mal zwei Stunden Ihre Ruhe zu haben (es sei Ihnen gegönnt), dann nehmen Sie doch auch hier die einfachste Geometrie zu Hilfe, nämlich den Satz, der besagt, dass die kürzeste Verbindung zwischen zwei Punkten eine Gerade ist. Anstatt den Kurzen 'ne Pulle Milch zu geben und die dadurch auftretenden Magenschmerzen oder sonstige Beschwerden im Nachhinein mit Fencheltee wieder zu „reparieren"....geben Sie ihnen doch gleich Fencheltee. Den kann man genauso genüsslich in sich reinnuckeln, wie 'ne Pulle Milch und dann wegdösen. Nur ohne Kollateralschäden im gesamten Verdauungs- und

Immunsystem. Und ohne die Chance die Entwicklung multipler Allergien unsinnigerweise noch weiter zu erhöhen.

Denn ein Immunsystem, das permanent etwas abwehren muss, was gar nicht vorgesehen ist, immer wieder im Ernährungsplan aufzutauchen, ist logischerweise irgendwann hypersensibel und schießt im Wahn auf alles – und zwar ziemlich ungenau aus der Hüfte – was sich bewegt. Das nennt man dann Allergie. Also, ich habe alle meine Allergien, bis auf eine minimale gegen Katzenhaare, besiegt, seit ich keine Milch mehr trinke und keine Milchprodukte mehr zu mir nehme.

Der Mutter der beiden Zwangsmittagsschlaf-Milchpullen-Töchter habe ich das mit dem Fencheltee auch gesagt....da kam dann der Einwand, dass die Kleinen doch aber ihre Milch so lieben und sie keinesfalls gegen Fencheltee eintauschen würden. Ich sagte, das würden sie nach ein paar Tagen schon....aber egal, sie solle es doch wenigstens mal mit Sojamilch probieren. Hat sie dann gemacht....und am nächsten Tag war der Spuk vorbei. Kein Magendrücken, keine Schmerzen.... ausgeschlafene, lachende, glückliche Töchter am Strand. Alles gut. Das Leben kann doch so einfach sein.

Glauben Sie mir, wenn Sie ein paar Wochen keine Kuhmilch mehr in Ihren Kaffee gekippt haben, sondern ihn entweder schwarz oder mit einer Pflanzenmilch Ihrer Wahl genossen haben, wird Ihnen der Kaffee mit Kuhmilch nicht mehr schmecken. Also....als ich das letzte Mal mehr oder weniger gedankenlos einen „normalen" Cappuccino bestellt habe, habe ich den Geschmack und den Geruch als so extrem empfunden, dass ich dieses Heißgetränk nach einem Schluck in den Grünstreifen neben dem

Autobahnrastplatz entsorgt habe. Ich finde, Kühe sind wundervolle, sanftmütige und hübsche Tiere, die einen tollen Charakter und ein sehr schön anzusehendes soziales Gefüge haben, wenn man sie denn lässt. Aber der Geruch und damit automatisch der Geschmack von Kühen ist jetzt nicht das, was ich unbedingt in einem Kaffee erleben möchte. Und jetzt mal ganz ehrlich, nicht ohne einen bösen Sidekick an die unbelehrbare Latte-Macchiato-Fraktion: Wem Kaffee ohne Milch tatsächlich partout überhaupt gar nicht schmeckt, der sollte sich meiner Meinung nach eher mal ernsthaft hinterfragen, ob er Kaffee überhaupt mag. Es ist am Ende eben alles eine Frage der Gewohnheit, und über die gibt es ja in diesem Buch an anderer Stelle auch ein paar Sätzchen zu lesen.

Und ja….es ist natürlich so, dass es kaum jemanden in unserem Dunstkreis gibt, der noch nie Fleisch gegessen, keine Eierspeisen zubereitet oder keine Milchprodukte verzehrt hat. Und es ist eine ebenso unbestrittene Tatsache, dass die Mehrheit sich von einer Menge tierischer Produkte ernährt, einfach schon deswegen, weil es „normal" ist. Und weil es gelernt ist. Über Jahrzehnte. Und natürlich….Achtung-Achtung…. jetzt kommt das ultimative, alles wegbügelnde, megaklare und wirklich an Logik, Unumstößlichkeit und Zeitgeist nicht zu überbietende Monster-Endgegner-Totschlagargument: WEIL'S SCHMECKT!!!! (Gähn….).

Aber schmecken tun auch Tausende und Abertausende von anderen Lebensmitteln, die nicht aus Fleisch, Fisch, Milch oder Eiern bestehen. Man muss diese Lebensmittel nur an sich heranlassen wollen und sie gezielt suchen und entdecken. Aber als einziges, pseudo-va-

lides Argument für eine Ernährung mit tierischen Produkten den Geschmack anzuführen, ist aus meiner Sicht eine Mischung aus Zynismus, Ignoranz, unfassbarer Arroganz und einer stark reaktionären, unbelehrbaren Haltung.

Denn es wird unfassbares Leid auf dieser Erde durch dieses lächerliche Argument verursacht. Milliarden von Tieren werden unter unsäglichen Bedingungen gehalten und getötet, dazu kommt eine Ressourcenverschwendung, die kaum noch zu beschreiben ist. Von der Klimazerstörung durch die Rinderhaltung und der rasend schnellen Entwicklung von multiresistenten Keimen durch den unkontrollierten Einsatz von Antibiotika in der Tierzucht ganz zu schweigen. Und das alles, weil's schmeckt? Wow. Da könnte man genauso gut sagen, dass es in Ordnung geht, jeden Tag jemanden halbtot zu schlagen, weil's Spaß macht. Das wäre ein ebenso hanebüchenes, nicht zu tolerierendes Statement. Aber die Nachfrage nach Fleisch sinkt nur in einem kleinen Teil der Welt, in China zum Beispiel ist die Nachfrage auf dem Vormarsch, merkwürdigerweise ernährt sich jede Gesellschaft ab einer gewissen Schwellenüberschreitung in Richtung Wohlstand erstmal so ungesund wie nie zuvor, und biegt erst kurz vor dem

Kollaps des eigenen Gesundheitssystems wieder teilweise in die richtige Richtung ab. Zum Glück gibt es bei der Ernährung selten einen „Point Of No Return", viele aus der Ernährung ableitbaren Krankheiten sind stark reversibel, es ist ohnehin unglaublich, was wir unseren Körpern antun können, um dann doch wieder gesund zu werden.

Entsprechend an die Nachfrage angepasst ist logischerweise das Nahrungsangebot an den oben erwähnten öffentlichen Plätzen. Das gerät dann größtenteils wirklich zu einer Art Slalom- oder Hindernislauf durch Berge von Bratwürsten, Hamburgern, Schnitzelsandwiches, Milchshakes, Eierspeisen und Fischbrötchen, die uns in einer bis zur Perversion übersteigerten Fülle buchstäblich an jeder Ecke aufgedrängt werden. Fast hat man das Gefühl, eine Art aktiven Gastronomie-Boykott auszuführen, weil man all das, was überall angeboten wird, eben nicht essen will. In meinen ersten vegetarischen und veganen Monaten war es oft so, dass ich hungrig und unter irgendwelchem geschäftlichem Zeitdruck aus dem Haus gegangen bin, um etwas zu erledigen. Ich ging aus alter Gewohnheit davon aus, dass ich ja unterwegs dann irgendwas essen könne. Meistens kam ich noch wesentlich hungriger (aber auch irgendwie ein bisschen stolz) wieder nach Hause.

Wenn man zusätzlich zum Vermeiden von Fleisch und Fisch auch noch keine Lust auf Milchprodukte, Eier, Weißmehl und sinnloses Zuckerzeug hat, ist man unterwegs erstmal vermeintlich aufgeschmissen. Das ist so und daraus kann man auch keinen Hehl machen. Natürlich wird man in der eigenen Stadt mit der Zeit seine Ecken finden, in denen man einen passenden Snack bekommt, und auch unterwegs in anderen, eher fremden Städten findet man schon – mit zunehmender Erfahrung und geschärften veganen Sinnen – seine Refugien. Ich ertappe mich auch immer mehr dabei, unterwegs auch mal eine Schale Oliven zu kaufen, ein paar getrocknete Tomaten auf ein Vollkornbrötchen zu legen oder eben doch eine Tüte Studentenfutter in meine Tasche zu packen. Und man lernt, seine eigene Kompromissfähigkeit auszuloten.

Es gibt ja mehrere Möglichkeiten eines Kompromisses. Der Simpelste ist, anstatt „irgendetwas" lieber gar nichts zu essen. Dieser Weg impliziert übrigens unter Umständen auch das Akzeptieren eines Hungergefühls....aber dazu gleich an anderer Stelle mehr.

Bei dem Überangebot und der permanenten Reizüberflutung durch Gerüche, optische Angebote und natürlich die omnipräsente Werbung ist es sicherlich nicht immer der Weg, den man einschlagen will, das ist menschlich und, zumindest am Anfang, auch besser. Denn wenn ich Ihnen eines nicht „aufdrängen" will, dann ist es Askese. Das Vermeiden von ganz vielen Dingen wird Ihnen zwar über Monate und Jahre immer mehr Freude bereiten (ja....im Ernst!)....aber für den Anfang wäre das sicherlich mental überfordernd und definitiv zu viel verlangt. Sie dürfen und müssen sich anfangs erst mal schön locker machen und sich keinesfalls in „Stress" versetzen. Wir wollen uns gesund ernähren, und nicht noch mehr sogenannten Stress erzeugen, von dem haben die meisten von uns schon genug. Oder sie glauben es zumindest.

Und damit kommen wir auch schon zum zweiten, aus meiner Sicht zwar deutlich kleineren Problem, das Ihnen aber spätestens ebenfalls dann, wenn Sie anfangen, Ihre neue Ernährungsweise öffentlich zu machen, immer wieder begegnen wird. Der ewige Irrglaube, vegane Ernährung habe etwas mit einer Art Religion zu tun, Veganer seien eine Sekte und jeder, der sich vegan ernähre müsse einer Art Bibel, Gesetzbuch oder einem hochoffiziellen Eid folgen, was seine Ernährung angeht.

Das ist schlicht und einfach völliger Quatsch.

Es gibt sicherlich viele, auf der Hand liegende Gründe dafür, warum sich viele Veganer in einer Art „Wir-Gefühl" zusammenschließen wollen, ja, sogar plötzlich für die pflanzliche Ernährungsidee kämpfen wollen. Das ist normal, der Mensch neigt dazu, Gruppen oder Vereine zu bilden, und wenn man sich einer Übermacht von über 90 % Allessessern gegenübersieht, ist das umso verständlicher. Ich könnte weitere zwei Bücher nur alleine darüber schreiben, warum sich Menschen anfeinden, sich zusammen-

ICH BIN ZWAR EIN ÜBERZEUGTER PFLANZENESSER. ICH BIN ABER KEIN ERNÄHRUNGSTALIBAN.

rotten, mobben, sogar gewaltbereit werden oder auch um Toleranz betteln, als ob es um ihr Leben ginge....und das alles wegen der Ernährung, als sei sie eine Art Glaubenskrieg. Es gibt inzwischen sogar „Anti-Vegan-Foren" oder Gruppierungen, wie absurd. Und es wäre noch ein weiteres Buch wert, die Hintergründe für die selbsternannte „Veganerpolizei" zu erklären, zu verspotten oder wenigstens zu relativieren. Denn natürlich scanne ich eine Wiese, durch die ich laufen möchte, nicht vorher millimetergenau auf eventuell vorhandene Krabbeltierchen, die ich bei meinem – aus Sicht dieser Krabbelinsekten eher maximalinvasiven Trampelangriff auf ihr Territorium – lässigen Spaziergang durch ihre Wiese eventuell stören oder sogar ins Jenseits befördern könnte. Und selbstverständlich fange ich mit einer Stechmücke, die gerade versucht, mit ihrem Rüssel durch meine Haut zu bohren, keine Grundsatzdiskussion darüber an, ob sie es nicht mal mit Tomatensaft probieren will....sondern ich klatsche sie instinktiv weg wie jeder andere das auch tun würde. Und natürlich werden auch beim Anbauen von Gemüse und Getreide auf die eine oder anderer Art und Weise Tierchen, die normalerweise 8-14 Tage lang leben, durch die Ernte oder ähnliche Grausamkeiten frühzeitig ins Jenseits befördert.

Was will ich Ihnen damit sagen? Ich will damit sagen, dass niemand von heute auf morgen zu 100 % Veganer wird. Und dass meiner Meinung nach sogar weniger als 1 % jemals zu 100 % Veganern werden können. Es kann sogar sein, dass es 100 %ige Veganer überhaupt nicht gibt oder geben kann. Und es ist auch nicht notwendig, fortan wie besessen das (Tier-)Haar in der (Gemüse-)Suppe zu suchen. Wenn man es ganz genau nimmt, ist der Begriff „vegan" ja ohnehin nur eine künstliche Abgrenzung zum Vegetarier, die es gar nicht geben müsste. Ein Vegetarier, der aber Eier und Milchprodukte konsumiert, müsste sich korrekterweise als „Ovo-Lakto-Vegetarier" bezeichnen, was aber keiner macht. Gut, ist auch egal....der Begriff des Veganismus ist erklärt und etabliert....isso. Gibt Schlimmeres.

Wenn ich gefragt werde, wie ich mich ernähre, sage ich meistens: „quasi vegan"....oder „zu 98 % pflanzlich".

Warum sage ich das? Ich habe diese Ernährungsweise aus Respekt vor meiner Gesundheit begonnen. Und aus Respekt vor den Tieren. Ich bin aber keiner Sekte beigetreten, und ich möchte auch keinesfalls, dass Sie einer solchen beitreten. Ich habe über die Monate und Jahre gelernt, was ich essen will, welche Vielfalt die pflanzliche Küche bietet und was ich wo vermeiden kann und will. Aber das war ein Prozess. Und ich bin durchaus diszipliniert, was das angeht. Aber ich befolge keinerlei Sekten-Regeln, pseudoreligiöse Vorschriften oder unterjoche mich hysterischen Dogmen.

Kurz gesagt, ich vermeide das, was ich vermeiden kann. Aber ich hinterfrage nicht ultrapenibelst jedes Lebensmittel, als ob es komplett vergiftet wäre. Wenn ich einmal im Monat Lust auf ein Stück Kuchen habe, dann fahre ich nicht jedes Mal von Pontius zu Pilatus, um einen vegan zubereiteten Kuchen zu finden. Ich kaufe zwar keine Milch und verwende auch keine, lasse mir aber auch nicht sofort in einem Anflug von religiöser Hysterie den Magen auspumpen, wenn sich ein Stück „normaler" Milchschokolade in meinen Mund verirrt hat.

Ich bin zwar ein überzeugter Pflanzenesser. Ich bin aber kein Ernährungs-

Taliban. Es gibt viele Veganer, die sich in hyperextremen Details verlieren, die ich theoretisch nachvollziehen kann, aber nicht im täglichen Leben. Zum Beispiel gibt es veganen und nicht veganen Rotwein. Ich erspare Ihnen jetzt die Definition dessen und gehe davon aus, dass Sie mich verstanden haben. Vermutlich werde ich für diese Aussage von der Veganerpolizei verhaftet und für mehrere Tage zum Trinken von veganem Schnaps gezwungen. Ich werde dann in meinem nächsten Buch über diese Erfahrung berichten.

Ich will Ihnen aber natürlich auf der anderen Seite auch keine Absolution für das Anhäufen von Ausnahmen von gesunder, pflanzlicher Ernährung geben. Aber nicht, weil ich es nicht will, sondern weil ich es nicht kann und es mir sowieso in keinster Weise zustünde.

Auf gut Deutsch: Fangen Sie ruhig locker an, übernehmen Sie sich bloß nicht, aber fangen Sie an!

Kommen wir wieder zum „Unterwegs-Problem".

Wir gehen mal davon aus, dass Sie tatsächlichen, sozusagen „berechtigten" Hunger haben und nicht nur Appetit.... und unterwegs sind. Sie haben weitestgehend den Ihnen überall entgegen-

gestreckten Snacks widerstanden und wollen auch und gerade unterwegs etwas Gesundes essen.

Besinnen Sie sich zuerst mal auf die Problematik und warum sie überhaupt eine sein muss. Wie war das früher? Zu jedem Wandertag, zu jedem Gang in die Schule, zu jeder Aktivität außerhalb der eigenen oder elterlichen vier Wände bekam man etwas eingepackt und war somit in jedem Fall ausgestattet, wenn der kleine oder große Hunger kam. Kaum ist man erwachsen, gibt einem niemand mehr was zu essen mit. Somit kauft man sich ununterbrochen etwas unterwegs, und sei es der letzte Müll. Hat man Kinder, fängt man sofort an, ihnen zu jeder Gelegenheit etwas mitzugeben, damit sie unterwegs etwas zu essen haben. Schon komisch, oder? Man selbst bekam es, man gibt es den Kindern genauso mit. Aber sich selbst vergisst man. Ist das nicht vollkommen paradox??? Wenn man endlich erwachsen ist und „Pausensnacks" selbst zubereiten, kaufen, aussuchen und einpacken kann, macht man es nicht mehr. Ist ja so, wie wenn man endlich Fahrradfahren gelernt hat, und kaum kann man es, fasst man nie wieder ein Fahrrad an....(wobei....wenn ich mir es recht überlege, ist das vermutlich für 90 % der Menschen gar nicht soooo unzutreffend)....;-).

Fangen Sie am besten sofort damit an, an sich selbst und ihre Ernährung zu denken, wenn sie planen zu verreisen, länger oder überhaupt unterwegs sind.... oder noch besser, haben sie grundsätzlich immer etwas dabei, wenn sie aus dem Haus gehen. Ich weiß, das hört sich jetzt wieder wahnsinnig aufwändig an und natürlich nach stressig / nervig / lästig / doof / peinlich / altmodisch / uncool / Sauerei / wohin damit / oje, was denn

/ das verdirbt doch dann / und was uns allen zu diesem Thema garantiert noch an Pseudo-Entschuldigungen einfallen wird.

Aber es ist eben wirklich besser, einfacher und billiger als so gut wie alles, was Sie unterwegs finden und kaufen können. Angefangen bei der sehr einfachen Stulle mit Vollkornbrot und irgendeinem leckeren Aufstrich oder einem Pesto über selbstgemachte Kekse oder Power-Riegel, veganem Blechkuchen, Obst und/oder Gemüse bis hin zu einer Tüte Nüsse oder einem ordentlichen Riegel dunkler, wertvoller Schokolade ist alles, was Sie dabeihaben, besser als der Fraß, den Sie auf die Schnelle irgendwo kaufen und meistens im vielbesprochenen Unverstand in sich reinschaufeln. Versuchen Sie, das bitte zu verinnerlichen, und Sie werden auch das garantiert nicht bereuen. Es ist, wie so viele Dinge in diesem Buch, eine Frage der minimalen Disziplin und des Antrainierens neuer Gewohnheiten, aber es lohnt sich auf jeden Fall. Sie werden das witzigerweise zuerst an Ihrem Geldbeutel spüren, denn was uns unterwegs an den Straßenecken mal eben aus der Tasche gezogen wird, ist teilweise eher Wucher und Wegelagerei als alles andere. Und der zweite Effekt ist das zweifellos triumphale Gefühl, sich selbst gesund, fleischfrei und vollwertig unterwegs versorgen zu können. Und wer war nicht neidisch auf das bessere Pausenbrot des Nebensitzers, das coolere Sandwich des Klassenclowns oder die perfekt geschnibbelte Obstsalat-Kreation der Schulkameradin in der Tupper-Box ihrer gut vorbereitenden Mutter?

Pausensnacks mitzunehmen ist für Frauen oft einfacher als für Männer, denn viele Frauen haben immer eine Tasche dabei. Ich persönlich habe mir angewöhnt, eine Umhängetasche oder einen Rucksack dabeizuhaben. Sicherlich auch aus dem Grund, dass ich als Musikmanager und Fotograf ja auch fast immer eine Kamera dabeihabe, nebst einem oder zwei Objektiven und einem Ersatzakku. Da kommt es auf 'ne Stulle, 'ne Tüte Nüsse oder einen selbstgemachten Power-Kuchen auch nicht mehr an. Also....das ist und bleibt natürlich jedem selbst überlassen, aber wenn ich einen Tipp abgeben darf, meine Herren....ich würde mir lieber das permanente Mitnehmen eines kleinen Rucksacks oder einer schicken Umhängetasche an-gewöhnen und dafür das Kaufen, Essen und Vertilgen von ungesundem Fertigfutter ab-gewöhnen. Macht irgendwie mehr Sinn, Spaß und ist um Längen günstiger und gesünder.

Aber das eigentliche Problem, der wirkliche Trick bei der ganzen Sache ist tatsächlich supereinfach und trotzdem wohl der schwerste Schritt in Richtung einer richtigen, gesunden Ernährung. Um es kurz zu machen: Wir essen alle viel zu viel. Und daher möchte ich Ihnen einen für mich absolut essentiellen Satz nahelegen: Keine Panik, es ist nur Hunger.

Zuerst müssen wir wieder lernen, was der Unterschied zwischen Hunger und Appetit ist. An und für sich kennen wir ja den Unterschied, speziell wenn wir etwas „mögen" oder nicht. Oder, was wahrscheinlicher ist, dass wir etwas extrem gerne mögen, aber eigentlich keinen Hunger haben. Im Volksmund gilt das allgemein als „Gelüste". Oft wird von sogenannten Heißhungerattacken geredet oder von ähnlichen Begriffen, die gerne den Anschein einer pathologischen Erkrankung erwecken wollen. Dies ist mitnichten der Fall. Es handelt sich lediglich um ein, sehr oft ernährungsbedingtes Problem, das mit Ihrem Insulinhaushalt und dem gesamten Verdauungssystem und damit natürlich auch mit Ihrem Metabolismus (Stoffwechsel) zu tun hat. Und damit, dass Sie sich manchmal einfach nicht beherrschen oder dem Überangebot widerstehen können. Wie gesagt, alles menschlich. Aber eben auch beherrschbar.

Es ist also entweder ein biochemischer Prozess, der zwar ohne unser willkürliches Zutun abläuft, den wir aber durch unser Essverhalten durchaus mittel- bis langfristig beeinflussen können, oder ein Problem, das nur Sie selbst mit etwas Willen lösen können. Meistens sind es beide „Phänomene", und sie können oder sollten entsprechend auch ganzheitlich gelöst werden.

Erst mal geht es um den Appetit, den wir nicht mit Hunger verwechseln dürfen. Ich weiß, dass das vielen Menschen sehr schwer fallen wird. Denn viele von uns haben verlernt, auf ihren Körper zu hören, die Signale, die der Körper uns sendet, richtig zu empfangen und vor allem, sie richtig einzuordnen. Unterstellen Sie mir bitte nicht, dass ich Ihnen irgendwelche esoterische Grütze erzählen will. Das ist überhaupt nicht mein Ding. Aber auf den eigenen Körper zu hören, das ist ein ganz entscheidender Faktor, wenn wir uns richtig ernähren wollen. Wir essen meistens nach Uhrzeiten, nach Möglichkeiten oder nach Appetit. Aber selten nach Hunger, nährstofflicher Notwendigkeit und somit nach dem, was wir, wenn wir unsere gesamte Ernährung betrachten, im diesem Moment tatsächlich essen sollten.

Aus meiner Sicht liegt hier der berühmte Hund begraben. Leider, leider aber nicht der innere Schweinehund, denn der verursacht bekanntermaßen die meisten ernährungsbedingten Probleme.

Fangen wir beim Essen nach der Uhr an. Es ist aufgrund der Tatsache, dass wir nicht jeden Tag dasselbe in derselben Menge essen, schon mal Unsinn, jeden Tag zur gleichen Zeit zu frühstücken, zu Mittag zu essen, das Abendbrot oder Dinner aufzutischen. Kein Tag ist wie der andere. Heute essen wir vielleicht zum Frühstück ein Müsli, das uns aufgrund seiner üppigen oder quellenden Zutaten (Nüsse, Haferflocken, Leinsamen, Trockenfrüchte, Hirse, Cornflakes, Obst usw.) sehr lange sättigt. Morgen essen wir ein Brot mit Marmelade und übermorgen eine Schale Obst.

Jedes dieser Frühstücksmodelle wird unterschiedlich schnell verdaut, verstoffwechselt und empfunden. Trotzdem wird jeden Tag Schlag 12.15 Uhr die Betriebskantine betreten und das Mittagessen bestellt. Warum? Weil die Mittagspause eben betriebsbedingt zwischen 12 Uhr und 13.30 Uhr stattfinden muss oder weil man es schon sein ganzes Leben so gemacht hat. Die Macht der Gewohnheit! Die Macht der Gewohnheit? Macht. Ja, es ist eine Macht, keine Frage. Aber eine, der wir begegnen können, mit der Macht unseres Wissens und Willens, denn die Macht selbst macht gar nix.

Es ist ganz einfach, wenn ich gut gesättigt bin und kein echtes Hungergefühl verspüre, gibt es auch keinen Grund zu essen. Nur weil es 12 Uhr ist, muss man nicht essen. Und wenn es später nichts mehr gibt, dann ist das noch lange kein Grund, sozusagen auf Vorrat zu essen, aus „Angst", später Hunger zu bekommen. Im Gegenteil, ein echtes, ehrliches Hungergefühl und dessen echte, ehrliche Befriedigung ist etwas wirklich Wundervolles! Es ist viel besser, schöner und gesünder, echten Hunger zu bekommen und sich dann auf eine gute, sinnvolle und oftmals eben aus diesen Gründen gesündere Mahlzeit zu freuen, sie gegebenenfalls zuzubereiten oder gezielt zu bestellen, und dann seinen wirklichen, ehrlichen Hunger zu stillen.

Denn Ihr Körper wird Ihnen, haben Sie erst mal den Unterschied zwischen Hunger und Appetit wieder verinnerlicht, anfangs durchaus kleine Tipps geben, was Sie essen sollten. Und zwar durch das Phänomen des wirklichen Appetits. Ein sensibler, oder sagen wir durch etwas Disziplin und wirklich gute Ernährung re-sensibilisierter Körper wird anfangen, Ihnen recht verlässliche Signale zu senden, was Sie essen sollten. Lassen sie mich das an zwei einfacheren Beispielen festmachen: Wenn Sie eine durchzechte Nacht hinter sich haben, werden Sie entweder noch in der Nacht oder spätestens am nächsten Morgen

einen relativ großen Appetit auf etwas Herzhaftes, stark Salziges oder etwas ähnliches in der Art haben. Das ist eine recht stereotype Verhaltensweise, die bei nahezu allen Menschen gleich ist. Die Erklärung ist denkbar einfach. Der Genuss von Alkohol schwemmt große Mengen von Flüssigkeit a.) durch den Körper und b.) aus dem Körper. Alkohol dehydriert uns recht stark und schwemmt Unmengen von Salzen und Mineralien aus unserem Körper. Diese Salze und Mineralien verlangt der Körper spätestens am nächsten Morgen zurück, weil er sie benötigt, um unser elektrisches System am Laufen zu halten.

Ein ähnliches, wenn auch vielleicht nicht ganz so vehement stark spürbares Phänomen ist der Appetit auf Süßes bei starker mentaler Belastung. Das Gehirn kann ausschließlich Zucker als Treibstoff nutzen, unser Gehirn „verbrennt" einen immens großen Anteil unser gesamten Kohlenhydratzufuhr bzw. den uns daraus zur Verfügung gestellten Zucker. Wenn wir eine stundenlange hochkonzentrierte Sitzung haben, eine komplizierte Prüfung absolvieren müssen oder eine andere, starke und langanhaltende mentale Belastung zu meistern haben, schreit unser Gehirn förmlich nach Zucker. Nicht zu verwechseln mit dem Wunsch nach der Ausschüttung von Glückshormonen, der in Trauerzuständen wie beim Tod eines geliebten Menschen oder sonstigem Trennungsschmerz zur unkontrolliertem „Genuss" von Schokolade, Eiscrème oder anderen die Serotonin-oder sonstige Glückshormone-Produktion stimulierenden Süßigkeiten führt.

Jedenfalls erklären diese beiden Beispiele die Existenz des „echten" Appetits und dessen eigentlich geniale Funktion.

Wenn wir uns nun angewöhnen, Hunger als normales, immer wiederkehrendes Gefühl in unserem Leben anzunehmen, so wie Müdigkeit, Euphorie, Trauer, Freude, Liebe oder andere, durchweg auf biochemischen Prozessen beruhende Zustände, lernen wir zunächst eines: Keine Panik, es ist nur Hunger! Es passiert nichts. Es ist einfach nur ein Hungergefühl. Ja....es ist ein Gefühl! Und es ist, zumindest nicht innerhalb weniger Stunden oder Tage, kein Gefühl, das man nicht beherrschen kann. Es ist wesentlich einfacher zu beherrschen als der Appetit. Grundsätzlich gilt es aber zunächst, ein Gefühl zu spüren und nicht zu verhindern. Denn wenn man Hunger wirklich verspürt, kann man ihn auch aktiv stillen. Und nur dann erzeugt das Stillen des Hungers auch ein echtes Glücksgefühl. Ja....schon wieder ein Gefühl.

Das prophylaktische Verhindern des Zustandekommens eines Hungergefühls durch das „Essen auf Vorrat" verhindert also zwei existentielle Gefühle. Das Hungergefühl und das Glücksgefühl, das beim Stillen des Hungers eintritt. Das ist in vielerlei Hinsicht ungesund, unnatürlich und bringt die normalen Parameter des Stoffwechsels durcheinander.

Kurz gesagt: Essen auf Vorrat macht auf Dauer krank, unglücklicher und fett. Und dabei suggeriert es uns das Gegenteil. Daher ist es eigentlich ganz schön krass, dass wir unseren meist nur schwachen oder seltenst wirklich echten Hunger so panikartig stillen wollen und damit unser westlich-kommerzielles Konsum-Hüngerchen hegen und pflegen, als wären wir auf einer immerwährenden Survival-Tour. Dahingegen verharmlosen wir den verdammten Scheiß Dauer-Appetit, den wir in dieser Gesellschaft entwickelt haben und aus industrieller,

und natürlich aus Sicht der dazugehörigen Werbetreibenden auch, am besten ungezügelt, Tag und Nacht, sozusagen 24/7/365 unbedingt entwickeln sollten, total. Ist vermutlich menschlich. Aber es ist kontraproduktiv, wirft unseren gesamten Stoffwechsel organisatorisch über den Haufen und macht uns nicht wirklich gesünder, um das mal gelinde auszudrücken.

Der Hunger, den Sie, den wir in unserer westlichen Überflussgesellschaft verspüren, ist allenfalls ein laues „Hüngerchen". Dieses lächerlich kleine Hüngerchen hat nichts mit dem Hunger zu tun, den man spürt, wenn man wirklich mal über Wochen und Monate nichts oder so gut wie nichts zu essen bekommt.

Wenn Sie mal eine Mahlzeit auslassen oder aus irgendeinem Grund nichts zu essen bekommen, für ein paar Stunden, einen halben Tag, einen ganzen Tag oder sogar ein paar Tage, wird Ihnen nichts passieren. Gar nichts. Sie werden lediglich ein bisschen genervt sein, Ihre Verdauung, Ihr gesamter Stoffwechsel wird zunächst auf Sparflamme schalten und Ihr Gehirn wird unter Umständen so lange weniger leistungsfähig sein, bis der Körper angefangen hat, aus irgendetwas anderem den Zucker zu rekrutieren, nach dem das Gehirn lautstark schreit. Und

wir reden jetzt nicht von bewusstem Fasten, das wäre ein ganz anderes Kapitel.

Sie werden definitiv nicht verhungern! Warum sage ich das? Weil wir alle mehrmals am Tag so tun, als ob wir quasi sofort verhungern, wenn wir nicht alle paar Stunden irgendetwas in uns reinstopfen. Und das ist der Punkt: Irgendetwas.

Wenn Sie dieses Buch gelesen und auch nur zu einem Bruchteil verinnerlicht haben, werden Sie anfangen aufzuhören. Sie werden anfangen, damit aufzuhören, sich an jeder Ecke irgendeinen industriell produzierten Mist anzutun, nur weil es diesen Mist hier jetzt gerade gibt. Das ist ein Prozess, der seine Zeit dauern wird, und wie bei fast allen solchen Prozessen werden Sie sich zunächst gegen diesen Gedanken und seine Konsequenzen wehren, aber je näher mehr Sie sich diesem Gedanken annähern und Ihre Essgewohnheiten allmählich anpassen, desto absurder wird es Ihnen vorkommen, sich an der Straßenecke eine Currywurst, ein Weißmehlbrötchen mit Frischkäse in Doppelrahmstufe oder ein Schokocroissant reinzuziehen. Das Argument „Ja, aber irgendwas muss ich ja schließlich essen, und wenn ich unterwegs bin....", das alles habe ich mich selbst jahrelang sagen hören. Bis ich irgendwann beschlossen habe, lieber nichts zu essen als irgendetwas. Ja, Sie müssen irgendwann etwas essen, das ist richtig. Aber im allerseltensten Fall jetzt sofort, denn Sie werden, wenn Sie nicht gerade aus einer Notsituation gerettet wurden, in der Sie 12 Wochen lang nur Wasser und keine Nahrung bekommen haben, mit 1000%iger Sicherheit nicht innerhalb der nächsten Stunden verhungern. Darauf gebe ich Ihnen mein Ehrenwort ;-).

Hier nun die Basisrezeptur für einfach und schnell zuzubereitendes, sportlertaugliches Powerfood to go. Eine praktikable und sinnvolle Nascherei, die langkettige Kohlenhydrate liefert und mich häufig auf längeren Reisen begleitet. Selbstverständlich ohne Zucker, Margarine oder Ei. Ich schreibe das nur deshalb dazu, weil allgemein immer angenommen wird, dass man ohne diese Zutaten nicht backen könnte. Das Rezept lässt sich individualisieren und geschmacklich verfeinern und adaptieren. Experimente bieten sich an. Haferflocken in Kombination mit Bananen und Apfelmark sind eine sensationelle Basis für Kuchen, Pfannkuchen oder Powerriegel. Haferflocken sind für mich eines dieser heimischen und heimlichen Superfoods. Ein idealer Vitamin-, Energie-, Protein- und Mineralienlieferant.

POWER-RIEGEL

DIE ZUTATEN
FÜR 8 PORTIONEN

Trockenmischung:

270 g Haferflocken,
*in der Küchenmaschine zu grobem Mehl
gemahlen*

3 gehäufte TL Natron

1 Prise Salz

2 gehäufte TL Zimt

1 Packung Vanillezucker

40 g gemahlene geröstete Haselnüsse

40 g gemahlene geröstete Mandeln

50 g Schokotropfen aus Bitterschokolade

**Feuchtmischung
im Mixer:**

3 reife Bananen

4 gehäufte EL Apfelmark

2 gehäufte EL Honig
(wer es süßer mag, kann auch 3 nehmen)

DIE ZUBEREITUNG
30 MINUTEN

Alle Zutaten der Trockenmischung außer den Schokotropfen in einer Schüssel zusammenrühren und gut miteinander vermischen. Die Zutaten der Feuchtmischung im Mixer mixen und zu der Mischung der trockenen Zutaten dazugeben.

Sobald alles gleichmäßig und gut verrührt ist, die Schokotropfen unterheben und nochmals durchrühren, damit sich die Schokotropfen im Teig gleichmäßig verteilen.

Den fertigen Teig auf einem Backpapier mit einem Löffel zu einer gleichmäßigen, ca. 25 × 25 cm großen Fläche ausbreiten und glattstreichen – die Größe der Fläche hängt davon ab, wie dick man die Riegel haben will.

Das Backblech für 20 Min. in den zuvor auf 160 Grad Umluft vorgeheizten Backofen geben. Herausholen und auf dem Backblech etwas abkühlen lassen. Mit einem Messer in 16 Stücke schneiden. Natürlich kann man auch andere Stückelungen wählen.

Wer die Riegel nicht mitnimmt bzw. unterwegs kein Problem mit schokoladigen Fingern hat, kann z. B. noch etwas bittere Blockschokolade erhitzen und mit einem Löffel oder einer Gabel feine Schokofäden über den Riegelkuchen ziehen, bevor er abkühlt und geschnitten wird.

Dieses Rezept zeigt, dass man weder Butter noch Unmengen von Zucker benötigt, um einen leckeren Kuchen zu backen. Ein einfacher und schmackhafter Rührkuchen, der ruckzuck zusammengerührt ist. Wer saftige Kuchen mag, wird ihn lieben.

MÖHREN-NUSS-KUCHEN

APFELKUCHEN

DIE ZUTATEN
FÜR 8 BIS 12 STÜCK

350 g Möhren,
fein geraspelt

150 g Haselnüsse,
geröstet und gemahlen

100 g Maulbeeren,
fein gehäckselt

100 g Walnüsse,
fein gehäckselt

200 ml Sojasahne

200 g Buchweizenmehl

200 g Vollkornmehl

1 Päckchen Backpulver

3 EL Leinsamen

1 TL Vanillepulver

3 EL Kakao

1 Prise Salz

2 EL Amaretto

200 g Apfelmus

200 ml Sojamilch

4 EL Rohrohrzucker

3 EL Honig

1 TL Zimt

DIE ZUBEREITUNG
80 MINUTEN

Die Leinsamen fein mahlen und mit 100 ml lauwarmem Wasser ca. 15 Min. quellen lassen. Danach zusammen mit allen restlichen Zutaten in eine Schüssel geben und gut verrühren. In eine Kuchenform geben und im auf 180 Grad Umluft erhitzten Ofen ca. 1 Stunde lang backen.

DIE ZUTATEN
FÜR 12 PORTIONEN

Trockenmischung:

300 g Dinkel-vollkornmehl

70 g gemahlene Haselnüsse

120 g Rohrohrzucker

1 gehäufter TL Zimt

1 Päckchen Vanillezucker

1 Päckchen Backpulver

Feuchtmischung:

120 g Sojamargarine

1 Tasse Apfelmark

250 ml Sojamilch

Belag:

800 g Äpfel,
geschält und klein-geschnitten

1 Handvoll Mandel-splitter

Rosinen,
optional und nach persönlichem Geschmack

DIE ZUBEREITUNG
60 MINUTEN

Die Trockenmischung in einer Rührschüssel mischen. Die Feucht-mischung im Mixer zubereiten und zur Trockenmischung in die Schüssel dazugeben. Gut durchrühren, bis ein gleichmäßiger Teig entsteht. Den Ofen auf 160 Grad Umluft vorheizen. Auf einem Backblech ein Backpapier auslegen und ganz fein mit Sesamöl bestreichen. Den Teig gleichmäßig darauf verteilen. Dann Äpfel (und Rosinen) auf dem Teig verteilen. Mit Mandelsplittern über die gesamte Fläche garnieren. 45 Min. lang backen.

Nach dem Backen je nach Geschmack optional mit Puderzucker garnieren.

Ein schnell und einfach zuzubereitender Apfelkuchen, der sehr lecker und auch nicht besonders kalorienintensiv ist. Die Rezeptur kann anstatt mit Äpfeln auch einfach als Grundlage für andere Obstsorten verwendet werden. Zwetschgen, Rhabarber oder Blaubeeren bieten sich an.

KRAUTSALAT ROT-WEISS

DIE ZUTATEN
FÜR 6 PERSONEN

Salat:

200 g Räuchertofu,
in sehr kleine Würfel geschnitten

2 Knoblauchzehen,
klein gehackt

1 ganzes Olivenciabatta (oder ein anderes Brot, das gegessen werden sollte), *in kleine Würfel geschnitten*

200 g Walnüsse,
grob gehackt

1 kleiner Rotkohl,
fein geraspelt

1 kleiner Weißkohl,
fein geraspelt

2 Äpfel,
fein gewürfelt

½ Bund Petersilie,
klein gehackt

Olivenöl zum Braten

Vinaigrette:

6 EL Olivenöl

Saft einer Zitrone

3 EL Weinessig

2 EL Kräuterflüssigwürze

400 ml Wasser mit 2 TL Gemüsebrühe

1 EL Senf

1 TL frisch gemahlener schwarzer Pfeffer

1 TL Meersalz

DIE ZUBEREITUNG
30 MINUTEN

Äpfel, Rot- und Weißkohl in eine Schüssel geben.

Alle Zutaten der Vinaigrette in einem Topf aufkochen, über den Krautsalat geben und sofort durchmischen. Danach mit einem Handtuch abdecken und ca. 15 Min. ziehen lassen.

Während der Salat durchzieht, den Räuchertofu zusammen mit einer Knoblauchzehe in einer Pfanne mit reichlich Olivenöl knusprig anbraten. Parallel dazu in einer weiteren Pfanne das Ciabatta zusammen mit einer Knoblauchzehe und den Walnüssen ebenfalls in ausreichend Olivenöl anrösten, bis die Mischung schön kross ist und Röstaromen entstehen. Sobald der Salat durchgezogen hat, Räuchertofu und Brot/Nuss-Gröstl gegebenenfalls nochmals kurz in einer Pfanne erhitzen und danach zum Krautsalat dazugeben. Die gehackte Petersilie hinzufügen, kräftig durchmischen und lauwarm servieren.

Dieser Salat ist eine großartige Energie- und Vitaminbombe und stellt eine komplette Hauptmahlzeit dar. Er eignet sich ideal dazu, um etwas mehr davon zu machen und am nächsten Tag mit ins Büro zu nehmen. Am besten mit frischem Vollkornbrot oder ein paar Grissini dazu. Über Nacht entwickeln sich im Kühlschrank weitere Geschmacksnoten, da sich die Röststoffe aus dem Räuchertofu und dem Brot/Nuss-Gröstl intensiv mit dem Kraut verbinden. Ein absoluter Powersalat, der nachhaltig sättigt und reichlich Makro- und Mikronährstoffe in Form von Protein, Vitaminen und gesunden Fettsäuren sowie Ballaststoffen enthält. The Pure Power of Nature!

SALAT KOMMA PFLANZ-LICH

ICH HÄTTE GERNE EINEN SALAT OHNE FLEISCH

JA, MAN MUSS ES INZWISCHEN tatsächlich explizit angeben. „Ich hätte gerne einen Salat ohne Fleisch." Irgendwie ein merkwürdiges Gefühl, das so formulieren zu müssen, denn früher war ein Salat die wohl am hinlänglichsten bekannte und somit klarste vegetarische Entscheidung….genau genommen der (auch gerne verhöhnte) Inbegriff einer fleischfreien Mahlzeit in der Gastronomie. Ja, es war geradezu „unmännlich", nur einen Salat zu bestellen. Als ob es einer eben ruhmreich beendeten Jagd durch den urzeitlichen Primärwald gleichzusetzen gewesen wäre, ein deftiges Steak oder eine Kalbshaxe zu bestellen.

Heute aber gleicht es einer Art Bestellungshindernislauf, einen Salat zu bekommen, in dem sich keine tierischen Produkte befinden. Entweder der sogenannte Salat ist zugekleistert mit mindestens vierhundert Gramm Putenbruststreifen, oder er ist mit Rinderfiletstreifen „garniert", oder sogar mit zusammengeklebten Formfleischwürfeln, auch gerne Schinken genannt, „aufgepeppt". Natürlich gibt es auch noch die Variante mit Käsestreifen, Sardellen, Eiern, und wenn man Pech hat, ist das Salatdressing unter anderem aus fetter Kuhmilch-Sahne und billigstem Discount-Öl.

Die Grundidee, aus einem genau genommen fast nährstofflosen Kopfsalat (mal abgesehen von ein paar Vitaminchen) eine vollwertige Mahlzeit zu machen, ist vom gedanklichen Prinzip her gar nicht so dumm. Nur irgendwie falsch umgesetzt und dann ziemlich krass in den gesellschaftlich mehr denn je durchetablierten Fleisch-Wahn hineineskaliert. Die ehemalige Alibi-Gesundheitsbeilage richtig und mit Sinn und Verstand zur Hauptmahlzeit zu machen, ist eigentlich eine tolle Sache, wenn man die Zutaten gut abstimmt und vor allem, wenn man ordentliche Zutaten verwendet.

Statt Putenbruststreifen Linsen, statt Rinderfilet Quinoa und statt Kalbfleisch Austernpilze, und schon ist die erste Hürde auf dem Weg zum vollwertigen Salat genommen. Wenn man dann noch über die Monate und Jahre der automatisch erfolgenden veganen „Forschung" hinweg mit verschiedenen Getreiden, Tofu-Sorten, Nüssen aller Art, Knollen, Gewürzen und Kräutern herumexperimentiert, wenn man merkt, dass ein Salat auch lauwarm sein kann oder darf, wenn man schlicht und einfach die gesamten klassischen Salat-Dogmen über

SALAT — MEIN UNVERZICHTBARER BEGLEITER AUF DEM WEG DURCHS PFLANZLICH-KULINARISCHE UNIVERSUM.

Bord wirft und einfach drauflos bastelt, dann hat man schnell ein riesiges Repertoire von wirklich genialen Salaten am Start.

Das Gegenspiel von sauer und erdig, von süß und scharf, von bitter und mild oder von deftig und leicht führt bei Salaten zu einer so unglaublichen Vielfalt, dass man eigentlich nur seinen wildesten Ideen freien Lauf lassen muss, um die schier unerschöpflichen Kombinationsmöglichkeiten zu erleben. Ich selbst habe mich genau so an dieses Thema herangetastet, nicht zuletzt, weil mir die bereits beschriebenen Salate in der Gastronomie extrem auf die Nerven gegangen sind, aber auch, weil ich die Einfachheit und die Zusammenstellungsmöglichkeiten und die damit verbundenen Nährwertkonzentrationen sehr zu schätzen gelernt habe. Der Power-Salat, machen wir ein kleines Beispiel, der aus Zwiebeln, Knoblauch, Romana-Herzen, grünem Spargel, Beluga-Linsen, schwarzen Pfefferbeeren, Möhrenwürfeln und leicht gerösteten Cashew-Nüssen besteht, natürlich mit einer warmen Vinaigrette übergossen wird und nach einer Viertelstunde schön durchgezogen ist, bietet ein großartiges Spektrum an Nährstoffen. Und ist definitiv eine absolut vollwertige, wohlschmeckende und sättigende Mahlzeit. Sie werden, wenn Sie sich darauf einlassen, schnell beeindruckende Ergebnisse an Ihrer hauseigenen „Salat-Bar" erzielen, die sowohl Ihnen als auch Ihren Gästen bestens munden werden.

Aber bleiben wir noch kurz in der gastronomischen Gegenwart: Es ist also schon sehr schwer (natürlich gibt es löbliche Ausnahmen, aber die sind eben stark in der Minderheit), überhaupt das zu bekommen, was ich unter einem wirklich guten Salat verstehen mag. Dabei ist gerade der Salat ein sehr einfach zuzubereitendes Gericht und aufgrund der Zusammenstellungsmöglichkeiten sollte das für die Gastronomie doch eher verlockend sein, damit die Speisekarte ordentlich aufzubürsten. Und: Salate sind eigentlich schon seit den frühen 90ern aus dem Status der schnöden Langweiler-Beilage herausgewachsen und mitten im Lifestyle-Modus und im Zeitgeist angekommen. Leider ist das tatsächliche Ergebnis dieser Überlegungen bei den meisten Gastronomiebetrieben ziemlich aus dem Ruder gelaufen. Heruntergebrochen auf den Status quo bedeutet das: Gab es früher Fleisch mit Salat…. dann gibt es heute Salat mit Fleisch. Das nur als kleiner Hinweis an die Gastronomie: Wenn man einen „vegetarischen Salat" (von vegan wollen wir erst gar nicht anfangen) ausdrücklich bestellen muss, stimmt irgendwas mit der Speisekarte oder mit dem Koch nicht. Aber das ist nur meine bescheidene Meinung.

Das Thema Salat spielt aber ohnehin, speziell wenn man den „gastronomischen" Salat betrachtet, offensichtlich in der Liga von Raketenwissenschaft oder Atomphysik. Der eine mag nett aussehen, ist aber nicht angemacht, beziehungsweise wird man mit zwei, oft seit Wochen gemütlich in zwei Klarglasfläschchen vor sich hin oxidierenden, armseligen Portionen Balsamico oder Weinessig und Öl nebst Salz und vorgemahlenem, weißem Pfeffer allein gelassen….womit beim besten Willen keine ordentliche Vinaigrette zustande kommen kann, und zwar weil der Emulgator fehlt. Und dass sich Öl und Wasser nicht freiwillig verbinden und automatisch lecker werden, dürfte sich allerspätestens nach dem Unglück mit der Exxon Valdez ja weltweit herumgesprochen haben, denke ich.

Der andere Salat wiederum ist unter Zuhilfenahme von mehreren, gefühlt einen halben Quadratmeter großen Salatblättern, gerne Lollo Rosso oder ähnlich voluminösem Zeug, zu einem Berg aufgetürmt, der sowohl in Höhe als auch in Breite und Gesamtvolumen zwar alpine Optik simulieren kann und wohl stark beeindrucken soll. Aber um so ein Salatmonster zu sich nehmen zu können, muss man entweder artistische Verrenkungen mit der Gabel vollführen können, um die Salatblätter in acht Zügen in den Mund einzuparken, oder man muss erst mal versuchen, den ganzen Haufen in mundgerechte Stücke zu zerteilen. Beide Varianten sind irgendwie extrem lästig und sorgen definitiv für eine riesige Schweinerei im Gesicht, auf dem Hemd und/oder rund um den Platz des Gastes.

Fangen wir mal bei einem absoluten Grundprinzip an: Die Salatsauce. Sicherlich gibt es Tausende von Möglichkeiten, eine Salatsauce zuzubereiten, keine Frage. Für mich ist aber die Waffe der Wahl in 90 % aller Fälle die klassische Essig-Öl-Variante. Sie ist extrem lecker, günstig, unterstreicht in den meisten Fällen perfekt die Geschmacksgrundlage der Zutaten und kann als Basis für viele weitergehende Variationen die-

nen. Grundsätzlich ist aus meiner Sicht die entscheidende Zutat immer der sogenannte Emulgator. Also die Substanz, die dazu beiträgt, Flüssigkeiten, die sich nicht verbinden, so wie Essig und Öl, zu einer Emulsion zu verbinden oder zumindest vorübergehend aneinander zu stabilisieren. Ich benutze dazu fast immer Senf. Senf gibt es in Tausenden zig schmackhaften Varianten – süß oder scharf – und Darreichungsformen, es gibt Senf in Gläsern, Tuben, als Pulver, die Möglichkeiten sind schier unendlich.

Grundsätzlich ist Senf sehr gesund, er wirkt appetitanregend und verdauungsfördernd. Ich habe mindestens zehn Senfsorten in meiner Küche, die Majorität macht aber klar der mittelscharfe Standard-Senf aus, da ich diesen fast täglich verwende. Zu fast allen meinen Saucen (nicht nur Salatsaucen) gehört Senf, mal mehr, mal weniger. Ich würde behaupten, dass man ihn aus den wenigsten der Rezepte signifikant herausschmeckt, aber er ist trotzdem ein subtiler Geschmacksträger und eben ein unverzichtbarer Emulgator. Natürlich passt nicht zu jeder Sauce Senf, manchmal nehme ich auch ein bisschen Stärke, also zum Beispiel Kartoffelmehl, oder irgendeine pflanzliche Milch oder Sahne. Bei Chicorée nehme ich gerne Tomatenmark, um den Bitterstoffen ein klein wenig entgegenzuwirken.

Meine Standard-Salatsauce besteht aus wirklich gutem, hochwertigen Olivenöl, das ich meistens in einem 12–15-Liter-Kanister kaufe, weil ich es zu so gut wie allem verwende, auch zum sanften Frittieren. Dazu kommt dann meistens ein Weinessig, ich nehme sehr gerne den Klassiker, den Altmeister. Natürlich kann man auch fast jeden anderen Essig nehmen, aber er sollte auf jeden

Das Thema Salat spielt offensichtlich in der Liga von Raketenwissenschaft oder Atomphysik.

Fall eine gewisse Qualität aufweisen. Die ganzen superschicken Balsamico-Varianten verwende ich eher selten, ich finde, dass hier ziemliche Abzocke betrieben wird. Natürlich gibt es end-leckere Balsamicos, keine Frage. Aber in vielen Fällen ist Balsamico eine ziemlich üble Mogelpackung, die nicht aus Weintrauben in jahrelanger Lagerung und spezieller, sagenumwobener, von italienischen Jungfrauen inszenierter Behandlung entsteht, sondern durch schlichte Verpanschung von normalem Essig, Rübensaft und Zuckercouleur.

Die einzigen Balsamico-Ausnahmen in meiner Küche sind entweder echte Balsamicos, die ich aber nur in Ausnahmefällen verwende, und auch nur zu Speisen, die den Geschmack des Balsamicos respektieren….also sicherlich nicht zwingend bei Salat….oder die inzwischen in vielerlei Geschmacksrichtungen erhältlichen Balsamico-Crèmes, die mir oft bei der geschmacklichen Abstimmung verschiedener Salatsaucen gute Dienste leisten.

Was ich in meiner Standard-Salatsauce auch gerne verwende, sind ein paar Spritzer einer Kräuter-Sauce, ich benutze gerne die Kräuter-Flüssigwürze von Erntesegen. Früher habe ich das klassische Maggi benutzt, das ich aber aus zwei Gründen seit ewigen Zeiten nicht mehr verwende. Erstens habe ich persönlich keine Lust, diese Fertigprodukt-Firma weiterhin mit meinem Konsum zu unterstützen, wer das trotzdem tun möchte, soll sich aber natürlich keinen Zwang antun. Ich für meinen Teil finde diese subtil stattfindende Umerziehung zur „Alles aus der Packung geht schnell und ist deswegen gut und lecker"-Kiste nicht zwingend förderungswürdig. Ich möchte viel lieber dazu beitragen, dass

Menschen sich wieder Zeit nehmen, über ihre Ernährung nachzudenken, und sich daraus logischerweise nachfolgend mit Kochen beschäftigen, anstatt irgendein „Fix für X" mit einer oder mehreren beliebigen Zutaten zusammenzurühren und sich dann womöglich noch an diesen „Geschmack" zu gewöhnen….am Ende führt das dann dazu, dass einem gesunde, vitaminreiche und vollwertige Nahrung nicht mehr schmeckt. Ein Desaster. Zweitens enthält dieses olle Maggi das allseits bekannte Mononatriumglutamat, das ich weder mag noch vertrage.

Ein paar Sätze zum Thema Glutamat: Glutamat ist ja für viele Leute inzwischen ein rotes Tuch. Nicht ganz zu Recht, denn Glutamat an sich ist eigentlich nur eine Aminosäure, die in vielen frischen Produkten vorkommt. Natürliches Glutamat findet sich beispielsweise in Tomaten oder Pilzen. Es findet sich genau genommen in so gut wie allen proteinreichen Nahrungsmitteln. Glutamat ist sogar in der Muttermilch und im Speichel enthalten. Im sogenannten „Hefeextrakt", einem Geschmacksverstärker, ist es zu etwa 5 % enthalten. Auch bei der Verteufelung des Begriffs „Geschmacksverstärker" sollte man übrigens vorsichtig sein. Auch Knoblauch, Petersilie oder Hefeflocken sind

Geschmacksverstärker, und prinzipiell ist daran überhaupt nichts auszusetzen. Die Unmengen von chemischen und im Cocktail sogar schädlichen Geschmacksverstärker der Lebensmittelindustrie hingegen sollte man tunlichst vermeiden, denn sie erzeugen eine vollkommen verdrehte Geschmackswahrnehmung, genau genommen versauen sie uns das natürliche Geschmacksempfinden, was abstruse Aussagen und Ernährungsangewohnheiten zur Folge hat. Nicht zuletzt von diesem „Genuss" von industriellen Geschmacksverstärkern kommen meine absoluten Lieblingsaussagen wie „Wasser schmeckt ja nach nichts" oder ähnlich absurde Statements.

Deshalb hier ein supereinfaches Fallbeispiel für meine Standard-Salatsauce. Sie nehmen: 6 EL Olivenöl, 3 EL Weinessig, 1 EL Senf, 1 TL Zucker, 1–2 TL Salz (je nachdem, welches Salz Sie benutzen), 2-3 Schuss Kräuter-Flüssig-Würze, schwarzen Pfeffer nach Belieben.

Das Ganze mit einem Schneebesen oder Quirl schön verrühren, gut eine Minute lang.

Das war's. Mit dieser Salatsauce mache ich weit über 50 % meiner Salate an, und das Schöne ist, Sie können diese Sauce auch in größeren Mengen anrühren, denn sie hält sich über Wochen. Warum? Weil diese Sauce im Grunde fast nur aus natürlichen Konservierungsstoffen besteht. Öl, Essig, Salz und Zucker sind für sich alleine alle in der Lage, Speisen haltbar zu machen. Alle zusammen gerührt halten sie sich entsprechend lange, natürlich nicht in einer glasklaren Flasche mitten in der prallen Sonne…. aber in einem geeigneten, dunkelglasigen Gefäß im Kühlschrank allemal vier oder mehr Wochen.

Jetzt mal ehrlich....diese Sauce ist für viele von Ihnen sicherlich keine Neuigkeit....aber für andere ist sie eventuell ein Aha-Erlebnis. Bei meinen Parties, Grillfesten oder anderen privaten Veranstaltungen höre ich seit Jahren, wie lecker der Salat angemacht ist. Das liegt einerseits an der „Rezeptur" der Sauce. Andererseits an der ausreichenden Menge, sparen Sie bitte nicht an Salatsauce. Sie müssen den Salat nicht einweichen, aber Benetzen ist definitiv zu wenig. Sparen Sie auch bitte nicht am Öl, Sie haben als Veganer kein Fett-Problem. Und last but not least hängt der Geschmack einer guten Salatsauce natürlich massiv und ganz entscheidend von der Qualität der Zutaten ab. Eine Mischung aus hervorragendem Olivenöl aus Kreta, mit einem qualitativ hochwertigen Weinessig, einem tollen, milden Senf und Himalayasalz schmeckt eben um ungefähr 500 % besser als eine aus billigem Sonnenblumenöl, Essigessenz und mit Rieselhilfe versehenem Tafelsalz zusammengerührte Pampe. Fakt ist, dass ich, wenn ich wüsste, wo es in der Gastronomie meiner Heimatstadt einen so angemachten Salat gäbe, dort gerne öfter zum Essen auftauchen würde. Leider bleibt es hier beim überstrapazierten, teilweise umschriebenen Konjunktiv.

Diese Sauce ist für mich aber auch die Basis für weitere Varianten, wenn ich zum Beispiel einen lauwarmen Krautsalat machen will, gebe ich diese Mischung in einen Topf mit kochender Gemüsebrühe, im Verhältnis 1:3, also Sauce 1, Brühe

3, und gieße sie fast kochend über den Salat, lasse ihn ziehen und 20 Minuten später ist das eine sehr leckere, extrem gesunde und sättigende Angelegenheit.

Weiterhin bin ich der Meinung, dass ein wirklich guter Salat, bis auf wenige Ausnahmen, aus relativ kleinen bis mittelgroßen, sogenannten „mundgerechten" Stücken bestehen sollte. Das führt automatisch dazu, dass sich derjenige, der diesen Salat zusammenstellt, automatisch Gedanken über die Harmonie der Zutaten machen muss oder sollte. Denn das mehr oder weniger willkürliche Aneinanderlegen von möglichst bunten und großen Zutaten ist kein Salat, sondern im besten Fall essbare Dekoration.

Dazu kommt, dass die Vinaigrette oder die wie auch immer geartete „Salatsauce" nur dann wirklich ihren Geschmack oder ihre Raffinesse entfalten kann, wenn sie alle Teile des Salats wirklich suffizient umschmeicheln kann, und daher sollte die Vinaigrette in ausreichender Menge zugegeben werden. Ein richtiger, echter Power-Salat ist eine vollwertige Mahlzeit, die lau-

warm bis kalt genossen werden kann und aus Salat, Gemüse, Obst, Tofu, Getreide, Nüssen, Hülsenfrüchten und den verschiedensten Ölen, Essigen, Brühen, Senf und natürlich Gewürzen und Kräutern aus aller Welt bestehen kann. Und sollte. Und dann, aber nur dann ist der Salat wirklich so gesund, wie wir seit den Siebzigern erzählt bekommen. Ein wirklich gesunder Salat ist aber definitiv kein zerrupfter Kopfsalat mit fertiger Mono-Natrium-Glutamatsauce und billigem, widerlichem Industrieöl, das muss Ihnen klar sein.

Das Schöne an einem guten Salat ist, dass man ihn im Grunde fast überall essen kann, man kann ihn zu Hause genießen, mit ins Büro nehmen, zur Grillparty oder sogar unterwegs im Auto mal 'ne kleine Salatpause einlegen. Das macht für mich Salate, vor allem in der Form und mit den Zutaten, wie ich Sie Ihnen in diesem Buch beschreibe, zu unverzichtbaren Begleitern auf meinem Weg durchs pflanzlich-kulinarische Universum. Natürlich möchte ich Ihnen, wie mit allen meinen in diesem Buch enthaltenen, einfachen, keinen Anspruch auf Vollständigkeit erhebenden Rezepten, in erster Linie die Inspiration geben, selbst zu experimentieren. Lassen Sie jede Idee zu, und wenn Sie das kleinste Gespür für pflanzliche Ernährung erworben haben, werden Ihnen über kurz oder lang Salat-Kreationen einfallen, die Sie noch nie zuvor irgendwo anders gesehen oder gegessen haben.

Tja, da haben wir den Salat.

Salicornia, auch Queller, Meeresbohne, Meeresfenchel oder Meeresspargel genannt, ist ein Nährstoffpowerhouse. Vor allem bietet die Pflanze Mineralien und Jod, die sie aus dem Meerwasser zieht. Deshalb ist sie ideal dafür geeignet, den Jodhaushalt aufzubessern. Sie reinigt zudem das Blut, wirkt wie ein Diuretikum und regt die Nieren an. Außerdem schmeckt sie angenehm salzig.

FORMEL 3 —
WARMER SALAT

**DIE ZUTATEN
FÜR 4 PERSONEN**

Salat:

400 g Salicornia

300 g gelbe Linsen

2 Knoblauchzehen,
fein gehackt

Saft aus 6 Limetten

Wasser

Vinaigrette:

4 EL Olivenöl

100 ml von der Marinade
(Limettensaft und Wasser)

1 gehäufter TL Senf

4 EL Reis-Cuisine
*(pflanzliche Sahne, kann auch Soja- oder
Hafer-Cuisine sein, je nach Geschmack
und Kalorienlimit)*

½ EL frisch gemahlener schwarzer
Pfeffer

½ TL Salz

**DIE ZUBEREITUNG
30 MINUTEN**

Die Linsen bissfest kochen. Die Salicornia in Limettensaft und Wasser marinieren.

Linsen abtropfen. Algen aus der Marinade holen. Alle Zutaten der Vinaigrette gut verrühren und kurz aufkochen. Linsen, Algen und Vinaigrette in eine Salatschüssel geben und gut durchmischen.

SPINAT-KARTOFFEL-LINSEN-SALAT

DIE ZUTATEN
FÜR 2 PERSONEN

Salat:

500–700 g Blattspinat

5–7 lila Kartoffeln,
gekocht

1 große Zwiebel,
fein gehackt

2 Knoblauchzehen,
fein gehackt oder durch die Knoblauch-
presse gedrückt

200 g grüne Linsen,
gekocht

20 g frischer Liebstöckl,
fein gehackt

Dressing:

5 EL Olivenöl

3 EL Weinessig

1 EL Senf

2 TL Salz

2 TL frisch gemahlener schwarzer
Pfeffer

1 EL Gemüsebrühe-Pulver

200 ml heißes Wasser

DIE ZUBEREITUNG
45 MINUTEN

Alle Zutaten für den Salat in eine Schüssel geben. Die Zutaten für das Dressing vermischen und über den Salat geben. Alles gut durchmischen.

Ein weiterer Powersalat. Salat kann ein großartiger Energie- und Nährstofflieferant sein. Durch die Kombination von Kartoffeln, Linsen und Spinat wird aus diesem Salat ein vollständiges und sättigendes Gericht.

BROKKOLI-GURKEN-SALAT MIT SELLERIE-WASABI

DIE ZUTATEN
FÜR 4 PERSONEN

1 großer Brokkoli

1 ganze Staudensellerie,
*entsaftet (ca. 100 ml) – oder fertigen
Selleriesaft kaufen*

1 mittelgroße Salatgurke,
gewürfelt

4 Frühlingszwiebeln putzen
und klein schneiden
(inkl. grüner Blätter)

1½ gehäufte TL Wasabi

1 TL Himalaya- oder Meersalz

50 ml Olivenöl

50 ml Dinkel-Cuisine
*(rein pflanzlicher Sahneersatz, Reis-,
Hafer- oder Soja-Cuisine gehen auch)*

12 bis 15 getrocknete Tomaten (nicht
eingelegte!) im Mixer schreddern oder
mit dem Messer zu Flakes klein hacken

1 EL Essig

DIE ZUBEREITUNG
30 MINUTEN

Frühlingszwiebeln und getrocknete Tomaten wie in der Zutatenliste beschrieben vorbereiten. Wasser mit etwas Essig zum Kochen aufsetzen, um den Brokkoli darin zu blanchieren. Wer über einen Entsafter verfügt und somit keinen gekauften Selleriesaft verwenden muss, der entsaftet zunächst die ganze Staudensellerie und stellt den Gemüsesaft anschließend beiseite.

Sobald das Essigwasser köchelt, den Brokkoli für ca. 4 Min. hineingeben und, nachdem dieser blanchiert wurde, in ein Sieb geben und mit kaltem Wasser abschrecken. Gurke und Brokkoli würfeln und mit den gehackten Tomaten, Frühlingszwiebeln, Selleriesaft, Olivenöl, Dinkel-Cuisine, Wasabi und Salz gut durchmischen, kurz durchziehen lassen und anschließend anrichten.

Ganz besonders lecker schmeckt dazu geröstetes Vollkornbrot.

Dieser Salat ist eine echte Nährstoffbombe. Brokkoli kann man sowieso nicht häufig genug essen. Mir gefällt an der Kombination besonders gut, dass relativ unspektakuläre, alltägliche, aber sehr nährstoffwertige Superfoods wie Brokkoli und Gurken mit dem für uns Europäer exotisch-scharfen Wasabi kombiniert werden – ein ganz besonderes Geschmackserlebnis!

FAMILENWÜRFELBECHER

DIE ZUTATEN
FÜR 6—8 PERSONEN

Salat:

1 Rotkohl,
klein gewürfelt

4 Paprika,
klein gewürfelt

2 mittelgroße Zwiebeln,
klein gewürfelt

150 g Sonnenblumenkerne

3 Knoblauchzehen,
klein gewürfelt

1 Bund glatte Petersilie,
klein gehackt

4 EL Olivenöl

Marinade:

4 Limetten

4 EL Apfelessig

1 EL Kürbiskernöl

200 ml Gemüsebrühe

1 EL Senf

Salz und Pfeffer nach Geschmack

DIE ZUBEREITUNG
20 MINUTEN ZUBEREITUNG
+ 20 MINUTEN ZIEHEN LASSEN

Rotkraut und Paprika in eine Salatschüssel geben.

Zwiebeln, Knoblauch und Sonnenblumenkerne in der Pfanne mit dem Olivenöl goldgelb rösten. Währenddessen alle Zutaten der Marinade zusammenrühren und damit das Gemüse in der Pfanne ablöschen. Kurz umrühren und den Inhalt der Pfanne dann zu Rotkraut und Paprika in die Salatschüssel geben. Gut durchmischen und mit einem Handtuch abgedeckt ca. 20 Min. lang durchziehen lassen. Mit Petersilie garnieren und servieren.

Achtung, Powersalat! Rotkohl bietet wie alle Kohlarten reichlich Eisen und Kalzium. Das auch als Blaukraut bezeichnete Gemüse enthält außerdem große Mengen Anthocyane, die unsere Zellen gegen die vorzeitige Alterung schützen. Der hohe Vitamin-B-Anteil garantiert beste Nervennahrung. Paprika lindert Verdauungsstörungen und liefert eine Menge Vitamin C und Ballaststoffe. Sonnenblumenkerne sind Spitzenreiter in verschiedenen Nährstoffdisziplinen. Sie enthalten mehr Proteine als die meisten Fleisch- und Fischsorten und sie bieten sensationelle Mengen an Folsäure und Magnesium.

WALNUSS-BROT-SALAT
MIT SPARGELDUELL UND TRÜFFELKARTOFFELN

1 Bund weißer Spargel

1 Bund grüner Spargel

1 kg lila Trüffelkartoffeln

150 g Walnusskerne, *grob zerkleinert*

4 Scheiben Vollkornbrot,
in kleine Stücke geschnitten

½ Bund glatte Petersilie, *gehackt*

2 Knoblauchzehen, *fein gehackt*

4 EL Olivenöl

1 TL Meersalz

½ Zwiebel, *klein gehackt*

1 EL mittelscharfer Senf

200 ml Sojasahne

1 TL Senf

⅛ Liter Weißwein

25 gemörserte Körner weißer Pfeffer

2 bis 3 Prisen Salz

Spargelsalat-Dressing:

4 EL Olivenöl

2 EL Weinessig

1 Prise Meersalz

1 TL getrocknete Gemüsebrühe

½ TL Senf

4 EL heißes Wasser

Zuerst die Kartoffeln ungeschält in ausreichend Salzwasser kochen.

Währenddessen das Brot zusammen mit den Walnusskernen und dem Knoblauch in Olivenöl rösten, Petersilie dazugeben und beiseitestellen.

Für die Sauce die Zwiebeln in Olivenöl andünsten. Mit dem Weißwein ablöschen. Senf, Meersalz und Sojasahne dazugeben. Weißen Pfeffer und Salz hinzufügen. Kurz aufkochen und danach pürieren und abschmecken.

Für den Spargel Wasser mit Zucker und Salz (zu gleichen Teilen) zum Kochen bringen. Sobald das Wasser kocht, sowohl weiße als auch grüne Spargelspitzen geschält und in mundgerechte Stücke geschnitten dazugeben. Wenn die Spargel denselben Durchmesser haben, gleichzeitig hineingeben, ansonsten entsprechend zeitversetzt. Den Spargel bissfest kochen. Währenddessen alle Zutaten des Dressings verrühren. Dann den Spargel abgießen und mit dem Spargelsalat-Dressing vermischen.

Auf einem Teller die Kartoffeln, den Spargel und den Walnuss-Brot-Salat anrichten und die Sauce über die Kartoffeln träufeln.

Spargel ist ausgesprochen gesund und hat eine stark entwässernde Wirkung, weshalb er besonders für übergewichtige Menschen geeignet ist. Er glänzt zudem mit Mineralstoffen und Vitaminen: Kalzium, Kalium, Phosphor, Vitamin A, E, und K.

WARMER ROMANASALAT IM GLAS

DIE ZUTATEN

FÜR 4 PERSONEN

Salat:

4 junge Romanasalate

600 g Champignons,
klein gehackt

2 kleine rote Zwiebeln,
klein gehackt

½ Bund Petersilie,
grob gehackt

Olivenöl zum Braten

Salatsauce:

Saft von 2 Zitronen

3 Knoblauchzehen,
klein gehackt

6 EL Olivenöl

1 EL Senf

DIE ZUBEREITUNG

25 MINUTEN

Die Zutaten für die Salatsauce zusammen zum Kochen bringen, den Senf dazugeben, unterrühren und danach die Sauce warm bereithalten.

Champignons und Zwiebeln zusammen in der Pfanne braten, mit Salz und schwarzem Pfeffer abschmecken. Sobald die Champignons durch sind, die Petersilie unterheben und vom Herd nehmen.

Die gebratenen Pilze in das Weckglas geben, den Romanasalat daraufsetzen und mit der warmen Salatsauce übergießen. Den Deckel des Weckglases drauflegen und kurz für 3–5 Min. bei 180 Grad in den Backofen geben.

Champignons sind besonders eiweißhaltige Pilze. Sie gelten als Nervennahrung und sollen die Hirntätigkeit anregen. Ihnen wird zudem eine verdauungsfördernde und blutdruck-senkende Wirkung attestiert.

WARMER ACKERSALAT MIT PILZEN (SHITAKE UND KRÄUTERSEITLING)

DIE ZUTATEN
FÜR 3 PERSONEN

Salat:

500 g Ackersalat

500 g Pilze

2 Knoblauchzehen,
klein gehackt

1 Rote Zwiebel,
klein gehackt

½ Bund glatte Petersilie,
gehackt

2 EL Rapskernöl zum Braten

Salatsauce:

4 EL Walnussöl

1 EL Senf

3 EL Apfelessig

1 Prise Salz

1 Prise schwarzer Pfeffer

**DIE ZUBEREITUNG
25 MINUTEN**

Zwiebeln, Knoblauch und Pilze in der Pfanne in Rapskernöl dünsten. Sobald die Pilze durch sind, die Petersilie unterheben und vom Herd nehmen. Den Pfanneninhalt über den Ackersalat geben und darüber das zuvor aus den Zutaten für die Salatsauce gemischte Salatdressing geben.

Pilze werden auch das Fleisch des Waldes genannt. Sie können beim Abnehmen helfen, stärken das Immunsystem, liefern neben Vitamin B2, Eisen, Kalium und Niacin natürliches Vitamin D und sie helfen dem Körper, Nährstoffe allgemein besser zu verwerten. Speziell Waldpilze sollten immer hoch und lange genug erhitzt und vor allem gut gekaut werden, da sie sonst schwer im Magen liegen können.

KILL TO GRILL?

FÜR MICH INZWISCHEN
WIRKLICH WIDERLICH

ES GIBT JA INZWISCHEN GLÜCKLICHER-WEISE eine ganze Menge Menschen, die sich eine ebenso große Menge Gedanken über ihren Fleischkonsum machen, die weniger oder sogar gar kein Fleisch mehr essen....und jeden Tag werden es mehr. Es ist natürlich für die meisten Menschen nicht immer leicht, diese Entscheidung zu fällen und sie dann auch durchzuziehen, und es gibt die verschiedensten Gründe, es zu tun. Manchen Menschen schmeckt Fleisch irgendwann einfach nicht mehr und sie lassen es dann eben weg. Das sind gewissermaßen Zufalls-Vegetarier, eine vermutlich relativ kleine Minderheit innerhalb der Minderheit. Andere bekommen vom Arzt klare Ansagen, was ihren Cholesterinspiegel, ihre Leberwerte oder sonstige gesundheitlich relevanten Marker angeht, und ziehen daraufhin aus Vernunftgründen einen ernährungstechnischen Schlussstrich. Die meisten Menschen aber, die aufhören, Fleisch zu essen, und dann irgendwann den einzig konsequenten Weg gehen, also sich vegan ernähren, tun dies aus Gründen des Mitgefühls gegenüber den Tieren und natürlich auch aus Verantwortungsgefühl für ihre Umwelt und damit ganz automatisch auch ihren Mitmenschen gegenüber. Ich will dieses Kapitel nicht ewig austreten, aber ein paar Sätze dazu sollten schon erlaubt sein. Die Art und Weise, wie der offensichtlich schier unersättliche Appetit auf Fleisch sich heutzutage mit dem Verhalten der 24/7-just-in-time Verfügbarkeitsgesellschaft und dem fatalen Anspruch auf Billigstpreise vermengt, ist an Obszönität, Gier, Dekadenz und Ignoranz kaum noch zu überbieten.

Wie ich ja schon weiter oben beschrieb, werden diese Tiere, deren Fleisch zu Lebensmitteln verarbeitet wird, unter solch grauenvollen Umständen gehalten, gequält und getötet, dass diese Zustände nur mit Filmen über dieses Thema dokumentiert werden können, verbal ist das kaum auszudrücken, dazu fehlt es selbst der so ausdrucksstarken und gut kombinierbaren deutschen Sprache schlichtweg am notwendigen, extrem drastischen Vokabular. Dazu kommt, dass die Menge an Antibiotika und Hormonen, die gegeben werden muss, damit diese armen Wesen diese Haltungsbedingungen überhaupt bis zu ihrem berechneten Todestag überleben, jedes vertretbare Maß tausendfach überschreitet.

All diese Stoffe landen am Ende durchs Fleischessen in unseren Körpern, dann in unseren Ausscheidungen, in denen dieser und anderer Tiere und damit oft wieder auf unseren Feldern. Und die dadurch immer resistenter und immer noch resistenter werdenden Keime verursachen in unseren Krankenhäusern katastrophale Belastungen, Krankheit und Tod. Dazu kommt, dass man die 14–16-fache Menge an Getreide aller Art braucht, um ein Kilo Fleisch zu erzeugen, von den zigtausenden Litern Wasser als Kollateralschaden ganz zu schweigen. Und als ob das nicht schwachsinnig und unlogisch genug wäre, erzeugen die Tiere durch ihre „Abgase" eine CO_2-Belastung, die größer ist als der gesamte Transportverkehr auf der Erde.

Ich mache es kurz: Dieser Planet könnte jetzt schon nicht alle auf ihm verweilenden Menschen mit Fleisch ernähren. In zwei bis drei Jahrzehnten werden wir so viele Menschen sein, dass es definitiv nicht ansatzweise möglich sein wird, alle mit Schnitzel und Steak zu versorgen. Je früher wir also damit anfangen, uns an die einzige Alternative zu gewöhnen, die wir haben, desto besser für uns alle. Und für unsere Erde. Dieser Planet hat leider weder einen Zwilling, noch ein Ersatzrad im Kofferraum. Und: Wir brauchen diesen Planeten. Aber dieser Planet braucht uns nicht. Genau genommen braucht uns die Erde wie wir ein Loch im Kopf. Überhaupt nicht.

Nun, zurück zum Thema. Ich habe unzählige Leute sagen hören: „Ich könnte ja eventuell schon auf Fleisch verzichten, aber beim Grillen....da würde ich auf jeden Fall wieder schwach werden oder umkippen."

Irgendwie ist da was am Grillen, das so eine unfassbare, allumfassende, interdisziplinäre Anziehungskraft ausübt, dass es jeder Beschreibung spottet. Was macht dieses Grillen nur so unglaublich attraktiv? Ist es der offensichtlich für die Majoriät der Menschheit unwiderstehliche Geruch? Sind es die Röstaromen, die dieses Suchtpotential entfalten? Ist es am Ende womöglich der immer noch in unseren Genen vor sich hin schlummernde Urzeitmensch, der uns das archaische Ritual des Zubereitens eines erlegten Tieres über dem mühsam entfachten, offenen Feuer wieder und wieder exzessiv und mit freundlicher Genehmigung der Firmen Weber, Tefal oder Severin zelebrieren lässt? Oder geht

Irgendwie lassen uns die Flintstones doch nie so richtig los.

es am Ende nur darum, einen weiteren Grund zu schaffen, um sich hemmungslos zu besaufen, vollzufressen und einen Riesenspaß zu haben? Wer will diese Frage zufriedenstellend beantworten? Ich hege den Verdacht, dass es eine Mixtur aus allen diesen Gründen sein wird, die bei jedem in der Relation zueinander verschieden ist, aber definitiv alle diese Zutaten beinhaltet.

Da wir aber mit Mutmaßungen auf Dauer nicht weiterkommen, versuchen wir das Ganze mal etwas analytischer anzugehen.

Da hätten wir zunächst den unwiderstehlichen Geruch von Grillgut aller Art. Tja. Wie soll ich Ihnen das jetzt sagen, lassen wir mal die Bratwürste außen vor, die riechen hauptsächlich wegen den Unmengen von Fett und Gewürzen so gut auf dem Grill....aber verbranntes Fleisch....das riecht eben so. Wenn man Sie auf einen Spieß stecken und langsam um ihre Längsachse rotieren lassen würde, wäre der Geruch sehr ähnlich, wenn nicht genauso „lecker". Totes Fleisch riecht so lange für Sie lecker, bis Sie es mit etwas Widerlichem, Abstoßendem oder Unmoralischem in Verbindung bringen. Ist jetzt vielleicht bisschen hart, aber wenn Sie den Geruch von brennendem Benzin, verkohltem Plastik und anderen Materialien von einem brennenden Auto von dem des darin eben verbrannten Fahrers subtrahieren könnten, würden Sie für eine Nanosekunde auch denken, dass es hier nach Grillgut riecht, bevor das Pietätsdenken, die Moral und die Abscheu und natürlich das Tabu Tod Ihre Gedanken zurechtstutzen würde und eine Art innere Spontan-Ablehnung eben dieses spontanen Gedankens erzeugen würde. Es gibt mindestens einen triftigen Grund dafür, warum Krematorien

exzellent funktionierende Filteranlagen haben, glauben Sie mir.

Genau so wird das aber auch sein, wenn Sie sich einmal lange genug vegan ernährt und sich vorgestellt haben, dass auf diesem Grill nicht Schnitzel, Steaks und Würste, sondern ganz profan Teile von toten Tieren liegen, die Sie langsam und kontrolliert verbrennen, um sie dann zu essen.

Wir haben hier um die Ecke einen kleinen See, und sobald das Wetter es zulässt, tummeln sich auf den riesigen Wiesen rund um diesen See Unmengen von Leuten mit ihren Familien und ihren ausladenden Grillausrüstungen. Was dort an jedem Sonnentag auf dem Grill landet, riecht wie ein Open-Air-Tierkrematorium und raucht wie eine Dampflokomotive aus dem Wilden Westen. Waren das früher noch vereinzelte vor sich hin brutzelnde Bratwürstchen auf kleinen Gas- oder Holzkohlegrills, so sind das heute zentnerweise Grillfleisch (es ist ja sooooo günstig und schon fertig eingelegt) und entsprechend riechende Rauchschwaden, die mir, wenn ich mich

WAS MACHT DIESES GRILLEN NUR SO UNGLAUBLICH ATTRAKTIV?

an so einem Tag aus Versehen mit dem Fahrrad dorthin verirre, fast den Atem rauben. Man wird das Gefühl nicht los, dass es hier irgendwo gewaltig brennt. Für mich inzwischen wirklich widerlich, und für alle Veganer die ich kenne auch. Das „Mindset" bezüglich des Geruchs von verbranntem Fleisch ändert sich komplett. Ganz von alleine.

Kommen wir zum zweiten möglichen Anziehungspunkt, den Röstaromen. Diese sind tatsächlich auf eine Art unwiderstehlich und daran ist auch nichts auszusetzen, solange man es nicht übertreibt. Natürlich kann man Gemüse und Pilze grillen, und auch unsere veganen Burger sind sehr lecker vom Grill. Wichtig ist, dass alles schonend behandelt wird. Denn wenn alles komplett schwarz ist, ist es eher schädlich. Das gilt für Fleisch ebenso wie für Gemüse oder Getreidebratlinge. Also immer schön langsam grillen oder braten, die Röstaromen entwickeln sich trotzdem und das Ganze bleibt weitestgehend ungefährlich. Was das angeht, ist also der Veganer genauso gerne am Grill wie der Fleischesser, und es gibt hier keinen Verzicht oder keine Probleme....außer, man hat nichts dabei;-).

Den dritte Punkt, der mit dem archaischen Trieb zum Feuermachen, Herumsitzen und irgendwas Erlegtes zubereiten zu tun hat, kann von mir als Laie nicht ausreichend beantwortet werden, schließlich bin ich kein Anthropologe oder Urzeit-Psychologe. Ich glaube, dass Feuer und das Versammeln um dieses Zentrum des Geschehens irgendeinen Urinstinkt (nein, nicht „Urin stinkt") in uns triggert, bzw. dass dieser Instinkt diesen Drang, das zu tun, auslöst. Also ich mache das sehr gerne, allerdings ohne tote Tiere, unsere Rezepte zeigen

Ihnen ja, wie es ohne Fleisch geht....und wie!

Der letzte Grund, nämlich einen selbigen zu finden, sich gnadenlos die Kante zu geben und Spaß zu haben....ist vielleicht, gleichzeitig der unvernünftigste und der plausibelste aller Gründe. Wie oft und in welcher Vehemenz Sie das dann schlussendlich tun, bleibt Ihnen, vegan hin oder her, immer selbst überlassen. Ich entlasse Sie in diese ureigenste, individuelle Entscheidung mit einem dreifach donnernden „Yolo!!!"

Was ich allerdings nicht ansatzweise nachvollziehen kann, sind die Mengen von Grillgut, die Grillwütige landauf, landab in sich hineinstopfen – offensichtlich, irgendeinem vollkommen unbekannten und unerforschten Zwang folgend. Sobald ein Feuer an oder eine perfekte Glut erreicht ist, wird alles, dessen man habhaft werden kann, auf den Grill gezimmert, als ob es kein Morgen gäbe. Jeder hat mindestens 800–1000 Gramm Material dabei, und es wird ständig gerufen, dass da noch eine Lage dieses oder jenes jetzt dann so weit wäre....bis wirklich der Letzte stöhnend in der Ecke liegt und nach dem obligatorischen Verdauungsschnaps röchelt (der übrigens, wenn er kein echter, kräftiger Kräuterbitter ist, die Verdauung eher deutlich verlangsamt als beschleunigt). Ich habe echt keine Ahnung, warum das so ist, aber es ist ein absolut stereotyper Vorgang, der bei nahezu allen „Grillern" so ist. So nach dem Motto....wenn das Feuer schon mal brennt, muss man das auch ausnutzen. Irgendwie lassen uns die Flintstones doch nie so richtig los.

Wir zeigen Ihnen in diesem Buch ein paar Rezepte und Vorschläge, die das Völlegefühl nicht ganz so drastisch werden lassen und bei denen Sie die Reue am nächsten Tag getrost komplett auf den Alkohol anwenden können, das Essen war auf jeden Fall hervorragend, gesund und nahrhaft.

Jedenfalls ist es spätestens jetzt widerlegt, dass veganes Grillen gar nicht geht, keinen Spaß macht oder nicht schmeckt.

Uns macht es allen einen Riesenspaß, und die spürbare Leichtigkeit, die sich einstellt, wenn man das schlechte Gewissen weder den armen Tieren gegenüber noch gegenüber seiner eigenen Gesundheit haben muss, steigert den Spaßfaktor wirklich deutlich.

Also: Don't kill to Grill!!!

Neben meinen Rote-Bete-Küchle ist diese Version eines veganen Burgerbratlings bei jedem Grill-Event der absolute Oberburner. Die Küchle sind sehr schnell und einfach zu machen, was sie zu besonders interessantem Party-Food macht. Über die gesundheitlichen Vorteile von Spinat schreibe ich noch in weiteren Rezepten. Erwähnenswert sind auch die Leinsamen, die ich bei diesem Gericht als Ei-Ersatz verwende und die wertvolle, essentielle Omega-3-Fettsäuren beisteuern. Der Tofu rundet den Nährstoffmix mit seinem hohen Eiweißgehalt ab.

SPINATKÜCHLE

DIE ZUTATEN
FÜR CA. 15 BRATLINGE
(JE NACH GRÖSSE)

400 g weicher Tofu

1 kg frischer Blattspinat

2 Zwiebeln,
klein gehackt

2 Knoblauchzehen,
fein gehackt

2 gestrichene TL Salz

½ TL Muskat

½ TL schwarzer Pfeffer

10–15 gehäufte EL Semmelbrösel

4 EL gemahlene Leinsamen

2 EL Kichererbsenmehl

1 EL Senf

1 TL Rohrzucker

Olivenöl zum Braten

DIE ZUBEREITUNG
60 MINUTEN

Den Tofu in eine große Schüssel oder direkt auf die Küchenarbeitsplatte (je nach Gesamtmenge) kleinbröseln. Blattspinat kurz mit kochend heißem Wasser übergießen, in der Küchenmaschine zerkleinern und danach gut ausdrücken, um Flüssigkeit zu entfernen. Zum zerbröselten Tofu dazugeben.

Die restlichen Zutaten dazugeben und mit den Händen sorgfältig zu einem Teig kneten. Daraus dann flache Burgerbratlinge formen. Am besten geht das, wenn man die Hände immer wieder anfeuchtet. Dann kleben die Bratlinge nicht an den Händen.

In einer oder mehreren Pfannen reichlich Olivenöl erhitzen und die Bratlinge kurz auf beiden Seiten anbraten, bis sich Röstaromen bilden und die Oberfläche saftig-kross wird. Aus der Pfanne nehmen und auf Küchenpapier auslegen, damit überflüssiges Fett ablaufen kann. Etwas abkühlen lassen und danach für 20 bis 30 Min. in den auf 180 Grad Umluft vorgeheizten Backofen geben.

ROTE-BETE-
MÖHREN-KÜCHLE

1 kg Rote Bete,
*geraspelt oder durch die Küchen-
maschine zerhäckselt*

350 g Möhren,
*geraspelt oder durch die Küchen-
maschine zerhäckselt*

3 mittelgroße Kartoffeln

2 Zwiebeln,
fein gehackt

5 Knoblauchzehen,
fein gehackt

8 gehäufte EL Vollkorn-Semmelbrösel

8 gehäufte EL Kartoffelmehl

1 gestrichener EL Salz

1 gestrichenen EL Pfeffer

1 EL Senf

3 EL getrocknete Majoranblätter

DIE ZUBEREITUNG
90 MINUTEN

Die Kartoffeln schälen und kochen. Das zerkleinerte Gemüse mit den restlichen Zutaten zu einer Masse vermischen. Die Kartoffeln dazugeben und mit einem Kartoffelstampfer zerdrücken. Mit den Händen zu einem Teig kneten, so dass sich alle Zutaten gut miteinander verbinden und vermischen. Beim Kneten darauf achten, den Flüssigkeitsgehalt zu regulieren. Der Teig sollte Klebeeigenschaften haben. Er darf nicht zu feucht und auch nicht zu trocken sein. Wenn Probebratlinge nicht richtig zusammenhalten, einfach etwas Kartoffelmehl dazugeben und weiterkneten.

Sobald der Teig die richtige Konsistenz hat, Bratlinge formen, die in reichlich Olivenöl ausgebraten werden, bis sich Röstaromen bilden und sich die Oberfläche auf beiden Seiten kross schließt. Kurz auf Küchenpapier ruhen lassen und dann im auf 150 Grad Umluft vorgeheizten Ofen 30 Min. reifen lassen.

▬ Achtung beim Schälen und beim Teigkneten! Am besten mit Einweglatexhandschuhen, da Rote Bete schnell für rote Finger sorgen kann.

Ein weiteres kulinarisches Party-Highlight. Diese Burgerbratlinge oder Küchle, wie wir Schwaben sagen, sind bei Festivitäten immer ruckzuck vergriffen. Sie sind einfach herzustellen und sehr gesund. In Studien mit Sportlern wurde nachgewiesen, dass Rote-Bete-Saft die Sauerstoffaufnahme im Blut um bis zu 19 % verbessern kann. Die mögliche Leistungssteigerung kann man schon als effizientes Doping bezeichnen. Mit derselben Menge Sauerstoff steht durch die Rote Bete bei Ausdauerleistungen mehr Energie zur Verfügung.

GEGRILLTE MAISKOLBEN
MIT KOHLRABI-CARPACCIO

DIE ZUBEREITUNG
30 MINUTEN

DIE ZUTATEN
FÜR 4 PERSONEN

2 große Kohlrabi,
*durch die Reibe in hauchdünne
Scheiben gerieben*

4 Maiskolben,
von ihren Blättern befreit

Vinaigrette für das Carpaccio:

Saft einer halben Zitrone

6 EL Olivenöl

1 gehäufter TL Senf

1 gehäufter EL Koriander

½ TL Salz

50 ml heißes Wasser

Würze:

1 Messerspitze geräuchertes
Paprikapulver

3 EL Olivenöl

1 TL Salz

Die hauchdünnen Kohlrabischeiben in einer flachen Schüssel anrichten. Dabei immer mehrere Scheiben übereinanderlegen. So wie sie aus der Reibe kommen, direkt zu kleinen Häufchen zusammenlegen und auf der Anrichteplatte/flachen Schüssel links und rechts am äußeren Rand anrichten.

Die Zutaten der Vinaigrette zusammenrühren und beiseitestellen, damit sie durchziehen kann.

Die Maiskolben 10 Min. lang in Salzwasser kochen. Danach auf einem Backpapier in den vorgeheizten Ofen geben und mit Hilfe der Grillfunktion bei mindestens 180 Grad (je nach Ofen) grillen, bis sie eine schöne knusprig goldene bis braune Farbe bekommen.

Das geräucherte Paprikapulver mit Olivenöl und Salz zu einer Gewürzmischung verrühren und mit Hilfe eines Pinsels die Maiskolben damit bestreichen.

Ich mag frischen **Mais**, gegrillt oder gekocht. Bei dieser Rezeptur korrespondiert er perfekt mit dem **Kohlrabi**. Ich bevorzuge ihn in frischer Form, weil er dann besonders reich an gesunden Inhaltsstoffen ist, wie z. B. verschiedenen B-Vitaminen, Vitamin E, C und dem Provitamin A. Des Weiteren bietet er Kalium, Eisen, Kalzium, Phosphor, Natrium und Zink. Er liefert zudem besonders viele Ballaststoffe. Aber auch Makronährstoffe wie Fett, Kohlenhydrate und Proteine. Geschmacklich ist gegrillter **Mais** einfach leckerer als der aus der Dose.

BUNTE RIESENBOHNEN IN TOMATENRÄUCHERSAUCE

DIE ZUTATEN
FÜR 8 BIS 10 PERSONEN

1 kg Riesenbohnen,
über Nacht eingeweicht

3 kleine Zwiebeln,
fein gehackt

2 Knoblauchzehen,
fein gehackt

250 g Räuchertofu,
in kleine Würfel geschnitten

1 Liter Wasser,
das den Saft einer Zitrone enthält

1 kg passierte Tomaten

800 g Dosentomaten,
stückig

2 EL Senf

4 EL Tomatenmark

2 gehäufte TL geräuchertes
Paprikapulver

1 ½ EL Himalayasalz

3–4 EL Olivenöl zum Braten

DIE ZUBEREITUNG
90 MINUTEN +VORBEREITUNGSZEIT
FÜR DAS EINWEICHEN
DER BOHNEN 12 STUNDEN

Das Wasser, in dem die Bohnen über Nacht eingeweicht wurden, abgießen und die Riesenbohnen in ausreichend Salzwasser ca. eine Stunde bissfest kochen.

Zwiebeln, Knoblauch und Räuchertofu in Olivenöl anbraten, bis sie Röstaromen annehmen und hellbraun sind. Mit dem Zitronenwasser ablöschen. Dann die passierten Tomaten und die Dosentomaten dazugeben. Senf, Tomatenmark, geräuchertes Paprikapulver und Himalayasalz dazugeben und eine Weile köcheln lassen, bis sich eine sämige Sauce ergibt bzw. bis das Gericht die gewünschte Konsistenz hat.

Hülsenfrüchte gehören nachweislich zu den pflanzlichen Nahrungsmitteln, die die Lebenserwartung verlängern. Sie sind eine hervorragende pflanzliche Eiweißquelle und bieten eine Menge gesunder Ballaststoffe wie auch Mikronährstoffe. Schon eine einzige Portion Bohnen kann den Tagesbedarf an Folsäure und Eisen decken. Das Niacin und die Pantothensäure sind zwei Vitamine, die für eine gesunde Haut wichtig sind. Zusammen mit den Tomaten ist dieses Bohnengericht ein Top-Lieferant für beide Vitamine.

KOMMEN WIR NUN ZU DEN UNANGE-
NEHMEN THEMEN DIESES BUCHES:
DIE QUADRATWURZEL.
DIE WURZEL ALLEN ÜBELS.
DIE WURZELBEHANDLUNG.
NEIN....NUR SPASS .

BACK TO THE ROOTS.... ODER: WURZEL^2

AUS WURZELN, TATSÄCHLICH, kann man unendlich viele schmackhafte Gerichte zaubern. Es gibt bei uns immer die verschiedensten Wurzeln zu kaufen, denn sie wachsen fast das ganze Jahr hindurch und sie halten sich sehr, sehr lange. Man kann sie roh essen, kochen, pürieren, braten, zu Suppe verarbeiten, einkochen, sauer oder süß einlegen, die Möglichkeiten sind echt fast endlos. Und es gibt so viele verschiedene Wurzeln, mit so unterschiedlichen, guten Eigenschaften, dass es auch das ganze Jahr über immer wieder viele gute Gründe gibt, sich auf diese Vorzüge und Nährstoffe zu besinnen und sie in der Küche regelmäßig einzusetzen.

Versuchen wir uns an einer kleinen Aufzählung:

▶ Möhren
▶ Pastinaken
▶ Rote Bete
▶ Petersilienwurzeln
▶ Topinambur
▶ Rettich
▶ Knollensellerie
▶ Steckrüben
▶ Meerrettich
▶ Schwarzwurzel
▶ Mairüben

Dazu kommen noch unzählige Kreuzungen oder Gattungs-Überschneidungen, wie die Kartoffel, der Spargel, der Lauch oder exotischere Pflanzen wie Maniok und Ingwer.

Als ich aufgehört habe, Fleisch zu essen, war ich, wie wohl die meisten Menschen, die das tun, erst mal auf der „Jagd" nach fleischähnlichem Essen. Ich wollte das Gewohnte, das Einfache, das Naheliegende. Einen vegetarischen Hamburger, eine Veggie-Wurst oder sogar ein pflanzliches Schnitzel. Ich habe unzählige Supermärkte halbleer gekauft auf der Suche nach einer fleischlosen und schmackhaften Variante dieser Klassiker. Es hat mich bis heute nichts davon wirklich überzeugt. Abgesehen davon, dass ich weit, weit vor meinem Entschluss, tierische Produkte zu vermeiden, aufgehört habe, irgendwelche Fertigprodukte zu mir zu nehmen, schmecken diese ganzen Fleisch-Derivate....oder....ich weiß immer nicht so richtig, was besser passt....Fleisch-Surrogate....einfach überhaupt nicht. Es wird mit unsäglichem Labor-Aufwand und nahezu ungebremst mit jedem physikalischen und vor allem chemischen Aufwand versucht, sowohl die Konsistenz als auch den Geschmack von Fleisch zu imitieren, was am Ende zur Folge hat, dass man einen Cocktail aus Farbstoffen, Emulgatoren, Bindemitteln und irgendwelchen abstrusen Geschmacksverstärkern nebst mehr oder weniger nährwertlosen Rest-Fasern erhält, den man nur noch mit viel Fantasie als Lebensmittel, keinesfalls jedoch als gesund und nahrhaft bezeichnen

VIELLEICHT GEWINNE ICH JA MIT DEM OKTAEDER-BURGER EINEN DESIGNPREIS.

kann. Ich persönlich habe mich schnell dazu entschlossen, auch dieses ganze Zeug einfach gar nicht mehr anzurühren, und habe mir meine eigenen Rezepte erarbeitet und zusammengebastelt, von denen Sie ja in diesem Buch eine Menge vorfinden.

Ich mache meine Burger aus einer ziemlich ausgefuchsten Mischung, ich nehme Rote Bete, Möhren und Kartoffeln, oder Spinat, Tofu und Semmelbrösel, nebst diversen anderen Zutaten. Und erreiche damit problemlos eine angenehme Konsistenz, die dann durch das Ausbraten in Olivenöl und die dadurch entstehenden Röstaromen sehr schmackhaft wird. Es ist mir aber ehrlich gesagt nicht wichtig, einen Hamburger, eine Bulette oder etwas Ähnliches punktgenau zu imitieren. Warum auch? Es ist genauso wenig erstrebenswert, Fleisch „nachzubauen", wie es „verboten" ist, Formen wie einen Klops oder ein Pattie oder auch eine Wurst nachzuahmen.

Die militanten Fleischesser, die sich analog zu Charlton Heston mit seinen dämlichen Knarren das Fleisch angeblich nur aus ihren kalten, toten Händen reißen lassen würden, verspotten ja gerne Veganer, weil sie Tofu-Würste, Veggie-Burger oder Chili sin Carne essen, als inkonsequent. Das verstehe, wer will. Ich wusste nicht, dass Klopse, Würste oder gar Hack von der Fleischlobby geschützte geometrische Formen sind, die patentgemäß nur aus Fleisch, Wurstmasse oder sonst wie geschredderten Tieren bestehen müssen. Ich gelobe aber bei Bedarf gerne Besserung und arbeite im hauseigenen Food-Labor bereits fieberhaft an mindestens sechseckigen bis hin zu polygonen Formen, um nicht weiterhin Gefahr zu laufen, diese Patente zu verletzen....vielleicht gewinne ich ja auch mit dem Oktaeder-Burger einen Design-preis? Wer weiß....

Aber zurück zu den Wurzeln....back to the roots! Wurzelgemüse gehört zu meinem Speiseplan, jede Woche min-destens einmal. Eher öfter. Möhren nehme ich in jeder erdenklichen Form zu mir, manchmal einfach nur als Snack fürs Büro....Wurzeln sind etwas wirklich Tolles. Sie sind extrem billig und es gibt sie in unendlich vielen Geschmacksrich-tungen. Überlegen Sie mal, wie groß der geschmackliche Unterschied zwischen den süßlich-erdigen Roten Beten, einem scharfen Rettich und einer milden, butt-rigen Steckrübe ist. Wenn man sich dann die verschiedenen geschmacklichen und nährstofflichen Besonderheiten der Wur-zeln vor Augen führt und in der Küche zu beherrschen lernt, hat man es auch schnell raus, die richtigen Gewürze bei-zusteuern, und dann wird aus ein paar Wurzeln, einer Handvoll Gewürze und einem Brettchen voller gehackter Kräu-ter ein wahres Festessen, das sich jeder leisten kann, das nach keinem Sterne-koch schreit und das sowohl ohne Reue sättigt als auch gleichermaßen schmeckt wie beeindruckt.

Meine ersten pflanzlichen Schnit-zel waren Kohlrabi (ok, nur so 'ne halbe Wurzel), in einer Panade aus Wasser, So-jamehl (der Ei-Ersatz) und Maisbröseln. Ausgebraten in Olivenöl. Lecker. Ich habe an diesem Tag für mich festgestellt, dass das, was wir gemeinhin am Schnitzel so mögen, nicht ansatzweise mit dem Fleisch zusammenhängt, das hier in Pa-nade eingewickelt und in einer Art Fett gebraten wird. Es ist die Panade, die an sich schon mal lecker ist, die dann zu-sammen mit dem Bratfett und den beim Braten entstehenden Röstaromen einen Geschmack ausbildet, der einfach toll

ist. Dazu braucht man aber absolut kein Fleisch. Ich könnte Ihnen eine Mischung aus eingeweichten Bierdeckeln anrüh-ren, mit ein paar Gewürzen, ein bisschen zerquetschtem Knoblauch und ein biss-chen Stärke aufpeppen, das Ganze dünn ausrollen und panieren, es dann ausbra-ten und servieren....und ich bin mir si-cher, dass Sie es essen würden und dass es Ihnen schmecken würde.

Mein zweiter Versuch, im Univer-sum der Wurzeln mein veganes Re-bellenimperium aufzubauen, waren meine selbstausgedachten Rote-Be-te-Möhren-Küchle. Zunächst einmal: Bitte kaufen Sie ausschließlich frische Rote Bete (nicht die in Plastik verpack-ten, vorgekochten Dinger aus dem Super-markt, die funktionieren nicht), am bes-ten noch mit Blattgrün dran, denn daraus lässt sich zusätzlich ein exzellenter, sehr schmackhafter Salat machen.

Ein weiterer Tipp: Besorgen Sie sich eine Klinikpackung einfache Weg-werf-Latexhandschuhe. Denn mit der in-tensiven Farbe, die ein Pfund Rote Bete abgibt, könnten Sie locker 'nen mehrtä-gigen Batik-Workshop mit zwei gymna-sialen Unterstufenklassen veranstalten. Die Farbe ist sehr, sehr schön und optisch intensiv, aber ebenso hartnäckig, auf Kla-motten sowieso, aber auch und vor allem

auf der Haut. Drei Tage rote Flossen sind keine Ausnahme. Die Einweghandschuhe verhindern das und sind außerdem dünn genug, um einen Teig zu kneten, mit dem Messer umzugehen oder andere Arbeiten in der Küche zu verrichten, ohne dabei ein furchtbares Massaker zu veranstal-ten aufgrund fehlenden Gefühls in den Fingern durch dicke Gummihandschuhe.

Die Küchle habe ich in vielen Expe-rimenten immer weiter perfektioniert, inzwischen bin ich an einem Punkt ange-langt, an dem ich meinen Freunden nur noch selten sagen kann, dass ich welche mache, sonst stehe ich das ganze Week-end in der Küche und die Schlange der Wartenden an meiner Wendeltreppe wird länger und länger. Sie schmecken einfach sensationell, sind, wenn man es mal raushat, sehr einfach zu machen und man kann sie, und das ist natürlich mit der Knaller überhaupt....auch kalt aufs Brot oder Brötchen mit Senf oder Ketchup essen....und das ist einfach nur herrlich....wer geht nicht gerne mal an den Kühlschrank, nimmt sich so 'n Ding raus, nimmt sich 'ne Tube Senf und ein Stück Brot dazu und das Ganze schnell im Stehen....hach....klasse.

Na ja, das Rezept kommt ja gleich, aber ein paar Tipps gebe ich Ihnen jetzt schon mal vorab. Der erste Tipp, und der ist, wie ich meine einer, der in wenigen Büchern steht und den Sie aber unbe-dingt verinnerlichen sollten: Kein Ge-müse ist immer exakt so wie das andere. Rote Bete können klein oder groß sein, eine Woche alt oder ein halbes Jahr, und entsprechend beinhalten sie mehr oder weniger Wasser. Ebenso ist es bei Möh-ren, Zucchini oder zig anderen Gemüsen. Daher kommt es oft nicht auf die absolu-te Menge der Roten Bete oder Möhren in diesem Rezept an, sondern auf die finale

Ich mache meine Burger aus einer ziemlich ausgefuchsten Mischung....

Konsistenz des Teigs. Je nachdem, wie viel Wasser Sie aus den gehackten, geriebenen oder geschredderten Roten Beten oder Möhren herausdrücken, müssen Sie mehr oder weniger Mehl, Stärke oder Brösel dazugeben, damit der Teig formbar wird und zusammenhält. Sind die Dinger zu wässrig, bekommen Sie keine bissfesten Küchle. Ist der Teig zu mehllastig oder sonstwie zu fest, schmeckt die Mischung zu „getreidig" und verbrennt außen schnell, während sie innen teigig bleibt. Aber keine Sorge, Sie schaffen das. Wenn Sie ein klitzekleines bisschen Gefühl für diese Art des Kochens entwickeln, machen Sie das mit links. Und diese Dinger sind wirklich der absolute Burner (wie passend ;-)) auf jeder Grillparty. Sie können sie mit Kartoffelsalat und verschiedenen Grillsaucen ebenso servieren wie als klassischen Hamburger-Dish im Brötchen mit Zwiebeln, Gürkchen, Salat, Senf und Ketchup.

Und dann rate ich Ihnen, nehmen Sie sich einen schönen Sommerdrink, ein Glas Chardonnay oder eine selbstgemachte Pfefferminz-Zitronen-Limo und schauen Sie mal heimlich, aber genüsslich Ihren Freunden zu, wie sie sich diese kleinen Zauberküchlein reinhauen, als wenn es kein Morgen gäbe. Die Röstaromen, die sich durch das Braten in Olivenöl entwickeln, zusammen mit der Mischung und den enthaltenen Gewürzen und Kräutern erzeugen absolutes Suchtpotential. Aber....auch wenn Sie es heute vielleicht noch nicht glauben wollen....der Hauptgrund, warum diese Teile sich dieser unglaublichen Beliebtheit erfreuen, ist ein anderer. Sie „verfüttern" damit extrem gesundes Essen an Ihre Freunde. Und Ihre Freunde wissen das. Ob Sie es ihnen sagen oder auch nicht. Rote Bete gelten schon lange

als gesunde Super-Knolle und dazu kommen dann noch Möhren, Zwiebeln und Knoblauch....und beim Braten natürlich das extrem gesunde und schmackhafte Olivenöl.

Da Sie sich als Veganer kaum Gedanken über übermäßigen Konsum von Fetten Gedanken machen müssen, haben Sie mit diesen kleinen, leckeren Schnuckelchen eine wirkliche, wahre Wunderwaffe in der Hand. Sie sind Ihres latenten, multilateralen schlechten Fleischesser-Gewissens beraubt (....„ich sollte ja nicht so viel Fleisch essen, hat der Arzt gesagt"....„oje, das ist wieder der Horror für meine Cholesterinwerte"....„mir tun die Tiere ja eigentlich schon leid, aber Grillen ist halt schon cool"....), werden Ihre Freunde wie die Wölfe über Ihr veganes Grillangebot herfallen, soviel kann ich Ihnen versprechen. Denn es gibt kein schlechtes Gewissen bei meinen Rote-Bete-Möhren-Küchlein. Sie sind cholesterinfrei, topgesund und megalecker. Der Rekord bei meinem „tapfersten" Grillgast liegt bei zwölf Stück, das ist immerhin fast ein Kilo „Material".... huiiii. Ich würde das nicht schaffen.... aber mein Freund Kai Ströbel ist ein echter „Durchlauferhitzer"....so ein Typ, der am Tag sieben warme Mahlzeiten zu sich nehmen könnte, abends noch zwölf Küchle und ein halbes Pfund Hummus....

und zack....hätte er am nächsten Tag drei Kilo....abgenommen. Bei mir ist das ja von der genetischen Grundveranlagung her eher genau andersrum. Ich kann mit 10 km/h an einem Teller Essen vorbeilaufen oder das „K" von Knödel in der Zeitung lesen und habe am nächsten Tag drei Kilo mehr. Tja....so isses, macht nix. Ich esse weniger, dann bleibt mehr für Kai und alle sind zufrieden, perfekt, oder Kai?

Aber natürlich gibt es noch viel mehr als nur Rote Bete und Möhren. Zum Beispiel die Pastinake, die glücklicherweise auf unseren Märkten wieder auf dem Vormarsch ist, denn schließlich lassen sich aus ihr sehr leckere Suppen, deftige Eintöpfe oder feine Crèmes machen. Und Pastinaken sind extrem sättigend, enthalten ätherische Öle, die natürlich antibakteriell wirken, und ihr Anteil an Vitamin C, Kalzium und Phosphor kann sich auch sehen lassen. Witzigerweise ist die Pastinake in Deutschland viel weniger verbreitet als beispielsweise in England oder Asien, wird aber trotzdem gerne „Germanenwurzel" genannt. Wer es ein bisschen kräftiger mag, kann auch Petersilienwurzeln nehmen, die sind im Geschmack sehr nah an der Pastinake, nur, wie erwähnt, etwas kraftvoller im Aroma.

Eine weitere sehr interessante, aber nicht besonders bekannte Wurzel ist Topinambur. Sie ist etwas süßlicher und wässriger als die Kartoffel, ist aber auch sehr vielfältig verwendbar und hat vor allem aus medizinischer Sicht hervorragende Eigenschaften, da sie reich an Ballaststoffen ist und sehr schnell und nachhaltig sättigt.

Ich könnte jetzt noch seitenweise Wurzeln und ihre Eigenschaften aufzählen, aber es geht mir ja hier nicht um

Vollständigkeit, sondern um das Anstacheln Ihres Bewusstseins für Ernährung, um pure Inspiration. Wurzeln googeln können Sie ja dann selbst, nehme ich an....;-).

Zu guter Letzt dieses Kapitels möchte ich noch eines loswerden. Back to the roots soll auch heißen, dass wir uns wieder ein bisschen auf unsere eigenen Wurzeln besinnen. Denn wir haben längst alle den „normalen" Pfad der Ernährung verlassen und torkeln, ziemlich alleingelassen, durch ein fast undurchdringliches Dickicht von manipulierender Werbung, die uns ihre aus Lebensmittel-Labors stammenden Kreationen als gesund, frisch und unverzichtbar verkaufen will.

Diese Produkte sind verpackt, bedruckt und passen in unsere Hochglanzwelt aus Plastik, Stahl und Beton wie die Faust aufs Auge. Dahingegen kommt natürlich eine knorrige Wurzel mit ihren zufälligen, teils fast amorphen Formen, Furchen und Auswüchsen, oft noch mit der Muttererde „befleckt", in der sie gewachsen ist, fast schon wie ein Wesen aus einer anderen Welt daher. Aber diese Wurzeln und Knollen haben uns erst zu dem gemacht, was wir sind, und sie haben es mehr als verdient, dass wir uns ihnen wieder mehr zuwenden.

Sie können uns ernähren, heilen, uns Energie liefern und unsere Ernährung um so vieles besser und gesünder machen. Und das zu einem Spottpreis. Für mich sind Wurzeln und Knollen die unterschätztesten Gewächse in der westlichen Welt. Und wenn Sie nach der Lektüre dieses Kapitels anfangen, im wahrsten Sinne zurück zu Ihren Wurzeln zu gehen, und auf dem Markt nicht mehr so achtlos an den dreckigen, unauffälligen, kleinen Wunderwerken der Natur vorbeigehen, dann bin ich froh darüber, diese Inspiration bei Ihnen ausgelöst zu haben.

Back to the roots!

Ein lange vergessenes Gemüse, das besonders für Diabetiker geeignet ist, wird langsam wiederentdeckt.
Kleinere Pastinaken sind schmackhafter als große. Nicht zu lange dünsten oder braten, da sonst Bitterstoffe entstehen können. Die Pastinake ist sehr gesund. Sie enthält vor allem Folsäure, Vitamin A, E, C und B. An Mineralien bietet sie Kalium, Kalzium und Eisen.

PASTINAKENSUPPE

DIE ZUTATEN
FÜR EINE VORSPEISE FÜR 4 PERSONEN —
ODER ALS HAUPTSPEISE
FÜR 2 PERSONEN

750 g Pastinake

1 kleine Knolle frischer Knoblauch
(oder drei Zehen trockener Knoblauch),
fein gehackt

10 g frischer Ingwer,
klein gewürfelt

Chilifäden als Garnitur

4 EL Kürbiskernöl

2 gestrichene TL Salz

1 gestrichener gemahlener
TL Cayennepfeffer

500 ml Gemüsebrühe

50 ml Reis- oder Soja-Cuisine

Sesamöl zum Braten

DIE ZUBEREITUNG
25 MINUTEN

Knoblauch in Sesamöl leicht anschwitzen und mit der Gemüsebrühe
ablöschen. Die Pastinake und die
Hälfte des Ingwers dazugeben und auf
mittlerer Stufe köcheln lassen, bis die
Konsistenz weich ist. Kürbiskernöl, Salz
und Cayennepfeffer dazugeben und
pürieren. Mit der Reis- oder Soja-Cuisine verfeinern. Mit Chilifäden und
dem restlichen Ingwer garnieren und
servieren.

BUTTERRÜBEN-
SUPPE

ROTE-BETE-
SALAT

DIE ZUTATEN
FÜR 6 PERSONEN

10 g frischer
Kurkuma,
*geschält und klein
gehackt*

3 Butterrüben (ca. 1 kg),
*geschält und klein ge-
würfelt*

1 bis 2 Knoblauchzehen,
klein gehackt

1 Liter Wasser

1 gehäufter TL
Himalayasalz

1 gehäufter TL hefefreie
Gemüsebrühe

2 TL Zucker

1 TL frisch gemörserter
weißer Pfeffer

DIE ZUBEREITUNG
30 MINUTEN

Butterrüben, Kurkuma
und Knoblauch zum Ko-
chen bringen. Die restli-
chen Zutaten dazugeben
und ca. 20 Min. kochen.

DIE ZUTATEN
FÜR 4 PERSONEN

600 g Rote Bete,
*geschält und in dünne
Scheiben geschnitten*

4 Knoblauchzehen,
klein gewürfelt

Saft einer Zitrone

4–6 EL Olivenöl

1 Bund Petersilie,
klein gehackt

DIE ZUBEREITUNG
30 MINUTEN

Rote Bete in einen Topf
mit Wasser geben und
ca. 6–8 Min. kochen. Das
Wasser abgießen und
die Rote Bete mit kaltem
Wasser abschrecken
und in eine Schüssel
geben. Den Knoblauch
dazugeben und mit Salz
abschmecken. Zitrone,
Olivenöl und Petersi-
lie unterrühren. Alles
gut durchmischen und
20 Min. lang im Kühl-
schrank ziehen lassen.

Vorsicht beim Schälen der Kurkumawurzel. Man bekommt schnell gelbe Finger davon. Am besten Einweghandschuhe aus Latex dafür verwenden. Davon habe ich immer eine Großpackung in der Küche stehen, da ich immer wieder farbintensives Gemüse verarbeite, wie z. B. auch Rote Bete, die ebenfalls stark abfärbt. Kurkuma oder auch Gelbwurzel genannt, ist in Asien seit Ewigkeiten bekannt. Der Wurzel werden mittlerweile geradezu sagenhaft positive gesundheitliche Effekte nachgesagt. Sie soll die Verdauung fördern, Entzündungen hemmen, Magen-Darm-Irritationen lindern, vor Krebs schützen, die Fettverbrennung ankurbeln und eine gute Prophylaxe gegen Alzheimer bieten.

Rote Bete sind ein Mega-Superfood! Die Eigenschaften kann ich gar nicht alle im Rahmen eines Rezepts aufzählen und werde sie daher auf mindestens zwei verteilen. Rote Bete liefert Vitamin C, A und einige B-Vitamine sowie Protein. Als wäre das nicht genug, bietet sie zudem Jod, Folsäure, Magnesium, Kalium und Phosphor. Der Stoff, der ihr die rote Farbe verleiht, heißt Betanin und der hat es ebenfalls in sich. Betanin wirkt wie ein Booster auf unser Immunsystem und schützt uns vor Erkrankungen. Zudem schützt Betanin unsere Blutgefäße.

GEMISCHTES DOPPEL AUS ZWEI SELLERIE- UND ZWEI NUSSSORTEN

DIE ZUTATEN
FÜR 3 BIS 4 PERSONEN

Powersalat:

1 große Sellerieknolle,
geschält und mittelgroß gewürfelt

1 ganze Staudensellerie,
in ca. 5 mm breite Stücke geschnitten

100 g Walnüsse,
grob zerkleinert

100 g Cashewkerne,
gebrochen und zerkleinert

4 Knoblauchzehen,
fein gehackt

1 EL in Essig eingelegte
grüne Pfefferkörner

Sesamöl zum Rösten

Vinaigrette:

8 EL Rotweinessig

2 EL Distelöl

1 TL Senf

1 Prise Salz

1 gehäufter EL getrockneter Liebstöckel

1 Prise Zucker

DIE ZUBEREITUNG
35 MINUTEN

Die Sellerieknolle in Salzwasser bissfest kochen. Walnüsse und Knoblauchzehen in etwas Sesamöl rösten. Beides in eine große Salatschüssel geben und alle restlichen Zutaten für den Salat hinzufügen.

Sämtliche Zutaten der Vinaigrette verrühren, über den Salat geben und gut durchmischen. 10 Min. unter einem Handtuch ziehen lassen und warm servieren.

Ein weiteres Beispiel für einen echten Powersalat. Staudensellerie gehört zu den Gemüsesorten mit weniger als 20 Kalorien pro 100 g. Sellerie ist besonders reich an Natrium, Kalium, Kalzium und Magnesium. Die in der Sellerie enthaltenen sekundären Pflanzenstoffe kurbeln den Stoffwechsel an. Der hohe Kaliumgehalt sorgt für eine entschlackende Wirkung. Sellerie wirkt zudem entspannend und beruhigend.

ODE AN DIE KARTOFFEL

....EIN ECHTES SUPERFOOD!

ALS IN DEN 60ERN GEBORENER spreche ich wohl für mindestens eine Generation, die es als vollkommen normal empfand, wenn standardmäßig „Kartoffelwasser" aufgesetzt wurde, bei nahezu jeder größeren Mahlzeit. Es war in den Haushalten, die ich als Kind und junger Mann kennengelernt habe, das Normalste der Welt, ein Gericht sozusagen „um die Kartoffel herum" zu bauen. Denn die Kartoffeln lagen, mindestens ein bis zwei Zentner davon – je nach Familiengröße – wohlbehütet in einem tiefen, dunklen, relativ kühlen Keller. Neben der „Steige" Äpfel, den Getränkekisten und gegenüber der obligatorischen Heimwerker-Werkbank des Vaters. Und jede Familie hatte einen „Kartoffeltopf". Also einen großen, wirklich großen Topf, in dem man eine ausreichende Menge Kartoffeln kochen konnte, denn bei einer Tafel von sechs bis zwölf Personen, anlässlich irgendwelcher Familienfeste oder Feiertage, mussten zur Grundversorgung schon mal 10 kg der leckeren Knollen gekocht werden.

Ich bin mir ziemlich sicher, dass die Kriegs- und Nachkriegsgeneration das selbstverständliche und natürliche Verhältnis zur Kartoffel nicht aus nährstofflichem Bewusstsein oder gar aus ernährungswissenschaftlichen Gründen entwickelt hat. Es hatte natürliche, einfache und logische Gründe. Und bevor wir jetzt in die heute bekannten Fakten und den daraus abzuleitenden positiven Eigenschaften der Kartoffel einsteigen, nehmen wir doch einfach mal diese ganz simplen Gründe als Grundlage:

Die Kartoffel ist billig, sie wächst in unseren Breitengraden hervorragend, man kann sie sehr lange lagern, sie ist extrem schmackhaft und man kann sie auf nahezu unbegrenzt viele Arten zubereiten. Pellkartoffeln, Salzkartoffeln, Ofenkartoffeln, Baked Potato, Pommes frites, Kartoffelpuffer, Kartoffelgratin, Kartoffelkroketten, Kartoffelknödel, Kartoffelbrot, Kartoffelspieße, Kartoffelchips, Rösti, Kartoffelküchle, wilde Kartoffeln, Kartoffelbrei….und diese Liste erhebt wahrlich keinen Anspruch auf Vollständigkeit.

Der immer wieder in Wellenbewegungen aufkommende Ruf der Kartoffel als Dickmacher ist im Übrigen vollkommen unbegründet und kann allenfalls aus der einen oder anderen Verarbeitungsweise entstanden sein, wie die Klassiker Pommes frites oder Kartoffelchips aufzeigen. Deren extreme Kaloriendichte liegt aber nicht an der Kartoffel selbst, sondern am zugesetzten Fett beim Frittieren oder Braten….oder, dass sie zu Schweinebraten, Schnitzel oder zwanzig Bier konsumiert werden.

Die Kartoffel selbst ist in ihrer Ausgewogenheit von Geschmack, Nahrhaftigkeit, der Vielfalt der Verarbeitungs- und Zubereitungsmöglichkeiten und dem zu erreichenden Sättigungsgefühl eine wahre Wunderknolle. Und: Ein ganzes Kilogramm Kartoffeln hat gerade mal 700 kcal. Sie ist lange haltbar….bleibt lange warm….man kann sie nach dem Zubereiten auch am nächsten oder übernächsten Tag noch essen, weiterverarbeiten, genießen.

Die Kartoffel (wobei es bei der Vielfalt, die es an Kartoffelsorten gibt fast schon eine Frechheit ist, von der Kartoffel zu sprechen) spielt in meiner aktuellen, veganen Küche eine mindestens so große Rolle, wie sie in den 50er und 60er Jahren als billiges Grundnahrungsmittel der Nachkriegs- und Wirtschaftswunderzeit gespielt haben dürfte. Mit dem Unterschied, dass ich die Kartoffel ganz bewusst und gezielt verwende, und nicht aus der Not heraus. Es gibt für mich unter den sogenannten „Superfoods" nichts Vergleichbares, was die universelle Verarbeitung, den wahrnehmbaren, aber nicht aufdringlichen Geschmack und die positiven Eigenschaften angeht. Natürlich gibt es viele andere Superfoods, wie zum Beispiel Grünkohl oder Brokkoli, und selbstverständlich verarbeite ich diese beiden leckeren Gemüse auch oft und gern. Aber Kohl bleibt Kohl, und die ätherischen Öle, die der Kohl bei der Verarbeitung absondert, kann ich persönlich nicht jeden Tag riechen. Der erdige, angenehm unaufdringliche Geruch von gekochten, frisch geschälten, geriebenen oder gebratenen Kartoffeln hingegen wird mir niemals lästig.

Sprechen wir von der gesundheitlichen Relevanz der Kartoffel, geht dem einen oder anderen sicherlich ein Licht auf.

Kartoffeln sagt man eine fast unglaubliche Reihe von Eigenschaften nach, die über die Jahre mit verschiedensten Studien nachgewiesen werden konnten. Der regelmäßige Verzehr von Kartoffeln wirkt sich grundsätzlich positiv auf den Stoffwechsel aus, die Bereitstellung von Energie wird prinzipiell verbessert. Sofern man die Schale mit verzehrt, was man immer tun sollte, wenn es möglich ist, ist die dadurch erfolgende Zufuhr von Ballaststoffen extrem gesundheitsfördernd. Weiterhin gelten Kartoffeln als:

Früher war es das Normalste der Welt, ein Gericht „um die Kartoffel herum" zu bauen.

▶ blutdrucksenkend

▶ krebsrisikosenkend

▶ hilfreich bei der Regulierung des Blutzuckerspiegels

▶ allgemein das Risiko für Herz-Kreislauf-Erkrankungen senkend usw.

Die Menge der Nährstoffe, die diese Knolle enthält, ist in jeder Hinsicht spektakulär, von einem großen Vitamincocktail über Aminosäuren bis bin zu nahezu allen wichtigen Mineralien ist alles am Start, was uns am Leben hält und unsere Körperfunktionen regelt.

Eine Kartoffel, die besondere Erwähnung finden sollte, ist die Süßkartoffel. Sie ist nur entfernt mit „richtigen" Kartoffeln verwandt, die zur Familie der Nachtschattengewächse gehören. Süßkartoffeln hingegen gehören zur Familie der Windengewächse. Auch sie liefern unglaublich viele gesunde Nährstoffe, die unter anderem den Hauptkalorienlieferanten einer der sagenumwobenen und offensichtlich erfolgreichsten Ernährungsweisen überhaupt darstellt: Auf der japanischen Insel Okinawa zum Beispiel, auch Insel der Hundertjährigen genannt, leben besonders viele alte Menschen. Studien haben ergeben, dass man auf Okinawa hauptsächlich Süßkartoffeln isst, die offenbar lebensverlängernd wirken. In Japan bestand die traditionelle Diät dieser ältesten Menschen der Welt zu 70 % ausschließlich aus den dort angebauten Süßkartoffeln, die sie täglich und in den verschiedensten Zubereitungsarten konsumiert haben.

Nachfolgend ein paar Tipps, wie man mit Kartoffeln umgehen sollte: Kartoffeln sollten nach Möglichkeit immer unverpackt gekauft werden oder maximal in Netzen oder Papiertüten. In Plastik luftdicht eingeschweißte Kartoffeln sollten grundsätzlich vermieden werden.

Grün schimmernde oder bereits keimende Kartoffeln sollten Sie nicht verwenden, da diese bereits das giftige Alkaloid Solanin enthalten. Deshalb Kartoffeln auch besser nicht in der Sonne lagern.

Der ideale Lagerplatz für Kartoffeln ist ein dunkler und trockener Platz, der nicht wärmer als sieben bis zehn Grad Celsius sein sollte. Bei höheren Temperaturen fangen Kartoffeln schnell an zu keimen. Wer keinen Keller hat, sollte sie dennoch nicht im Kühlschrank lagern, da zu kühle Temperaturen die Stärke in Zucker verwandeln und den Geschmack der Kartoffeln verändern. Kartoffeln sollten auch nicht direkt zusammen mit Zwiebeln gelagert werden, da beide Gemüse Gase ausströmen, die das jeweils andere Gemüse qualitativ verschlechtern.

Sonneneinstrahlung sollte in jedem Fall vermieden werden, da auch dabei das Solanin entstehen kann. Solanin kann Depressionen, Durchfall, Kopfschmerzen und sogar Atemnot auslösen.

Gekochte Kartoffeln halten sich im Kühlschrank sehr gut mehrere Tage. Sie sind aber nicht so gut einzufrieren.

Die Schale der Kartoffel ist sehr reich an Nähr- und vor allem auch an Ballaststoffstoffen. Ich empfehle Ihnen, Kartoffeln unter kaltem Wasser mit einer Gemüsebürste gut abzureiben und, wann immer es möglich ist oder eben zum entsprechenden Rezept passt, mit Schale zu verarbeiten und zu essen! Natürlich geht das nicht bei Kartoffelbrei, Kartoffelpuffern oder anderen Verarbeitungsmethoden, sondern reduziert sich auf gekochte Kartoffeln (wir kennen sie eigentlich unter dem Namen Pellkartoffeln, was aber wiederum implizieren würde, dass man sie pellt, was wir nicht tun….etwas verwirrend….ähm….ja….) und auf Potato Wedges oder Ofenkartoffeln.

Wenn Sie Kartoffeln schälen wollen oder müssen, dann immer erst direkt vor der Verarbeitung, da sie sehr schnell oxidieren, also braun werden. Um das zu vermeiden, kann man sie auch geschält in klares Wasser mit einem Schuss Zitronensaft legen. Das verhindert, dass sie eine dunkle Farbe annehmen und dass sie beim Kochen womöglich vollkommen ihre Form verlieren.

Ich kann Ihnen nur raten, sich wieder daran zu gewöhnen, Kartoffeln in fast jeder Zubereitungsart auch als Hauptmahlzeit zu essen, egal in welcher Zubereitungsform. Pellkartoffeln zum Beispiel, mit einem Schuss Olivenöl und ein bisschen Salz, sind für mich mindestens einmal die Woche eine Mahlzeit, die ich nicht missen möchte.

Und auch die Bratkartoffeln, geschälte, mit dem Nicer Dicer in Würfel zerlegte, rohe Kartoffeln mit ein paar Zwiebeln, ein bisschen Knoblauch, in Olivenöl rausgebraten und mit einem kleinen, leichten Rohkostsalat serviert, sind ein Gedicht und durch die Abwesenheit von tierischen Fetten und damit Cholesterin in der veganen Ernährung ein Genuss ohne Reue.

Es gibt heute eine solche Auswahl von Kartoffeln, dass man kaum noch von der Kartoffel sprechen kann. Um Ihnen jetzt die Auflistung der Arten zu ersparen, rate ich Ihnen, unbedingt mal bei www.erlesene-kartoffeln.de vorbeizuschauen. Dort erfahren Sie viel über Kartoffeln, sehen die unglaubliche Vielfalt und bei Bedarf könne Sie dort auch gleich bestellen. Mein Geheimtipp sind die Bamberger Hörnchen, eine der ältesten oder sogar die älteste Kartoffelsorte Deutschlands. Wahnsinnig lecker!

Kartoffeln immer erst direkt vor der Verarbeitung (nach Möglichkeit wegen der direkt unter der Schale enthaltenen Nährstoffe nur sehr dünn und fein) schälen, falls man sie schälen möchte, da sie sehr schnell oxidieren. Um das zu vermeiden, kann man sie auch geschält in klares Wasser legen, dem man etwas Zitronensaft hinzugefügt hat. Das verhindert, dass sie eine dunkle Farbe annehmen und dass sie beim Kochen ihre Form verlieren. Da Kartoffeln auch empfindlich auf bestimmte Metalle reagieren, sollte man sie nicht in Kochgeschirr aus Eisen oder Aluminium zubereiten und auch keine Karbonklingen verwenden, um sie zu schneiden.

KARTOFFELSALAT

DIE ZUTATEN
FÜR 6 PERSONEN

Salat:

1½ kg Kartoffeln,
geschält und roh in 2 bis 3 mm dicke
Scheiben geraspelt

4 große Gemüsezwiebeln,
geviertelt und gehobelt

1 Bund glatte Petersilie,
gehackt

4 EL Olivenöl

200 ml Essig

Vinaigrette:

300 ml Gemüsebrühe

3 gehäufte EL mittelscharfer Senf

3 EL Kräuter- oder Weinessig

2 EL Rapsöl

2 gehäufte TL Salz

1 EL frisch gemahlener schwarzer
Pfeffer

4 große Knoblauchzehen,
fein gehackt

DIE ZUBEREITUNG
40 MINUTEN

Salzwasser mit dem Essig zum Kochen
bringen. Kartoffelscheiben hineingeben
und ca. 20 Min. lang bissfest kochen.

In einer Pfanne die Zwiebeln in Olivenöl
rösten. Alle Zutaten der Vinaigrette in
einem Topf kurz aufkochen.

Die Kartoffeln abgießen und in einer
großen Schüssel mit den gerösteten
Zwiebeln und der Petersilie vermischen.
Die aufgekochte Vinaigrette dazugeben.
Alles gut durchmischen. Die Schüssel
mit einem Handtuch abdecken und
15 Min. lang durchziehen lassen.

MANGOLD-
KARTOFFELPÜREE

300 g Mangold

200 g Kartoffeln,
geschält und gekocht

1 TL Muskat

200 ml Sojamilch
(ohne Zucker)

1 EL Salz

Mangold in Olivenöl dünsten. Zusammen mit der Sojamilch in einen Mixer geben und zu Mangoldmilch verarbeiten. Die Kartoffeln zerstampfen und nach und nach zur Mangoldmilch dazugeben. Weiter mixen, bis die Kartoffeln verarbeitet sind und das Püree die richtige Konsistenz hat.

Eine schmackhafte Kartoffelbreivariante, die schnell gemacht ist und durch die Zugabe des gesunden Mangolds einen hohen Nährwert aufweist. Eine ideale Beilage für viele Gerichte. Ich kombiniere das unter anderem mit meinem Nussbraten. Unbedingt ausprobieren!

SÜSSKARTOFFEL-TALER

DIE ZUTATEN
FÜR 4 PERSONEN

200 g Cashewkerne,
fein gehackt

800 g Süßkartoffeln

4 Knoblauchzehen,
fein gehackt

1 EL Salz

3 TL gemahlene rote/rosa Pfefferkörner

1 EL Senf

2 EL Sesamöl

300 g Sesam

Sesamöl zum Braten

DIE ZUBEREITUNG
40 MINUTEN

Die Süßkartoffeln schälen, kochen und
mit einem Kartoffelstampfer zu einem
Kartoffelbrei zerstampfen. In eine Küchenmaschine geben und alle restlichen
Zutaten außer dem Sesam hinzufügen
und zu einer teigigen Masse rühren.
Den Sesam in einer Schüssel bereitstel-
len. Mit angefeuchteten Händen aus
dem Teig Bratlinge formen und beidsei-
tig sorgfältig in Sesam wälzen. Es sollte
dabei eine geschlossene Sesamhülle
entstehen, da Sesam hitzebeständig ist
und diese Hitzebeständigkeit für den
Bratvorgang nötig ist. Die Taler schließlich in einer Pfanne mit großer Hitze
in reichlich Sesamöl auf beiden Seiten
braten, bis sie knusprig sind.

 Die Süßkartoffel ist eine ganz besondere Kartoffel. Sie ist der Hauptkalorienlieferant einer der erfolgreichsten Ernährungsweisen der Welt. Auf den sogenannten Inseln der Hundertjährigen, auf Okinawa, Japan, bestand die traditionelle Diät dieser ältesten Menschen der Welt zu 70 % ausschließlich aus den dort angebauten Süßkartoffeln, die sie täglich und in den verschiedensten Zubereitungsarten konsumiert haben. Kartoffeln sind eine Top-Quelle für Vitamin B6 und Vitamin C und sie senken sowohl den Blutdruck als auch das Risiko für Herz-Kreislauf-Erkrankungen.

Weshalb die Süßkartoffel eine ganz besonders sinnvolles und gesundes Lebensmittel ist, beschreibe ich in der Rezeptur meiner Süßkartoffel-Taler. Der Mangold, den dieser Auflauf enthält, liefert wie alle grünen Blattgemüse wichtige Mineralien, Vitamine und Spurenelemente. Mangold ist eine herausragende pflanzliche Eisen, Kalzium- und Magnesiumquelle und bietet darüber hinaus vor allem Vitamin A und Vitamin C. Die Kruste, die ich für diesen Auflauf entwickelt habe, überzeugt selbst hartgesottene Käsefans.

SÜSSKARTOFFEL-
MANGOLD-AUFLAUF

DIE ZUTATEN
FÜR 4 BIS 6 PERSONEN

4 Süßkartoffeln

1 Mangold,
klein geschnitten

3 Knoblauchzehen,
*durch die Knoblauch-
presse gepresst*

250 ml Sojasahne

3 EL Gemüsebrühepulver

200 g gemahlene
Cashewkerne

10 gehäufte EL Schnell-
koch-Polenta

2 EL Kartoffelmehl

250 ml Sojamilch

3 TL Salz

2 TL schwarzer Pfeffer

½ TL Agar Agar

DIE ZUBEREITUNG
75 MINUTEN

Die Süßkartoffeln in dünne Scheiben schneiden und beiseitelegen. Sämtliche restliche Zutaten für den Auflauf zu einer Masse verrühren. Eine Auflaufform mit Olivenöl einfetten. Eine Schicht Kartoffelscheiben auslegen. Darüber dann eine Schicht der Mangold-Cashew-Masse verteilen. Dann wieder eine Schicht Kartoffeln, gefolgt von einer weiteren Schicht der Masse. Das Ganze wiederholen, bis Kartoffeln und Mangold-Cashew-Masse vollständig verarbeitet sind.

Abschließend die Auflaufform mit der nachfolgend beschriebenen Schmelzmasse der veganen „Käse"-Kruste auffüllen und für eine Stunde in den auf 180 Grad Umluft vorgeheizten Backofen geben.

VEGANE
„KÄSE"-KRUSTE

DIE ZUTATEN
FÜR 4 BIS 6 PERSONEN

150 ml süßer Senf

200 ml Sojamilch

200 g Maisbrösel

2 EL Olivenöl

1 TL Salz

200 ml Wasser

1 TL schwarzer Pfeffer

1 gehäufter TL Gemüse-
brühepulver

DIE ZUBEREITUNG
5 MINUTEN

Alle Zutaten der veganen „Käse"-Kruste in einer Schüssel zu einer Masse verrühren.

SÜSSKARTOFFEL-CHIPS MIT ASIATISCHER ZWIEBELMARMELADE

DIE ZUTATEN
FÜR 3 BIS 4 PERSONEN

Süßkartoffel-Chips:

2 große Süßkartoffeln

Chilipulver
*(nach Geschmack und
Schärfeverlangen)*

150 ml Apfelessig

Saft von 3 Zitronen

2 gehäufte EL Paprikapulver
(edelsüß)

1 TL Salz

Zwiebelmarmelade:

2 große Gemüsezwiebeln,
in kleine Würfel gehackt

500 ml Gemüsebrühe

3 TL Thai-Curry

1 gehäufter TL Salz

½ TL gemahlene Vanille

1 TL schwarzer Pfeffer

2 TL Johannisbrotkernmehl

DIE ZUBEREITUNG
50 MINUTEN

Für die Chips: Die Süßkartoffeln schälen und in 1 bis 2 mm dicke Scheiben hobeln. In einer flachen Schüssel die Süßkartoffelscheiben übereinander in eine Marinade aus Zitronensaft, Apfelessig, Wasser und Chilipulver legen. Abtropfen lassen und in die Fritteuse geben, bis sie knusprig frittiert sind. Herausnehmen und auf Küchenpapier legen, damit überschüssiges Öl ablaufen kann. Währenddessen das Paprikapulver mit Salz vermischen und damit die frisch frittierten Süßkartoffelchips bestreuen.

Für die Marmelade: Gemüsezwiebeln in einem Topf mit 4 EL Rapsöl glasig dünsten – nicht anbrennen lassen. Mit Gemüsebrühe ablöschen und 10 Min. darin köcheln lassen, sodass die Flüssigkeit reduziert wird und der Topfinhalt eindickt. Thai-Curry, Salz und Vanille hinzufügen und umrühren. Nach weiteren 5 Min. schwarzen Pfeffer und Johannisbrotkernmehl dazugeben.

Chips mit der Zwiebelmarmelade als Dip servieren.

Chips, wer mag sie nicht? Hier nun eine partytaugliche, selbst gemachte Variante aus Süßkartoffeln mit einem asiatischen Dip auf Zwiebelbasis.

OCH, WIE SÜÜÜÜÜSS!

ODER DER WEG ÜBER DEN ZUCKERBERG
UND: DURST = WASSER

KOMMEN WIR ZU EINEM DER WICH-TIGSTEN, weil allgegenwärtigsten Thema, das bei einer gesunden Ernährung bedacht werden sollte: die Zufuhr von Zucker und Wasser. Denn genau genommen sind das die beiden wichtigsten Lebensmittel….oder sagen wir, Treibstoffe. Ohne Wasser sind wir innerhalb kürzester Zeit krank oder tot, und ohne Zucker macht unser Gehirn keinen Mucks. Entgegen der landläufigen Meinungen vieler Menschen verbraucht unser Gehirn nämlich kein Protein, sondern ausschließlich Glukose. Unser Gehirn benötigt eine extrem „süße" Energieversorgung und „verbrennt" somit ausschließlich Zucker. Bis zu 30% der Kohlenhydrate, die wir „normalerweise" zu uns nehmen, werden von unserem Gehirn verbraten.

Und wenn wir schon dabei sind…. nein, wir sind nicht mehr in der Steinzeit. Ganz ehrlich….ob unser heutiges Gehirn, dessen Potenz und Leistungsfähigkeit wir angeblich nur zu einem Bruchteil nutzen (bei manchen Leuten ist das deutlicher zu erkennen als bei anderen….;-)), sich tatsächlich aufgrund der Zufuhr von Unmengen von tierischem Protein dahingehend entwickelt hat, oder ob hier andere entwicklungsgeschichtliche Theorien greifen oder wahrscheinlicher sind….wir wissen es nicht. Was wir aber wissen ist, dass wir heute kein tierisches Protein mehr benötigen, da wir aufgrund unseres unfassbar tollen Gehirns die Wahl haben, uns bewusst auszusuchen, was wir essen. Dies war unseren steinzeitlichen Vorfahren, bildlich also den Flintstones, eher nicht vergönnt, die mussten leider den ganzen Tag Brontosaurus-Burger essen und das führte ab und an zu den weltbekannten, markerschütternden Verdauungs-Schreien von Fred Feuerstein….Wiiilllmaaaaaaaaaa!!!!!

Anyway. Unser Gehirn braucht Zucker.

Unser Körper stellt deswegen aus so ziemlich allem Zucker her, denn wenn das Gehirn nicht mehr funktioniert…. also wenn der Hauptrechner, die Mainframe, das Motherboard streikt….dann ist Ende. Er macht also Zucker aus Mehl, aus Fett, aus Obst, aus Gemüse, aus anderem Zucker….aus allem. Sogar aus Fleisch. Aber aus Fleisch, also aus Protein, dauert es recht lange, das ist übrigens auch unter anderem der Grund, warum Marathonläufern an der Strecke keine Mini-Steaks am Stiel oder pürierte Currywürste gereicht werden, sondern Bananen und Wasser, ziemlich schlau eigentlich….;-).

Das bedeutet aber nicht, dass wir uns ununterbrochen, an jeder Ecke und wie besessen mit Zucker vollstopfen müssen oder sollten. Ganz im Gegenteil. Wir leben in einer vollkommen überzuckerten Welt. Was uns an Zucker angeboten, aufgedrängt und teilweise untergejubelt wird, ist absolut spektakulär. Und ultra-brutal ungesund. Ich weiß, Sie wollen das nicht hören, was hat Zucker mit veganer Ernährung zu tun….lass mich in Ruhe mit Deinem gesellschaftskritischen Gesundheitsgefasel, Bär. No way.

Wenn Sie sich endlich mit Ihrer Ernährung beschäftigen, wofür ich Sie heute schon bewundere und im höchsten Maße respektiere, dann wäre es Unsinn, dieses Kapitel wegzulassen. Und ich zeige Ihnen in diesem Kapitel, wie Sie sich von 80% Ihres Zuckerkonsums befreien können, was einen garantierten, unmittelbaren Zuwachs an Lebensqualität und sofortigen, schnellen Gewichtsverlust bedeutet. Das wiederum ist für die meisten Leute heutzutage durchaus erstrebenswert. 67% der deutschen Männer und 53% der deutschen Frauen sind übergewichtig. Es gibt inzwischen über acht Millionen Diabetiker in Deutschland plus eine enorm hohe Dunkelziffer. Mit rasendem Zuwachs. Prognosen für die nahe Zukunft sprechen davon, dass jeden dritten Bundesbürger die Diagnose Diabetes treffen wird.

Süßes wird bei uns nicht nur in unfassbaren Mengen konsumiert, sondern ist auch von klein an als Belohnung konzipiert – und somit sind schon die kleinsten Kinder fast instinktiv auf das System „Zucker = gut" konditioniert. Das, meine Damen, Herren und Kinder, ist eine jeden Tag in jedem Wohnzimmer, jedem Kindergarten, jedem Büro und jeder Schule stattfindende ernährungstechnische Katastrophe. Wurden Süßigkeiten vor 30 oder 50 Jahren, in einer langsameren, auf irgendeine Art aus Ernährungs-Gesichtspunkten gesehen kontrollierteren, weil weniger konsumwahnsinnigen Zeit noch halbwegs dosiert „verabreicht", so ist heute das mehr oder weniger unkontrollierte Verzehren von ganzen Großpackungen voller Zuckerzeug ebenso etabliert und normal wie das bei uns das „Betthupferl" war, das aus exakt einem Bonbon bestand oder einem Stück Apfel oder Banane.

Und ich kann mir gut vorstellen, dass ein Betthupferl vor 20 oder 30 Jahren sogar noch Sinn gemacht hat, als die Kids nach einem Tag voller Entdeckungen nach Hause kamen, 30 km Rad gefahren, geklettert und gerannt waren und nach dem Abendessen noch ein kleines Süßi bekommen haben, das sie zu einer vernünftigen Zeit in einen tiefen Schlaf sinken ließ und dessen kleine zusätzliche Energie-Ration die Regeneration ihres Körpers während des Schlafs unterstützt hat.

Ob das bei Kindern, die den ganzen Tag sitzen, von der Schule direkt in den Bus oder die Bahn steigen, wo sie nur ins Smartphone starren, dann nach Hause gehen und den ganzen Tag zockend vor dem PC oder der Spielkonsole sitzen, dabei 1,5-Liter-Packungen Eistee in sich reinschütten und sich somit den ganzen Tag keinen Meter bewegen, sinnvoll ist, den lieben Kleinen abends noch zur „Belohnung", weil sie so lieb waren, einen Schokoriegel mit der Energiedichte von zwei ganzen Mahlzeiten zu verabreichen, halte ich für eher zweifelhaft. Das ist keine Belohnung, das ist im Grunde Körperverletzung. Und man tut den Kleinen damit auch ganz sicher keinen Gefallen, nur weil man ihnen ihren Wunsch erfüllt.

Und als ob das Angebot der klar als „Süßigkeiten" definierten, nicht zur Ernährung zugerechneten „Leckerli", die nicht aus Hunger oder nährstofflicher Notwendigkeit, sondern nur aus Lust, Belohnung oder einfach Kontrollverlust konsumiert werden, nicht schon groß genug wäre, versteckt die Lebensmittelindustrie den Zucker auch noch in Produkten, in denen wir ihn überhaupt nicht vermuten. Die populärsten Beispiele sind wohl Ketchup, aber auch beispielsweise Gewürz-, Sauer- oder Senfgurken.

Es ist unfassbar, mit welchem Erfindungsreichtum die Industrie Zucker in ihren Produkten unterbringt. Und natürlich wissen die Lebensmittelchemiker und ihre Chefs genau, warum. Zucker ist spottbillig. Das, was die Lebensmittelindustrie als Zucker oder Zuckeraustauschstoff verwendet, ist sogar extremst billig. Und: Nichts macht uns schneller süchtig als Zucker, nicht umsonst sprechen wir von der süßen Verführung, der süßesten Versuchung, der süßen Sünde, von süßen Träumen oder ähnlichen Metaphern in Verbindung mit Süßem. Warum ist das so? Nun, würde Captain James T. Kirk diese Frage seinem Wissenschaftsoffizier Mr. Spock stellen, er würde ihm wie folgt antworten:

„Das ist absolut logisch, Captain. Da euer Menschengehirn ausschließlich Zucker als Treibstoff akzeptiert, aber gleichzeitig nicht autark, sondern nur als elektrischer Befehlsgeber über Gliedmaßen, Organe, Nerven und Hormone agieren kann, hat das menschliche Gehirn sowohl bei der Beschaffung von Zucker als auch bei den dazugehörigen Sinneszellen, den Geschmacksnerven, den Hormonausschüttungen und sonstigen, dem Wirken von Drogen sehr ähnlichen Mechanismen entsprechende Prioritäten

„eingebaut", die ihr Menschen aufgrund eurer emotionalen Unkontrolliertheit nur schwer in den Griff bekommt. Wir Vulkanier haben schon vor Jahrhunderten aufgehört, industriellen Zucker zu konsumieren, da wir unsere Emotionen unterdrücken können...." – „Danke, Spock, Sie grünblütiges Logik-Monster, die bajoranischen Karamelcracker sind trotzdem unwiderstehlich für mich...." – „Faszinierend, Jim."

Zu dem ganzen Zuckerwahnsinn, der uns direkt oder indirekt erreicht, und den wir teilweise gar nicht mehr bemerken, aber dazu kommen wir gleich noch ausführlicher, kommt noch ein anderes, nicht weniger fatales Thema hinzu. Süße Getränke. Weltberühmte Limonaden, die wir alle kennen, mit oder ohne Energie, enthalten entweder große Mengen an Zucker, oder, fast noch schlimmer, Zuckerersatzstoffe, deren Langzeitwirkung nicht im Detail erforscht ist, deren Schädlichkeit aber mindestens klar ist.

Thema Süßstoff ganz kurz erklärt? Unser Gehirn ist toll. Und schlau. Es hat aber zur Erkennung keinen Gas-Chromatographen oder sonst ein riesiges, geniales Analyse-Tool aus CSI Miami zur Verfügung, sondern „nur" Geschmacksknospen, die auf der Zunge liegen, und entsprechende Rezeptoren. Das bedeutet, wenn wir süß essen, egal ob echter Zucker drin ist oder Fake-Zucker, macht das für unser Gehirn zunächst keinen Unterschied, die Rezeptoren melden: „süß". Also ist angeblich Zucker im Anmarsch. Zur Verwertung des vermeintlichen Zuckers werden also diverse Hormone und Enzyme in rauen Mengen produziert und ausgeschüttet, unter anderem das hinlänglich bekannte Insulin. Wenn nun das Insulin an der Zellentür klopft, um der Körperzelle dabei zu helfen, den Zucker

Es ist unfassbar, mit welchem Erfindungs-reichtum die Industrie Zucker in ihren Produkten unterbringt.

zu verarbeiten und für alle möglichen Zwecke bereitzuhalten, dort aber immer und immer wieder gar kein Zucker ist, reagiert die Zelle irgendwann nicht mehr auf das Klopfen des netten, hilfsbereiten Insulins. Die Zelle ist stark insulinresistent geworden….das nennt man auch Diabetes Typ 2. Das muss nicht passieren, die Wahrscheinlichkeit ist aber extrem hoch.

Die Diabetes-Typ-2-Diagnosen schnellen in der westlichen Welt durch die Decke, von der bereits erwähnten großen Dunkelziffer der nicht diagnostizierten Fälle ganz zu schweigen. Dazu kommt der unangenehme Nebeneffekt, dass man durch übermäßige, aber nicht benötigte Insulinausschüttungen sehr schnell Hunger bekommt, schließlich ist der Körper ja volle Kanne in Verdauungsbereitschaft, aber wird durch den Süßstoff schlichtweg verarscht. Kurz gesagt: Fettleibigkeit führt schnell zu Diabetes 2, Diabetes 2 macht aber aufgrund des großen Insulinverbrauchs auch schnell fett. Ein klassischer Teufelskreis, der zwar durchbrochen werden kann, aber über den man sich wenigstens im Klaren sein sollte.

Nun….süße Getränke mit Zucker verfügen über eine Energiedichte, die ihresgleichen sucht. Es ist bemerkenswert, wie viel Zucker sich in einem Liter Wasser lösen lässt, ohne den geringsten Verlust an Viskosität, also….wie viel Zucker man irgendwo hineinrühren kann, ohne gleich zähen Sirup zu erhalten. Ich kenne Menschen, die nehmen auf eine Tasse Kaffee acht (!) Stück Würfelzucker. Und die trinken am Tag sechs bis sieben Tassen. Deren Blut muss ja selbst schon eine siruppartige Konsistenz haben. Können Sie sich vorstellen, wie viel mehr Kraft eine Pumpe braucht, wenn sie, anstatt Wasser zu befördern, eine Masse

wie Honig durch irgendwelche Röhren schieben muss? Unser Herz ist nichts anderes als eine Pumpe, bestehend aus einem einzigen Muskel.

Also hier ist definitiv Disziplin gefragt. Und zwar ohne Wenn und Aber. Ausnahmen sollten hier wirklich Ausnahmen sein und bleiben. Denn auch vier große Apfelschorlen ergeben eine stattliche Menge Zucker, von den klassischen Limonaden ganz zu schweigen…. und von den Eistees und anderen auf den ersten Blick ach so „gesunden" Getränken will ich erst gar nicht anfangen. Vorsicht ist auch bei den Fruchtsäften geboten, die ja in fast jedem Kühlschrank als Platzhalter für „gesunde, vitaminreiche Ernährung" rumstehen.

Ja, fertige Fruchtsäfte oder auch frisch gepresste sind reich an Vitaminen. Sie sind aber auch extrem reich an Fruchtzucker und haben daher ebenfalls eine sehr hohe, für uns aber nicht direkt zugängliche Energiedichte. Im Übrigen ist Fruchtzucker nicht so gesund wie

es auf den ersten Blick aussehen mag. Fructose schafft es irgendwie, unser Stoffwechsel-System, das ja stark insulingesteuert ist, zu umgehen, und verschwindet schnell in der Leber, wo sie zu Fett verarbeitet wird. Also auch beim ach so gesunden Obst sollte man darauf achten, nicht Unmengen davon zu sich zu nehmen, und vor allem nicht immer nur die allersüßesten Früchte zu bevorzugen, sondern auch mal eine Aprikose oder einen säuerlichen Apfel essen.

Halte ich übrigens für sehr wichtig, die sauren Früchte wieder mit in die Ernährung einzubinden. Denn es ist so einfach, wie es klingt: Je saurer die Frucht, desto weniger Zucker enthält sie. Ich weiß, das hört sich jetzt ein bisschen an wie „Bei einbrechender Nacht ist mit Dunkelheit zu rechnen"….aber glauben Sie mir….das ist sehr vielen Leuten auch nicht sooo klar (also….das mit der Nacht schon….;-)) Und überhaupt: Wieso muss alles immer süß sein? „Da muss ich wohl in sauren Apfel beißen" ist eines der dümmsten Sprichworte der Deutschen. Als ob das was Schlimmes wäre, einen sauren Apfel zu essen. Ich esse gerne auch mal sauer….und wenn wir schon bei saudummen Sprichwörtern sind: „Sauer macht lustig."

Ein halber Liter Orangensaft ist, by the way, kein Durstlöscher, sondern eine Mahlzeit. Daher sollten Sie Fruchtsäfte entweder in minimalen Mengen konsumieren oder wirklich massiv verdünnen, aber nicht im halb-halb-Modus, sondern eher im Neun-Teile-Wasser-ein-Teil-Saft-Verhältnis. Und tun Sie Ihren Kindern einen großen Gefallen: Bringen Sie ihnen das sehr frühzeitig bei. Denn einmal an die Überzuckerung, an das übersüße Essen und vor allem Trinken gewöhnt, schreien die lieben Kleinen permanent

NICHTS MACHT UNS SCHNELLER SÜCHTIG ALS ZUCKER.

nach Limonaden, Säften und Sirup, was fatale Folgen haben kann und bis auf wenige Ausnahmen meistens auch hat. Gerade in den kleinen Körpern unserer Kinder richtet der massenhaft zugeführte Zucker den sichtbarsten und schlimmsten Schaden an. Übergewicht, das oftmals in der Kindheit entsteht, Fettzellen, die in der Entwicklungsphase gebildet werden, mit denen man später sein ganzes Leben zu kämpfen hat. Kaputte Zähne oder zumindest sehr früh beginnende Zahnprobleme, die man auch sein ganzes Leben mit sich herumschleppen kann. Teufelskreise, in die man in der Kindheit „geschubst" wird und die man als Erwachsener nur mit wirklich eiserner Disziplin und einem immensen Aufwand an Sport und teilweise echter Askese wieder verlassen kann.

Und nicht zuletzt ist es die allerorts beklagte und natürlich extrem lästige Hyperaktivität der lieben Kleinen, die, neben der fehlenden Bewegung aus oben genannten Gründen, unter anderem aus der Tatsache folgt, dass die Kids mit Energie überversorgt sind. Sie müssen sich das vor Augen führen....Sie sind ein Kind zwischen....sagen wir....drei und zehn Jahren. Sie bestehen eigentlich nur aus Neugier und dem Drang, Ihrer Langeweile und Ihres überschäumenden Aktionsdrangs Herr zu werden. Dieses kleine Kraftwerk auf zwei Beinen wird jetzt zusätzlich zu den kaum zu beherrschenden, körpereigenen „Brennstäben" noch permanent mit externer Energie befüllt. Zucker, in den abstrusesten Formen, stapelt sich im Brennraum, kann aber gar nicht abgerufen werden.

Ich habe Parties veranstaltet, bei denen ich beobachten konnte, dass Mütter mit zwei ohnehin schon energiegeladenen, dauernörgelnden und auf ihre Smartphones einhackenden Kids alle 20–30 Minuten das Portemonnaie gezückt haben, um ihren Kindern Geld für Eis, süße Teilchen und Schokoriegel (oder wofür auch immer) gegeben haben, nur um sie „von der Backe" zu haben. Ich habe mal ausgerechnet, dass allein die „Belohnungen" addiert zu den zwei Litern Limonade und den Würsten vom Grill nebst Weißbrot usw., pro Person eine Menge von nicht mehr und nicht weniger als 2500–3000 kcal. nur an diesem einen Nachmittag ausgemacht haben. Und das war, wie gesagt, nur der Nachmittag.

Es gab sicherlich am Morgen ein leckeres Müsli, das, natürlich ordentlich gezuckert und mit zuckerschwangeren Loops, Smacks oder sonstwelchem Kram ausgestattet, mindestens auf 800–1000 kcal pro Person kam. In der Schule gab es dann sicherlich den einen oder anderen Zucker-Snack (Traubenzucker für die „Leistungsfähigkeit" des Gehirns oder so) und ein paar Schokoriegel für den kleinen Hunger zwischendurch, und dann wurde vermutlich am Mittag die Mama so lange vollgenörgelt, bis die gewünschte Pizza auf dem Tisch stand, die man mit 'nem Liter Cola runterspülen konnte. Die nachmittägliche Grillsession hatte ich schon berechnet, am Abend gab's bestimmt noch ein paar Wurstbrote und noch 'nen Liter gesunden Orangensaft und ein paar Leckerlis, weil sie ja den Nachmittag über so lieb waren.

Zusammengerechnet haben diese Kids an diesem Tag zwischen 5000 und 8000 kcal zu sich genommen. Das schlägt dem stärksten Fass den Boden aus. Selbst wenn diese Kids das Glück haben, einen vollkommen intakten und einem Durchlauferhitzer oder Flux-Kompensator gleichkommenden, sensationell schnellen Stoffwechsel zu haben, werden sie es nicht schaffen, die zu sich genommene Energiemenge an diesem Tag komplett zu verheizen. Das bedeutet, nicht nur ihr Gehirn steht unter Volldampf, sondern der Körper setzt auch Fett an. Irgendwo muss die Energie ja hin. Entweder rausballern oder speichern.

Und jetzt ist es aber abends, und sie sollen eigentlich ins Bett, um am nächsten Tag in der Schule wenigstens noch ihren Namen richtig schreiben zu können. Dummerweise schlägt jetzt das „lieb" ab ca. 20 Uhr in vollkommen „überdreht" um, und die Kinder können vor 23 Uhr kein Auge zumachen, schlafen zwar irgendwann gegen 24 Uhr doch ein, schlafen aber eher schlecht und sind am nächsten Morgen vollkommen gerädert, unkonzentriert und genervt....und das Spiel beginnt von vorn, nur mit noch schlechteren Voraussetzungen als am Tag zuvor. Und das Erste, was sie am Morgen bekommen, anstatt eines Liters mineralarmen Wassers, um ihrem Körper eine Pause zu gönnen und um ihr Blut wieder von einem sirupartigen Zustand in einen flüssigen zurückzuversetzen, sind zwei große Tassen Kakao, natürlich der aus Packung, in der sich mehr Traubenzucker als alles andere befindet.

Glauben Sie mir, ich spreche aus Erfahrung. Einerseits, weil ich selbst immer wieder erlebe, wie sich Eltern über ihre hyperaktiven, nölenden Kids aufregen, sie aber ununterbrochen mit reiner Energie versorgen….Und andererseits, weil ich selbst ein dickes Kind war, und das aus zwei Gründen: erstens weil ich leider nicht zu denjenigen Menschen gehöre, die einen besonders schnellen und hocheffizienten Stoffwechsel ihr Eigen nennen, ich nehme schon immer von jedem Scheiß zu….und zweitens weil ich selbst lange genug allen möglichen Mist in mich reingestopft habe.

Meine Mutter hat nicht besonders viel richtig gemacht mit meiner Ernährung, allein schon, dass sie mich aus Angst, ich könnte noch dicker werden, permanent dazu angehalten hat, Süßstoff anstatt Zucker zu verwenden. Das hat eine Art Mast-Programm in meinem Körper getriggert, aber das wusste sie schlichtweg nicht. An eine wirklich positive Sache kann ich mich aber erinnern, und das hat sie wohl instinktiv oder aus Erfahrung und Beobachtung gewusst: Sie hat mir nach 17 Uhr jegliche Art von Fruchtsaft verboten mit den Worten: „Nein, lass den Orangensaft stehen, sonst schläfst du mir nachher nicht….". Recht hat sie gehabt. Denn wenn man ein Feuer abkühlen will, nimmt man dazu eben Wasser und legt kein Holz nach. Somit hat sie zumindest eines bei mir geschafft: Ich habe immer schon gut und tief geschlafen. Das ist die halbe Miete für ein schönes, ausgeglichenes Nervenkostüm und das damit verbundene Leben. Danke, Mutti.

Lassen Sie sich eines mit allem gebotenen Nachdruck sagen: Wenn Sie Durst haben, und auch zwischendrin, wenn sie keinen haben….trinken Sie Wasser. Welche Arten von Wasser empfehlenswert sind, dazu kommen wir später noch.

Ich höre immer öfter von Menschen den Satz „Ich kann kein Wasser trinken, das schmeckt ja nach nichts." Das, mit Verlaub, ist eine schrecklich absurde Aussage. Für mich wäre das vergleichbar mit einer Aussage wie „Ich kann keine Luft atmen, die nach nichts riecht". Wasser ist der Ursprung allen Lebens. Ohne Wasser gäbe es weder uns noch andere Tiere und auch keine Pflanzen. Jeder von uns sollte mindestens zwei bis drei Liter am Tag trinken, je nach Temperatur und körperlicher Betätigung können es auch fünf oder sieben Liter sein. Durst muss mit Wasser gelöscht werden, und auf gar keinen Fall mit süßen Tees, Limonaden oder Fruchtsäften. Und sollten Sie zu der Sorte Mensch gehören, die der Meinung sind, dass ihnen Wasser nicht „schmeckt"….und Sie deswegen immer und überall etwas anderes, in 98 % aller Fälle etwas Gezuckertes, bestellen, dann muss ich Ihnen hier und heute sagen: Hören Sie sofort damit auf. Auf der Stelle. Das ist absoluter Unsinn.

Erstens: Wenn Sie mal vom Zucker „entwöhnt" sind, und sich ein paar Monate daran gewöhnt haben, nur verschiedenste Wasser zu trinken, werden Sie sehr wohl bemerken, dass Wasser nach etwas schmeckt, und Sie werden die verschiedenen Wassersorten zu unterscheiden lernen. Das geht so weit, dass Sie irgendwann die Wasserhärte „erschmecken".

Zweitens: Sollte dies noch nicht der Fall sein und Sie schmecken tatsächlich nichts beim Trinken eines Liters Wasser….ja….und? Sorry, aber wie sind Sie denn drauf? Verursacht das bei Ihnen irgendwelche körperliche Schmerzen, wenn Sie etwas trinken, das vermeintlich keinen Geschmack hat? Sicherlich nicht. Also? Rein damit und gut. Also….wenn ich merke, dass ich an einem Tag noch zu wenig getrunken habe, dann nehme ich mir eine große Flasche Wasser und trinke sie, so zügig wie möglich, aus.

Ob diese Flasche Wasser nun einen Geschmack hat oder nicht, ist doch vollkommen irrelevant. Trinken Sie sie einfach. Es tut nicht weh, es ist im worst case neutral. Wie gesagt, Sie atmen ja auch weiter, wenn die Luft nicht „lecker" riecht. Also….wir haben einen Deal, ja? Sie sagen nie wieder „Ich kann kein Wasser trinken"….und ich zeige Ihnen auf, wie Sie dahin kommen?

Ich trinke seit Jahren keinerlei Limonaden mehr, nehme keinen Zucker in den Kaffee oder Tee, und siehe da: Ähnlich wie bei der Abkehr vom Fleisch, vom Fisch, von der Milch und den Eiern tat sich auch hier ein kleines Universum auf, was man so alles trinken kann, in dem sich kein Zucker befindet. Wenn ich mir überlege, wie viel selbstgemachte Limonaden ohne Zucker ich seither zusammengebastelt habe, wie viele Kräutertees ich probiert habe und wie unterschiedlich die ganzen Wassersorten, aber auch die verschiedenen Kaffeearomen auf meine Geschmacksknospen wirken…. ich möchte es nicht mehr missen.

Es gibt einige gute Gründe, weiches Wasser, mineralarmes Wasser zu trinken. Der wichtigste Grund: Wasser benötigt unser Körper nicht, um Mikronährstoffe hineinzutransportieren! Wasser ist eine Flüssigkeit, die man zu sich nimmt, damit sie Stoffwechselabfallprodukte aus dem Körper ausschwemmt. Wasser holt den Abfall an den Zellwänden ab und spült ihn hinaus. Je mineralienbeladener Wasser an den Zellwänden ankommt, umso weniger Müll kann es zuladen und aus dem Körper abtransportieren. Je mineralärmer Wasser an den Zellwänden ankommt, umso mehr Stoffwechselabfallprodukte kann es mitnehmen. Am besten man trinkt morgens nach dem Aufstehen und abends vor dem Schlafengehen ein großes Glas mineralarmes Wasser!

Zum Thema Zucker gibt es eine sehr einfache Methode, um Ihr Leben und Ihre Ernährung vollkommen umzukrempeln, und das in exakt einer einzigen Woche. Ich habe das eines schönen Tages selbst beschlossen und durchgezogen, und es war eine der besten Entscheidungen meines Lebens. Lassen Sie sich auf diese Methode ein....es wird Sie persönlich weiterbringen!

Nehmen Sie sich vor, eine Woche lang nichts Süßes zu essen. Keinen Zucker, keinen Sirup, keine Säfte oder Limonaden, kein Obst, keine Schokolade, keine Bonbons, keinen (auch keinen, angeblich zuckerfreien) Kaugummi, keine Marmelade. Nichts dergleichen. Räumen Sie alles, was sich dahingehend in Ihrer Wohnung, Ihrer Küche oder Ihrem Auto, Ihrer Handtasche oder Tiefkühltruhe befindet, weg. Den weißen, raffinierten Industriezucker schmeißen Sie am besten gleich weg, den brauchen Sie nie wieder. Alles andere....naja....ich habe so gut wie alles entsorgt, weil ich wusste, dass ich

nach dieser Woche zwar immer mal wieder was Süßes essen werde, aber höchstwahrscheinlich auf eine komplett andere Art und Weise.

Also....alles weg.

Sie mögen Ihren Kaffee nicht ohne Zucker? Wann haben Sie das letzte Mal einen wirklich guten Kaffee getrunken? Und der geht nicht ohne Zucker? Gut, dann gibt es zwei Möglichkeiten. Entweder Sie zwingen sich eine Woche lang dazu, den Kaffee ohne Zucker zu trinken, oder Sie lassen den Kaffee eine Woche lang weg. Sie sind dann müde und zu nichts zu gebrauchen? Und können ohne Kaffee nicht leben? Das mit der Koffeinentwöhnung ist gegebenenfalls nochmal eine ganz andere Sache. Ich bin mir daher für hier und heute ziemlich sicher, dass Sie innerhalb dieser Woche lieber auf den Zucker als auf den Kaffee verzichten wollen. Richtig? Wusst' ich's doch.

Ich habe diesen Tipp mit der Zuckerentwöhnung schon einer ganzen Menge Menschen gegeben, und auch hier tun sich immer wieder argumentative Abgründe auf, die ich niemals für möglich gehalten hätte. Besonders eindrücklich: „Ich habe es echt versucht, aber nach einem Tag musste ich aufgeben!"

Das sind 'ne Menge, in diesem Kontext für mich unglaubliche Statements, in einem so kurzen Satz....ein Tag?....versucht?....echt?....musste?....und last but not least....aufgeben? Woohoo....da bleibt mir dann schon mal der Mund offen stehen.

Aber ich bin mir sicher, dass Sie, meine Leser, das schaffen werden, Sie sind ja schließlich keine solchen disziplinlos durchs Zuckerland taumelnden Weicheier, richtig? Und übrigens reden wir nach wie vor von einer Woche. Einer einzigen Woche. Bei einer durchschnittlichen Lebenserwartung von 80 Jahren haben Sie 4160 Wochen zur Verfügung. Ein Woche ist also deutlich weniger als ein Viertel Promille Ihrer Lebenszeit, wird Sie aber im zweistelligen Prozentbereich glücklicher, gesünder und fitter machen. Ich würde sogar so weit gehen, dass die Investition von einer Woche eine Rendite von einigen Jahren bringen kann....das ist eine obszön gute Lifetime-Verzinsung, wie ich finde.

Also....Augen zu und durch. Beobachten Sie sich während dieser Woche. Defokussieren Sie aus dem Zuckerland heraus über den Zuckerberg hinweg (der musste sein, sorry....;-)) und stellen Sie scharf auf das, was Sie stattdessen essen wollen. Erfahren Sie Ihre Begierden, Ihre „Gelüste", Ihren Appetit und auch Ihre Disziplin vollkommen neu. Es ist eine sehr interessante Erfahrung. Bereits nach drei Tagen verändert sich Ihre Geschmackswahrnehmung deutlich. Sie merken, warum der Gemüsestand auf dem Markt einem immer diese oder jene kleinen Tomaten als „süß " verkaufen will. Das war Ihnen bis zu diesem Zeitpunkt nie so richtig klar, Sie haben es immer als geschmacks-beschreibendes Statement mitgenommen, aber niemals

WASSER? REIN DAMIT UND GUT!

tatsächlich so empfunden. Jetzt schmecken Sie es. Jetzt beißen Sie in eine Karotte….hoops….die ist ja auch irgendwie süß.

Sie trinken einen Pfefferminztee oder eine Limonade aus Wasser und zerdrückten Minzblättern. Auch hier spüren Sie plötzlich, dass eine geschmackliche Grundsüße vorhanden ist. Ihre Sinne werden feiner und reagieren auf geringste Spuren von Zucker oder geschmacklicher Süße. Dieser Effekt verstärkt sich über die Woche so extrem, dass Sie nach diesen sieben Tagen wirklich vom Zucker entwöhnt sind. Auch wieder logisch….das Gehirn bleibt ja nach wie vor auf der wilden Zucker-Jagd….und Scotty rekalibriert natürlich permanent entsprechend alle Sensoren, leitet Hilfsenergie in die Deflektorschilde um Warp 6 rauszuholen und passt parallel die Langstreckenreichweite der Hyperraum-Zuckerscanner an.

Nach dieser Woche, die Sie garantiert nicht darbend, sondern voller neuer Geschmacks- und anderer Erfahrungen verbracht haben, sind Sie zuallererst einmal stolz. Und das dürfen Sie auch sein. Und je nachdem, in welcher Intensität und Menge Sie vorher Süßes zu sich nahmen, haben Sie in dieser Woche an Gewicht verloren. Jede Wette. Vorausgesetzt, Sie haben nicht jedes Bonbon durch eine Schweinshaxe oder ein riesiges Wiener Schnitzel ersetzt. Aber solchen Nasty-Shit tun wir ja nicht mehr, nicht wahr?

Und jetzt stehen Sie vor der Entscheidung, welche Art von Süße Sie wieder vorsichtig in Ihr Leben lassen und welche leider draußen bleiben muss. Süßstoffe, in Drageeform oder flüssig, als Pulver oder Streusüße werden Sie mit Sicherheit weglassen. Und zwar für immer.

Alles, was sich diesbezüglich in Ihrem Haushalt befand, haben Sie entweder schon entsorgt oder tun es spätestens jetzt. Machen Sie gegebenenfalls einen Test mit einer Messerspitze von irgendeinem Süßstoff….jetzt, nach dieser Woche ohne alles, werden Sie das Zeug sofort angewidert ins Spülbecken spucken. Süßstoffe sind so derartig übertrieben süß, dass man förmlich sofort schmeckt, wie ungesund sie sind.

Und jetzt essen Sie mal ein Stück eines Apfels, ein Stück halbreife Banane oder beißen Sie in eine Birne. Sie schmecken jetzt, wie süß Obst tatsächlich ist. Unverständlich, dass es Menschen gibt (wahrscheinlich die Mehrheit), die machen einen Obstsalat, und streuen mehrere Löffel Zucker drüber. Nehmen Sie jetzt mal zwei oder drei TL Zucker (also den braunen Rohrohrzucker, den anderen haben Sie ja weggeworfen) in den Kaffee. Sie werden geschockt sein, wie übertrieben süß das schmeckt. Mir persönlich reicht es seit dieser Woche, wenn ich morgens einen koffeinfreien Kaffee trinke mit einem Schuss aufgeschäumter oder kalter Sojamilch. Das ist mir „süß" genug.

Und jetzt machen Sie den ultimativen Test, probieren Sie ein Stück Voll-

milchschokolade. Sie haben doch sowieso irgendwo ein Stückchen gebunkert, Sie dürfen das ruhig zugeben….hab ich auch gemacht. Und spätestens jetzt, mit dem Stückchen Schokolade im Mund, müsste es Ihnen dämmern, in welcher Welt Sie vor dieser Woche gelebt haben. Das Zeug ist so gnadenlos süß, dass es hinten im Hals zu beißen anfängt, es fühlt sich an wie eine Art süße Säure. Furchtbar.

Sie sind jetzt entwöhnt vom Zucker. Natürlich werden Sie weiterhin Zucker verwenden, aber beim Kochen und Backen wird sich Ihr Zuckerbedarf um 90 % reduzieren. Ich verwende in meiner Küche ausschließlich hellbraunen Rohrohrzucker oder dunkelbraunen Vollrohrzucker. Weiterhin verwende ich Reissirup zum Süßen, er enthält langkettige Kohlenhydrate, die nicht so schnell ins Blut gehen und daher länger sättigen und keine Insulinspitzen erzeugen. Außerdem gibt es noch Ahornsirup oder Honig aus der Bio-Imkerei. Achtung, lassen Sie das nicht die Sondereinsatzkräfte der Veganerpolizei hören, denn die werden Ihnen was husten. Ich persönlich sehe das anders, solange es, wie gesagt, Bio-Honig aus ordentlich arbeitenden Imkereien ist, und davon gibt es glücklicherweise genug. Abgesehen davon bringe ich es auf kaum mehr als 800 g Honig im Jahr.

Alles weitere Süßen erfolgt bei mir durch die Zutaten selbst, beim Backen greife ich zum Beispiel gerne auf Datteln oder Feigen zurück, die neben ihrer natürlichen Süße auch noch andere nährstoffliche Vorteile bieten.

Sie trinken jetzt auch keine Limonaden mehr. Denn Sie empfinden es als unnatürlich, sich als Durstlöscher klebriges Zeug in den Hals zu kippen….!

Allein die Erkenntnisse zu diesem Zuckerthema werden sich so in Ihr Gedächtnis einbrennen, dass es Ihnen in jeglicher Hinsicht leichter fallen wird, Ihre bisherigen Essgewohnheiten in eine wirklich vollwertige, gesunde Ernährung umzuwandeln.

Und verstehen Sie das ganze um Gotteswillen nicht als Bauanleitung für eine große, lebenslange Spaßbremse. Ganz im Gegenteil. Und ja....natürlich mache ich Ausnahmen und die werden Sie auch machen. Und die sollen und dürfen Sie auch jederzeit machen. Aber es sollten wirklich, wie früher das Betthupferl, Ausnahmen sein. Und nicht Ausnahmen, die schleichend zur Regel werden, die das Unterbewusstsein aber aufgrund seiner eigenen, dämlichen Zuckersucht als Ausnahme ausgibt.

Was das Ganze mit veganer Ernährung zu tun hat? Vielleicht auf den ersten Blick nichts. Vielleicht sogar überhaupt nichts. Für mich ist es dennoch ganz einfach. Ich möchte nicht nur tierfrei essen, sondern selbst nicht zu einem instinkt- und suchtgesteuerten Zucker-Tier werden. Wenn wir schon so ein tolles Gehirn haben, von dem wir so gaaaaanz allmählich verstehen, was es eigentlich macht und vor allem kann, dann sollten wir doch genauso allmählich dafür sorgen, dass es, wenn auch über trickreiche Umwege, das macht, was wir von ihm wollen. Ich jedenfalls unterstütze die Zuckersucht meines Gehirns nur noch in absoluten Ausnahmefällen und wir haben uns inzwischen beide damit super arrangiert.

Mit der Zuckerentwöhnung schlagen Sie mindestens....wenn nicht noch mehr Fliegen mit einer Klappe (jaaaa....

Sie dürfen als Veganer diese Metapher auch ausnahmsweise mitbenutzen, ohne sich danach erklären zu müssen....). Sie verzichten auf den Konsum von industriellem Zuckerzeug....ein guter Schritt in die richtige Richtung gegenüber dem einen oder anderen Konzern (nicht vergessen, Konsumverzicht ist in unserer wirtschaftlich regierten Welt die schärfste Klinge des Volkes), Sie beruhigen Ihre Kinder, Sie nehmen ab, Sie vermindern Ihr Diabetesrisiko, Sie schlafen besser, Sie schmecken besser, Ihre Leberwerte werden besser....und Ihr Stoffwechsel wird einfacher, schneller und effizienter, was Sie ganz klar dem Mehr an Wasser und dem Weniger an Zucker zu verdanken haben.

Sind das nicht wahrlich süße Aussichten?

Die Anschaffung einer Crêpes-Maschine lohnt sich, wie ich finde, da man damit die verschiedensten Wraps herstellen kann – süß oder herzhaft. Der Phantasie sind keine Grenzen gesetzt. Gerade Buchweizenmehl lässt sich zusammen mit bestimmten Gewürzen zu interessanten und leckeren Geschmacksrichtungen kombinieren.

SÜSSE BUCHWEIZENWRAPS

DIE ZUTATEN
FÜR 4 PERSONEN

Wrap-Teig:

500 ml ungesüßte Sojamilch

200 g Buchweizenmehl

2 EL Agavensüße

1 Messerspitze Bourbonvanillepulver

Wrap-Füllung:

100 g getrocknete Maulbeeren

100 g geröstete Haselnüsse

8 EL Mandelmus

Kokosraspel, Zimt und Amaretto zum Garnieren

DIE ZUBEREITUNG
20 MINUTEN

Alle Zutaten für den Wrap-Teig mit dem Schneebesen in einer Schüssel oder in einem Mixer gut verrühren. Aus dem Teig einzelne Crêpes ausbacken.

Maulbeeren und Haselnüsse in einer geeigneten Küchenmaschine zusammen mahlen oder sehr klein hacken und in eine Schüssel geben. Mandelmus hinzufügen und alles gut durchrühren.

Crêpes auf einen Teller legen, mit der Füllung bestreichen und zu einem Wrap rollen. Mit Kokosraspeln und Zimt garnieren und mit etwas Amaretto beträufeln.

BUCHWEIZEN-
PFANNKUCHEN

DIE ZUTATEN
FÜR 2 PERSONEN

250 g Buchweizenmehl

400 g Haselnussmilch

1 EL Macadamianussöl

1 gehäufter EL Sojamehl

1 gehäufter EL Erdmandel-Flocken

1 TL Vanillearoma, flüssig

Sesamöl

DIE ZUBEREITUNG
15 MINUTEN

Alle Zutaten mit dem Schneebesen in einer Schüssel oder in einem Mixer gut verrühren.

Sesamöl in einer Pfanne erhitzen. Den Teig mit einer Kelle hineingeben und die Pfannkuchen von beiden Seiten goldgelb ausbacken.

▬ Dazu schmecken verschiedene Obst-Toppings und auch Fruchtjoghurt.

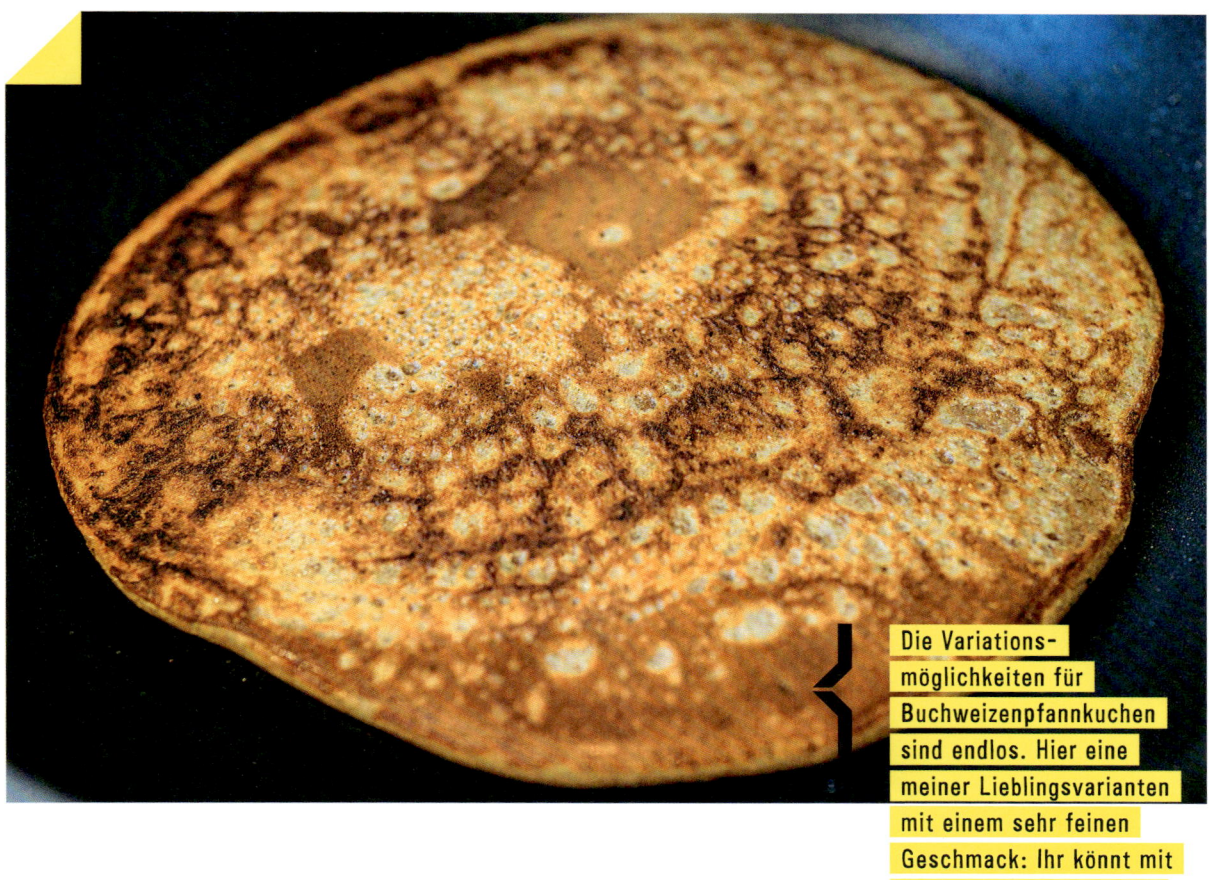

Die Variations-
möglichkeiten für
Buchweizenpfannkuchen
sind endlos. Hier eine
meiner Lieblingsvarianten
mit einem sehr feinen
Geschmack: Ihr könnt mit
dieser Rezeptur sehr gut
selbst experimentieren
und einzelne Zutaten
durch andere ersetzen.

OFENSCHLUPFER

DIE ZUTATEN
FÜR 6 BIS 8 PERSONEN

6 mittelgroße saure Äpfel, *gerieben*

200 g geröstete gemahlene Haselnüsse

100 g Rosinen

1 gehäufter TL Zimt

2 EL Ahornsirup

400 ml Haselnussmilch

½ TL Vanillepulver

3 TL Pfeilwurzelstärke oder Johannisbrotkernmehl oder Guarkemmehl

6–10 hauchdünne Scheiben Hirsebrot *(oder ein anderes nicht besonders salziges Brot mit wenig Eigengeschmack)*

100 g Mandelblättchen

Sesamöl zum Einfetten und Beträufeln

DIE ZUBEREITUNG
75 MINUTEN

Äpfel, Haselnüsse, Rosinen, Zimt und Agavensirup gut miteinander vermischen. Diese Masse ca. 15 Min. durchziehen lassen. Währenddessen in einer Schüssel Haselnussmilch, Vanillepulver und Pfeilwurzelstärke zusammenrühren.

Eine Kastenbackform mit Sesamöl einfetten. Dann Schicht für Schicht befüllen. Zuerst eine Schicht mit Brotscheiben. Darauf die Apfelmasse. Darauf die Haselnussmilchmischung. Den Stapelvorgang wiederholen, bis die Kastenform gefüllt ist. Als Abschluss eine Schicht mit Mandelblättern auslegen und mit Sesamöl beträufeln.

Die Form für ca. 30 Min. in den auf 180 Grad Umluft vorgeheizten Backofen geben. Der Ofenschlupfer ist fertig, sobald sich eine goldfarbene, feste Kruste bildet.

Dieser schwäbische Klassiker ist ein Hybrid aus Kuchen und Auflauf. Einfach zu machen und sehr nahrhaft. Wie man sieht, kann man solche schmackhaften Leckereien auch ganz ohne den sonst üblichen Sahne- oder Ei-/Milch-Wahnsinn zaubern. Das ist deutlich kalorienärmer und gesünder, weil rein pflanzlich und zudem nährstoffeffizienter. Der Ahornsirup, der als Süßungsmittel verwendet wird, weist deutlich weniger Fruktose auf als z. B. Agavendicksaft, weshalb ich den Sirup bevorzuge, sobald ich mehr als einen Esslöffel eines Süßungsmittels verwende.

MEINE QUELLEN UND MEINE INSPIRA-TION

SICHERLICH WERDEN SIE WISSEN wollen, was mich dazu bewogen hat, meine Ernährung gänzlich auf tierfrei umzustellen. Nun….das ist, im Nachhinein betrachtet, eine sehr komplexe Sache und eine stetige Entwicklung gewesen. Ich bin seit fast 26 Jahren der Manager der „Fantastischen Vier", und einer der Bandmitglieder, sein Name ist Thomas D, ist schon seit Ewigkeiten Vegetarier bzw. Veganer. Wenn man so will, ist er der Urvater meines schlechten Gewissens, was das Thema angeht. Allerdings ist er im Gegensatz zu mir ein sehr leiser Vertreter der tierfreien Ernährung. Er hat sich zwar öffentlich immer klar positioniert, speziell im Tierschutz deutliche Worte gesprochen und denen auch Aktionen folgen lassen (ich denke immer wieder gerne an das großartige Poster von „Peta" zurück, „Would you wear your dog?"), war aber ansonsten eher weniger damit beschäftigt, Leuten eine oder seine Ernährungssituation aufzuzeigen. Das war aber aus Sicht seines Managers wahrscheinlich auch besser so, er braucht tatsächlich seine Zeit und seine Kraft zur Ausübung seines nicht ganz unaufwändigen Berufs, und schließlich liegt sein Talent glücklicherweise eher im Schreiben von genialen Songtexten und nicht von Kochbüchern oder Ernährungsratgebern. Aber wer weiß….vielleicht kommt das ja noch.

Ich erinnere mich an ein Gespräch mit ihm über die Planung der Vermarktung seiner Solo-Platte mit dem Titel „Kennzeichen D", das war im Hotel Hyatt in Köln, irgendwann Ende 2007. An diesem Tag habe ich ihm gesagt, dass ich nicht weiß, ob ich selbst noch weiterhin klarkomme mit dem Verzehren von Fleisch. Er hat es mehr oder weniger schweigend hingenommen….und sich

wahrscheinlich gedacht….na, dann mach doch mal.

Ich habe seit diesem Tag immer weniger Fleisch gegessen, mir immer mehr Gedanken übers Essen gemacht und bin so langsam in die richtige Ernährungs-Richtung gerutscht.

Der große Knall kam sehr plötzlich und aus einer vollkommen unerwarteten Ecke, nämlich von meinem alten Weggefährten, meinem Freund, Personal Trainer und Coach Dr. Daniel Holzinger. Wir haben uns auf den letzten Metern des alten Jahrtausends kennengelernt, er war Student der Sportwissenschaften, und ich hatte gerade die Aufgabe, die neue Scheibe der Fantastischen Vier mit Namen „4:99" zusammen mit allen meinen Mitstreitern möglichst aufsehenerregend an den Mann und unters Volk zu bringen. Kurz vorher hatte ich eine Schilddrüsen-Total-Operation. Dieses Organ war ja mütterlicherseits genetisch vorbelastet. Meine Mutter musste zwei oder drei klassische Kropfoperationen über sich ergehen lassen. Bei mir wuchs die Schilddrüse unkontrolliert um den Hals herum….produzierte mal viel, mal weniger lebenswichtiges Hormon und ich hatte dementsprechend nicht nur optisch, sondern auch sprichwörtlich ei-

nen „dicken Hals". Die Diagnose „Es gibt eine Menge heißer und kalter Knoten in Ihrer Schilddrüse" bewog mich zu dem Entschluss, dem Rat der Spezialisten zu folgen und eine Total-Operation vornehmen zu lassen.

Aus irgendeinem, fast schon instinktgesteuerten Impuls heraus, beschloss ich, vor der Operation zwölf Tage zu fasten, um mich und meinen Körper zu reinigen, etwas abzunehmen und mich somit doch recht solide auf das Ganze vorzubereiten. Ich habe daraufhin annähernd zwei Wochen nur Wasser, Kräutertee und Gemüsebrühe zu mir genommen und damit vor 15 Jahren – ohne es zu wissen – den Grundstein zu meinem neuen Leben gelegt. Das weiß ich heute und ich bin mir selbst dankbar dafür. Denn die grundsätzlichen Erkenntnisse, die ich während meiner allerersten Fastenzeit gewonnen habe, sind bis heute existent und ich habe sie noch um ein Vielfaches erweitert.

Eine dieser Erkenntnisse ist, dass man durch das Fasten, egal auf welche Weise man es tut, eben nicht schwach und müde wird, keine Leistung mehr erbringen kann oder total schlapp und antriebslos in der Ecke des Sofas rumgammelt. Ganz im Gegenteil. Ich verspürte nach der ersten Eingewöhnung einen unfassbaren Drive, einen Energieschub sondergleichen und es entstand eine unglaubliche Motivation in mir, die mich weitermachen ließ. Und diese Motivation kam aus dem Fasten selbst und wurde stärker als der Drang und die Gelüste, etwas zu essen! Ich fand das faszinierend und beobachte es heute noch, wenn ich ein paar Fastentage einlege. Nach jeder noch so kurzen Fastenzeit, manchmal mache ich es nur drei oder vier Tage, entdecke ich etwas Neues, auf das ich problemlos verzichten kann, und das hat, zumindest für mich, etwas sehr Beruhigendes oder sogar Befreiendes. Es ist einfach ein tolles Gefühl, wenn man sich nach und nach von allen möglichen angeblichen Zwängen lossagen kann, wenn man weiß, dass man Tage oder Wochen, Monate oder Jahre ohne dieses oder jenes Lebensmittel auskommen kann, es keine mentalen Barrieren mehr gibt und man sich nicht mehr Dinge sagen hört wie: „Ich kann nicht ohne mein Wurstbrot leben" oder „Ohne meine Latte Macchiato bin ich nur ein halber Mensch." Alles Unsinn! Herrlich....der Sieg über sich selbst ist einfach definitiv der beste.

Na ja....ich fastete also das erste Mal und nahm mal eben zwölf Kilo ab....und fühlte mich so gut wie seit Jahren nicht mehr, als ich mich auf den OP-Tisch legte.

Als die Operation erledigt, (an dieser Stelle sei erwähnt, dass die Schilddrüse normalerweise ein Organ von knapp 40 g Gewicht ist, mir wurden aber über 340 Gramm aus dem Hals herauspräpariert) und die winzige Narbe verheilt war, habe ich Daniel Holzinger das erste Mal getroffen, und nach dem ersten Treffen auch sofort beschlossen, dass sich mein Leben jetzt gänzlich ändern sollte. Ich wollte gesünder werden, schlanker, fitter. Und er sollte mir dabei helfen.

Er tat es. Und wir haben wahnsinnig viel zusammen trainiert und erlebt. Ich kaufte mir einen Hometrainer und fing an, vorsichtig darauf herumzustrampeln. Beim ersten Mal bin ich nach sieben Minuten keuchend abgestiegen. Am nächsten Tag waren es schon 10 Minuten. Zwei Wochen später fing ich an zu laufen. Kaum ein dreiviertel Jahr später bin ich auf dem Laufband im Sportstudio einen „Halbmarathon" in 2:10 Std. gelaufen.

Ich habe durch Daniel Holzinger gelernt, Sport nicht als ein notwendiges Übel anzusehen oder als nervige Anstrengung, sondern als extrem sinnvolle, in allen Lebenslagen wichtige und wohltuende Sache. Er hat mir mehr über meinen Körper beigebracht, als ich jemals wusste, und hat mich dazu inspiriert, weiterzugehen, mich über Grenzen hinaus zu fordern, weiter nachzudenken, weiter zu forschen, mich mit mir und meinem „System" intensiv zu beschäftigen. Aus heutiger Sicht kann ich behaupten, er hat mir wohl das Leben gerettet, denn hätte ich so weitergemacht wie in den frühen Neunzigern, wäre ich heute wahrscheinlich nicht mehr da.

Vor knapp vier Jahren, also gut elf Jahre nach unserer ersten Begegnung, hatten wir wieder einmal ein angeregtes Gespräch während einer Trainings-Session, und da erwähnte er plötzlich mehr oder weniger beiläufig, dass er gerade aufgehört habe, Fleisch zu essen. W h a t

ICH FASTETE DAS ERSTE MAL UND NAHM MAL EBEN ZWÖLF KILO AB.

t h e   f u c k????? Daniel Holzinger, mein Freund und Fitnesscoach, der Drill-Instructor, der Erfinder des besten Spruchs aller Zeiten – „Schont euch doch zu Tode" –, für den ein gutes Steak so etwas wie die Grundlage einer suffizienten Ernährung war....er aß kein Fleisch mehr? Natürlich bohrte ich nach und wollte wissen, was passiert war. Er antwortete einfach und effizient, wie immer.

„Ich habe ein Buch gelesen, es heißt, ,The China Study'. Es ist ein Buch von einem Ernährungswissenschaftler namens Colin T. Campbell, er trägt darin ernährungswissenschaftliche Fakten der letzten 50 oder 60 Jahre zusammen. Kannst es ja mal lesen, wenn du Bock hast."

BÄMM!

Von diesem Moment an ging alles sehr, sehr schnell. Das Urvertrauen in Daniel, der mir so viel über meinen eigenen Körper und über die Wichtigkeit von regelmäßiger Bewegung beigebracht hatte, verschmolz nun durch diesen Buchtipp mit meinem jahrelangen mit mir herumgetragenen schlechten Gewissen, was die Beteiligung am milliardenfachen Tiermord anging.

Er war kaum weg, als ich sofort mein Laufband verließ und das Buch bei Amazon bestellte. Am nächsten Tag war es da. Und zwei Tage später hatte ich es durchgelesen.

Und am dritten Tag nach Daniels Buchtipp, es war der Rosenmontag 2011, eröffnete ich meiner Frau, dass ich ab sofort kein Fleisch mehr essen würde. Sie war zunächst geschockt, genervt und meckerte mich an, „Na toll, das kannst du ja gerne machen, aber für mich gilt das nicht, das sage ich dir gleich...."....kurz: Sie war stinksauer. Wenige Tage später las sie das Buch auch, und es hatte glücklicherweise denselben Effekt wie bei mir.

Die „China Study" hat exakt meinen wirklichen Hauptnerv getroffen – die Logik.

Seither ziehen wir mit unserer Ernährung an einem Strang, was die Sache natürlich unglaublich erleichtert und uns beiden einen Riesenspaß macht. Wir sind in der Küche ein ebenso tolles Team wie im Leben und die Beschäftigung mit unserer Ernährung hat uns ein großes Tor geöffnet in eine riesige, wundervolle Welt voller Gewürze, Gemüse, Obst, Kräutern, Getreide, Nüssen, neuer Gerüche, selbsterfundener Gerichte, eigener und fremder Rezepte, komplexer Experimente und gesundem Genuss. Das alles hat uns noch mehr zusammengeschweißt und ich kann jedem Paar diese Erfahrung und die daraus folgende Lebensweise nur empfehlen. Aus tiefster Überzeugung. Nichts ist wichtiger als eine gute Ernährung. Wir müssen atmen, trinken, essen und lieben. Alles andere ist zunächst optional.

Das wirklich Abgefahrene an der „China Study" ist, dass dieses Buch ganz exakt meinen wirklichen Hauptnerv getroffen hat, nämlich den der Logik.

Dieses Buch ist auf der einen Seite sehr wissenschaftlich geprägt, beinhaltet empirisch erfasstes Wissen und ohne Ende Tabellen und anderen Kram, den ich größtenteils nur überflogen habe. Andererseits ist dieses Buch so prosaisch erklärend und entwaffnend, dass es mich sofort überzeugt hat. Ich glaube, ich habe die „China Study" bis heute nicht mal ganz zu Ende gelesen....aber das musste ich auch nicht. Denn nachdem ich dieses Buch zugeklappt habe, war Fleisch für mich kein Thema mehr.

Ich habe wirklich von einem Tag auf den anderen kein Stück Fleisch mehr angerührt. Kurze Zeit später war es auch vorbei mit dem Fisch, und die Eier und die Milchprodukte folgten wieder einige Zeit später. Sie wollen wissen, was an

der „China-Study" so krass ist, dass man am Tag nach dem Lesen seine Ernährung komplett ändert? Ich werde es Ihnen nicht erklären, und ich werde auch keine Zitate von Colin Campbell hier anführen, denn es ist sein Buch, seine Arbeit und seine Art und Weise, wie er das alles zusammengetragen und geschrieben hat. Lesen Sie die „China Study". Oder laden Sie sich das Hörbuch runter, das vom großartigen Christoph Maria Herbst gelesen wird.

Ich weiß, jetzt haben Sie Angst vor diesem Buch, oder? Wenn Sie noch Fleisch essen, und jemand sagt Ihnen, wenn Sie dieses oder jenes Buch lesen, hören Sie sofort damit auf, dann haben Sie mit Sicherheit großen Respekt bis hin zu Angst davor, dieses Buch zu lesen. Das ist wie bei Rauchern, die sich nicht trauen, das Entwöhnungsbuch zu lesen, weil

DIE „CHINA STUDY" VON COLIN T. CAMPBELL – BÄMM!

sie wissen, dass ihnen die Argumente vor sich selbst ausgehen, weiterzuqualmen. Dies verursacht einen inneren Zwiespalt, der sehr unangenehm ist und sich nur sehr schlecht mit dem Zulassen einer Sucht oder einer schlechten Angewohnheit in Einklang bringen lässt.

Tja....da sind wir jetzt an einem Punkt angekommen, an dem es im wahrsten Sinne des Wortes um die Wurst geht. Man könnte auch sagen, jetzt müssen Sie „die Eier haben", das Ding anzufassen und durchzuziehen. Oder.... um eine weitere omnivore Metapher zu bemühen....."Jetzt machen Sie mal Butter bei die Fische!" Sie sehen, selbst unsere Floskeln, Sprichwörter oder Redensarten sind voller tierischer „Produkte", seien es nun unsere eigenen, denn auch wir sind Säugetiere, oder die, die aus unseren tierischen Mitbewohnern dieses Planeten „gewonnen" werden.

Ja, es ist eine große Veränderung, sich pflanzlich zu ernähren. Es wird Ihnen gut gehen, Sie werden es niemals bereuen, so viel ist sicher und so viel kann ich Ihnen auch versprechen. Aber ich würde lügen, würde ich behaupten, dass es nicht zumindest ein Weg ist, der gegangen werden will....und entsprechend auch gegangen werden muss. Wir leben alle in einer Welt, die es als mehr oder weniger normal betrachtet, Tiere zu essen. Oder zumindest deren Milch und deren Eier zu verzehren. Wir sind alle mit den Werbesprüchen der Metzger-Innung „Fleisch ist ein Stück Lebenskraft" oder dem sprichwörtlichen Sinnbild (und Trugbild) der Gesundheit, erfunden von der Milchindustrie „Die Milch macht's" aufgewachsen.

Im Grunde sind wir davon indoktriniert worden, aber das haben wir natürlich alle nie so wahrgenommen.

Und wenn ich mich umschaue, mich mit Leuten unterhalte, die wissen, dass ich Veganer bin, oder die mit mir essen gehen und dann natürlich, speziell in „normalen" Restaurants, meine etwas…. sagen wir „hindernislaufartigen" Bestellungen erleben, dann weiß ich, dass diese Werbesprüche ganz, ganz tief verankert festsitzen. Und ich weiß, dass die meisten Leute wirklich glauben, sich mit Fleisch und Milch etwas Gutes zu tun.

Speziell Milch ist ja für ein Säugetier das Lebenselixier schlechthin, ohne Muttermilch würde ein Jungtier unweigerlich sterben. Ein junges Säugetier, das aus welchen Gründen auch immer, nicht bei der Mutter trinken kann, ist todgeweiht. Ebenso ist das bei Menschenkindern, nur erlaubt uns unsere Technik, unsere Intelligenz und unsere Sozialstruktur, den Tod des Kindes zu verhindern, sollte die Mutter nicht stillen können oder das Kind nicht trinken. Wir haben der natürlichen Auslese das Stoppschild gezeigt und ihr Einhalt geboten.

Ein Menschenkind, das nicht gestillt werden kann, bekommt eine andere Milch, von einem Tier, die gereinigt, mit Zusatzstoffen versehen oder sonst wie behandelt wird, im Bestfall wird es von einer anderen Mutter gestillt. Die Tatsache, dass wir in der Lage sind, der natürlichen Auslese die Stirn zu bieten, hat uns zur mit Abstand erfolgreichsten Rasse auf diesem Planeten gemacht. Mit ziemlich fatalen Folgen für den Planeten und für die anderen Rassen, aber das ist ein anderes Thema, eine andere Theorie, ein anderes Buch. Wenn man das Ganze unter evolutionären Parametern betrachtet, könnte man sagen, dass wir uns eben zu einer massenmordenden, den Planeten unterjochenden, alles versklavenden Rasse entwickelt ha-

ben, die in der Zukunft entweder damit durchkommt und deren Technik sich so drastisch weiterentwickelt, dass unsere selbstgeschaffenen Probleme damit gelöst werden können oder dass wir über kurz oder lang an unseren überheblichen Fehlern zugrunde gehen. Ganz normale Evolution eben. Oder hat unsere Intelligenz sozusagen die Evolution abgelöst und wir steuern sie seither selbst? Und welche immense Verantwortung ginge dann um Himmelswillen damit einher? Sind wir evolutionär so weit gediehen, dass wir der Verantwortung gewachsen sind, die uns entstand, als die Evolution unseres Gehirns so weit war, dass sie den Staffelstab der Entwicklung der Menschheit an die Intelligenz übergeben hat?

Ich glaube tatsächlich an die zweite Variante. Das bedeutet, dass das, was seither als unsere Evolution galt, jetzt in unseren Händen liegt und daher Verantwortung entstanden ist, der wir gerecht werden müssen. Natürlich wird die natürliche Evolution unmerklich weitergehen, unsere Köpfe werden größer und unsere Beine kürzer werden, und natürlich werden die Menschen in ein paar Millionen Jahren, sollte es dann noch welche geben, vollkommen anders aussehen als heute.

Aber wir können keinesfalls alles, was wir durch unsere Anwesenheit auf diesem Planeten an Problemen verursachen, der Evolution überlassen. Denn das wäre ein Verbrechen an der Evolution höchstselbst. Wenn man sich die unfassbare Komplexität dessen, was wir Leben nennen, vor Augen führt, wenn man die Vorgänge in unserem eigenen Körper versucht zu erfassen und zu begreifen, das Ganze dann auf die Tier- und Pflanzenwelt ausdehnt….dann wird man nicht umhinkommen, der Evolution den allerhöchsten Respekt zu zollen. Was sich über Millionen oder Milliarden von Jahren entwickelt hat, kann unmöglich passiert sein, damit wir es in ein paar lächerlichen Jahrhunderten komplett vernichten.

Ich möchte Ihnen wirklich den Tipp geben, einmal ein paar Beispiele für evolutionäre Sensationen genauer zu hinterfragen oder anzuschauen, und sich dann vor diesem Hintergrund das große Ganze nochmal anzuschauen. Also….mir hat das, unter anderem, die Augen geöffnet. Und wenn wir schon bei Augen sind…. dann nehmen Sie doch als Beispiel das Wunder des Sehens her, und lesen Sie mal nach, wie Ihre eigenen Augen funktionieren, wie irrwitzig komplex das Sehen ist, und wie viele verschiedene Arten des Sehens es auf unserer Erde gibt.

Allein schon deswegen können und dürfen wir nicht sehenden Auges die Milliarden Jahre alten Errungenschaften der Evolution innerhalb von ein paar Jahrhunderten oder sogar nur noch Jahrzehnten vernichten, nur weil wir zu faul, zu ignorant, zu gierig, zu disziplinlos oder zu Genuss-süchtig sind.

Das ist für mich eine mehr als ausreichende Motivation, mich vegan zu ernähren.

TJA. DAS WAR'S.

THE END

HIER ENDET MEIN ERSTES BUCH. Es ist offensichtlich irgendwie mehr als ein Kochbuch, aber was es nun wirklich geworden ist....ich habe keine Ahnung. In meiner persönlichen, ureigenen Diktion, die Sie ja nun so ein klein bisschen kennengelernt haben, würde ich es wohl „Teilautobiografischer Ernährungsumstellungs-Inspirations-Ratgeber mit illustriertem Kochbuch-Teil" nennen. Für diese Kategorie wird nur aller Wahrscheinlichkeit nach im Buchhandel kein eigenes Regal aufgestellt werden....vermutlich ergibt diese Definition nicht mal einen einzigen Suchtreffer im Internet. Daher gehe ich davon aus, dass dieses Werk dann eben doch bei den Kochbüchern landen wird. Kann Ihnen ja eigentlich auch ziemlich egal sein, Sie haben es ja bereits gelesen.

Ich hoffe, Sie hatten mindestens so viel Spaß beim Lesen wie ich beim Schreiben, ich habe auf den letzten Metern und in den letzten Wochen der Fertigstellung jedenfalls beschlossen, dass das nicht mein letztes Buch sein wird. Das nächste Ding rattert schon in meinem Kopf vor sich hin....es wird sich aber vermutlich nur am Rande mit Ernährung beschäftigen.

Das Ziel dieses Buchs war und ist, Sie zu inspirieren. Ich will Sie inspirieren, über eine Ernährungsumstellung nachzudenken. Ich will Sie inspirieren, Ihre Ernährung als einen Ihrer logischen Lebensmittelpunkte zu erkennen, anzunehmen und mit dieser unumstößlichen Tatsache entsprechend umzugehen. Und ich will Sie inspirieren zu verstehen, warum wir weder tierische Lebensmittel benötigen noch beanspruchen sollten. Die Zeit ist mehr als reif zu verstehen, dass wir alle so auf keinen Fall weitermachen können.

Vegane Ernährung ist kein Hype, keine Mode und kein Trend. Sie ist Ausdruck und Folge eines weltweit erfolgenden Umdenkens. Wir wissen zu viel über alles, um weiterhin die Folgen falscher Ernährung ignorieren zu können oder zu dürfen.

Vegane Ernährung ist gut für Sie, für Ihre Kinder und Ihre Freunde. Sie ist gut für die Tiere, die weder gezüchtet noch getötet werden müssen.

Und last but not least ist vegane Ernährung gut für unseren Planeten, diese wunderschöne blaue Kugel namens Erde.

Es gibt 1000 Gründe, sich vegan zu ernähren.

Es gibt nur einen einzigen Grund, weiterhin Tiere oder Tierprodukte zu essen.

Dieser Grund ist: „Weil's schmeckt."

Es steht 1000 zu 1.

Ich finde, das ist überzeugend genug.

#NONEEDFORMEAT.
Herzlichst,
Ihr Andreas „Bär" Läsker

Bär 2014

REZEPTREGISTER

A

Ackersalat mit Pilzen, warmer 146
Äpfel
– Apfelkuchen 127
– Ofenschlupfer 202
Auberginen
– Auberginencrème spicey 24
– Auberginen-Erbsen-Bruschetta 104
– Buchweizenpfannkuchen mit
 Auberginencrème 107

B

Barolo-Sauce 62
Blumenkohl
– Kurkuma-Blumenkohl-Gröstl mit
 Spinat 39
Bohnen
– Bunte Riesenbohnen in
 Tomatenräuchersauce 160
– Chili sin Carne 59
Brokkoli
– Brokkoli-Gurken-Salat mit Sellerie-
 Wasabi 139
Buchweizenpfannkuchen mit
 Auberginencrème 107
Buchweizenwraps, herzhafte 108
Buchweizenwraps, süße 199, 200
Butterrübensuppe 170

C

Chili sin Carne 59

E

Erbsen
– Auberginen-Erbsen-Bruschetta 104
– Grün hoch 3 84

F

Falafel 46
Fenchel
– Fenchel-Lametta-Salat mit Zucchini-
 Knoblauch-Vinaigrette 89
– Fenchel-Linsen-Curry mit
 Pellkartoffeln 82

G

Gurken
– Brokkoli-Gurken-Salat mit Sellerie-
 Wasabi 139
– Gurken-Zucchini-Spaghetti mit
 Quinoa-Bolognese 68
– Tzatziki 41
– Vyros 42

H

Hummus 25

K

Kartoffeln
– Fenchel-Linsen-Curry mit
 Pellkartoffeln 82
– Kartoffel-Pfifferlings-Polenta 103
– Kartoffelsalat 179
– Mangold-Kartoffelpüree 180
– Pilzragout mit Kartoffelknödel 64
– Spinat-Kartoffel-Linsen-Salat 138
– Süßkartoffelchips mit asiatischer
 Zwiebelmarmelade 186
– Süßkartoffel-Mangold-Auflauf 185
– Süßkartoffel-Taler 182
– Walnuss-Brot-Salat mit Spargelduell
 und Trüffelkartoffeln 142
„Käse"-Kruste, vegane 185
Kichererbsen
– Falafel 46
– Hummus 25

Kohl
– Familenwürfelbecher 140
– Krautsalat Rot-Weiß 128
Krautsalat Rot-Weiß 128
Kürbis
– Kürbis-Halbmonde 97
Kurkuma-Blumenkohl-Gröstl mit
 Spinat 39

L

Linsen
– Fenchel-Linsen-Curry mit
 Pellkartoffeln 82
– Formel 3 – warmer Salat 137
– Spinat-Kartoffel-Linsen-Salat 138

M

Maiskolben mit Kohlrabi-Carpaccio,
 gegrillte 158
Mangold-Kartoffelpüree 180
Maultaschen 26
Möhren
– Möhren-Nuss-Kuchen 127
– Moussaka 66
– Rote-Bete-Möhren-Küchle 156
– Spaghetti Bolognese 86
Moussaka 66

N

Nussbraten 60
Nüsse
– Apfelkuchen 127
– Gemischtes Doppel aus zwei Sellerie-
 und zwei Nusssorten 172
– Krautsalat Rot-Weiss 128
– Möhren-Nuss-Kuchen 127
– Ofenschlupfer 202
– Power Riegel 125

– Walnuss-Brot-Salat mit Spargelduell und Trüffelkartoffeln 142

 O

Ofenschlupfer 202
Olivencrème 28

 P

Paprika
– Familienwürfelbecher 140
Pastinakensuppe 169
Pilze
– Kartoffel-Pfifferlings-Polenta 103
– Pilzragout mit Kartoffelknödel 64
– Warmer Ackersalat mit Pilzen 146
– Warmer Romanasalat im Glas 144
Pimientos 49
Polenta
– Kartoffel-Pfifferlings-Polenta 103
– Maultaschen 26
– Rondini, gefüllte 70
– Vuggets 41
Power Riegel 125

 Q

Quinoa
– Chili sin Carne 59
– Gurken-Zucchini-Spaghetti mit Quinoa-Bolognese 68

 R

Romanasalat im Glas, warmer 144
Rote Bete
– Nussbraten 60
– Rote-Bete-Möhren-Küchle 156
– Rote-Bete-Salat 170
Rotkohl
– Familienwürfelbecher 140
Rührei, veganes 44

 S

Salat, warmer 137
Schalotten an Balsamico, frittierte 48
Sellerie

– Brokkoli-Gurken-Salat mit Sellerie-Wasabi 139
– Chili sin Carne 59
– Gemischtes Doppel aus zwei Sellerie- und zwei Nusssorten 172
– Moussaka 66
– Spaghetti Bolognese 86
Spaghetti Bolognese 86
Spargel
– Buchweizenwraps, herzhafte 108
– Spargel mit Puffreisrisotto 81
– Walnuss-Brot-Salat mit Spargelduell und Trüffelkartoffeln 142
Spinat
– Kurkuma-Blumenkohl-Gröstl mit Spinat 39
– Spinat-Kartoffel-Linsen-Salat 138
– Spinatküchle 155
– Spinatsauce 23
Süßkartoffelchips mit asiatischer Zwiebelmarmelade 186
Süßkartoffel-Taler 182

 T

Tofu
– Barolo Sauce 62
– Bunte Riesenbohnen in Tomatenräuchersauce 160
– Krautsalat Rot-Weiss 128
– Kurkuma-Blumenkohl-Gröstl mit Spinat 39
– Nussbraten 60

– Pilzragout mit Kartoffelknödel 64
– Rührei, veganes 44
– Spinatküchle 155
– Vyros 42
Tomaten
– Bunte Riesenbohnen in Tomatenräuchersauce 160
– Chili sin Carne 59
– Gurken-Zucchini-Spaghetti mit Quinoa-Bolognese 68
– Moussaka 66
– Spaghetti Bolognese 86
– Vyros 42
Tzatziki 41

 V

Vuggets 41
Vyros 42

 W

Wirsing
– Wirsing-Rouladen 98

Z

Zucchini
– Fenchel-Lametta-Salat mit Zucchini-Knoblauch-Vinaigrette 89
– Gurken-Zucchini-Spaghetti mit Quinoa-Bolognese 68
– Rondini, gefüllte 70
– Spargel mit Puffreisrisotto 81
– Zucchini-Boote 100

SERVICE

Liebe Leserin, lieber Leser,
hat Ihnen dieses Buch weitergeholfen?
Für Anregungen, Kritik, aber auch für
Lob sind wir offen. So können wir in
Zukunft noch besser auf Ihre Wünsche
eingehen. Schreiben Sie uns, denn Ihre
Meinung zählt!

Ihr TRIAS Verlag

E-Mail Leserservice:
kundenservice@trias-verlag.de
Lektorat TRIAS Verlag,
Postfach 30 05 04, 70445 Stuttgart,
Fax: 0711-8931-48

**Bibliografische Information
der Deutschen Nationalbibliothek**
Die Deutsche Nationalbibliothek
verzeichnet diese Publikation in der
Deutschen Nationalbibliografie; detaillierte
bibliografische Daten sind im Internet
über http://dnb.d-nb.de abrufbar.

Programmplanung: Uta Spieldiener
Redaktion: Ulrike Hilgenberg
Gestaltungskonzeption: GRAMISCI
Editorialdesign, München

Bildnachweis:
Umschlagfotos und Fotos im Innenteil:
Charalambos Triantafillidis, Stuttgart
Der Großteil der Food-Aufnahmen wurde
mit der SONY DSC-RX1 fotografiert.

1. Auflage

© 2015 TRIAS Verlag in MVS
Medizinverlage Stuttgart GmbH & Co. KG
Oswald-Hesse-Straße 50, 70469 Stuttgart

Printed in Germany

Satz: Fotosatz Buck, Kumhausen
Gesetzt in: Adobe InDesign CS6
Repro: Repro Ludwig GmbH, A-Zell am See
Druck: aprinta GmbH, Wemding

Gedruckt auf chlorfrei gebleichtem Papier

ISBN 978-3-8304-8232-1   1 2 3 4 5 6

Auch erhältlich als E-Book:
eISBN (PDF)   978-3-8304-8233-8
eISBN (ePub) 978-3-8304-8234-5

Wichtiger Hinweis
Wie jede Wissenschaft ist die Medizin
ständigen Entwicklungen unterworfen.
Forschung und klinische Erfahrung
erweitern unsere Erkenntnisse. Ganz
besonders gilt das für die Behandlung und
die medikamentöse Therapie. Bei allen
in diesem Werk erwähnten Dosierungen
oder Applikationen, bei Rezepten und
Übungsanleitungen, bei Empfehlungen
und Tipps dürfen Sie darauf vertrauen:
Autoren, Herausgeber und Verlag haben
große Sorgfalt darauf verwandt, dass
diese Angaben dem Wissensstand bei
Fertigstellung des Werkes entsprechen.
Rezepte werden gekocht und ausprobiert.
Übungen und Übungsreihen haben sich
in der Praxis erfolgreich bewährt. Eine
Garantie kann jedoch nicht übernommen
werden. Eine Haftung des Autors, des
Verlags oder seiner Beauftragten für
Personen-, Sach- oder Vermögensschäden
ist ausgeschlossen.

Besuchen Sie uns auf facebook!
**www.facebook.com/
gesundeernaehrungtrias**

Vegan ist „in"